建设工程施工现场管理人员岗位培训教材

施　工　员

（机电工程）

陆文华　主编

中国财经出版传媒集团
中国财政经济出版社

图书在版编目（CIP）数据

施工员：机电工程／陆文华主编．—北京：中国财政经济出版社，2019.5
建设工程施工现场管理人员岗位培训教材
ISBN 978－7－5095－5794－5

Ⅰ．①施…　Ⅱ．①陆…　Ⅲ．①机电工程－工程施工－岗位培训－教材　Ⅳ．①TH

中国版本图书馆CIP数据核字（2014）第257540号

责任编辑：张　铮　　　　责任校对：张　凡
封面设计：北京兰卡绘世　　　　版式设计：董生平

中国财政经济出版社出版
URL：http：//www.cfeph.cn
E－mail：cfeph@cfeph.cn

社址：北京市海淀区阜成路甲28号　邮政编码：100142
营销中心电话：010－88190406
北京财经印刷厂印刷　各地新华书店经销
787×1092毫米　16开　13.25印张　312 000字
2019年5月第1版　2019年5月北京第1次印刷
定价：39.00元
ISBN 978－7－5095－5794－5/TH·0003
（图书出现印装问题，本社负责调换）
本社质量投诉电话：010－88190744
打击盗版举报热线：010－88191661　QQ：2242791300

序

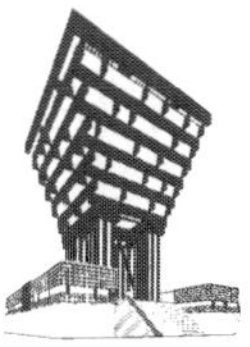

为了提升建设工程施工企业管理水平和能力，确保工程质量和安全，我们组织部分高校、行业协会和企业的专家学者编写了《建设工程施工现场管理人员岗位培训教材》系列丛书。

该套教材以《建筑与市政工程施工现场专业人员职业标准》为依据，以专业性、通用性、实践性和可操作性为指导思想，以提升建设工程施工现场管理人员专业技能为目标。作为从事建设工程管理岗位的专业技术人员，需要懂管理、懂技术、懂法规，既要有一定的专业理论水平，又要有丰富的现场管理实践经验。基于这样的认识，我们从应知和应会两个层面设计了施工现场管理人员的知识架构。该套教材不仅适用于建设工程施工现场管理人员岗位培训，也适用于其他与施工现场相关岗位管理人员的培训，还适用于建筑类职业院校毕业生上岗前自学参考。

该套教材包括：《管理知识概述》、《法律法规及政策选编》、《施工员》(建筑与土木工程)、《施工员》(机电工程)、《安全员》、《质量员》、《机械员》、《标准员》、《劳务员》、《资料员》、《造价员》、《材料员》、《合同员》、《成本员》、《劳资员》、《信息员》、《试验员》、《测量员》、《统计员》和《城建档案管理员》等。

本套丛书有配套的网络增值服务，可以通过扫描封底的二维码关注。

该套教材编写时间较为仓促，遗漏甚至错误之处在所难免，敬请各位读者提出宝贵意见，以便进一步修改完善。

本书编委会

2019 年 3 月

前言

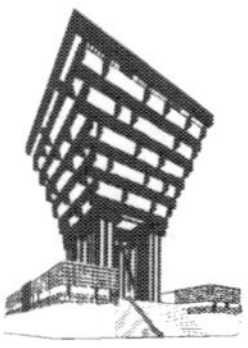

施工现场管理工作直接关系到建设工程质量和安全，同时也是节省劳动力、降低工程费用和实现绿色施工的重要环节。为了满足建设工程施工现场管理人员岗位培训要求，不断提高建设工程施工现场管理人员的专业技术水平和操作技能，特编写建设工程施工现场管理人员岗位培训教材《施工员（机电工程)》。

本书按现场施工所需专业知识和专业技能基本要求编写。本书共分四章内容：建设工程施工员责任制度，建设工程项目施工员基础理论知识，建设工程施工现场施工员管理实务，建设工程相关法律法规及标准规范。

本书由陆文华主编。参编人员有：上海市安装工程集团有限公司教育培训中心张惠兴、苏良艳、陈骞、李庆；上海市安装工程集团有限公司孙文、毛羽丰。全书由陆文华统稿。

本书读者群范围：建设类的高职、中专、技校毕业生，模板、脚手架和机电工程的施工现场管理人员，机电安装专业的中、高级的安装技术工人。

由于编者水平所限，书中缺点和谬误在所难免，敬请各位读者批评指正，不胜感激。

编者

2019年3月

目录

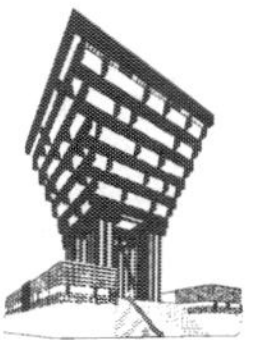

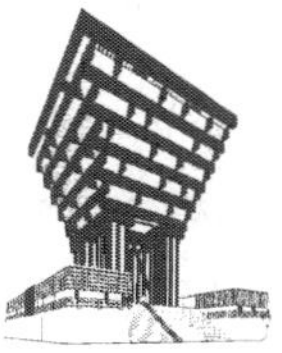

1 建设工程施工员责任制度

施工员是最直接的建设工程施工现场管理者，建设工程现场管理的成效与施工员的管理能力和敬业精神息息相关，施工员要真正做好施工现场管理工作。

1.1 建设工程项目管理流程

建设工程项目管理流程划分为投标与签订合同阶段、施工准备阶段、施工阶段、验收交工与结算阶段和用后服务阶段这五个阶段。施工员要做好施工现场管理工作，必须要了解建设工程项目管理流程。

1. 投标与签订合同阶段

建设单位对建设项目进行设计和建设准备，具备招标条件，发出招标公告（或邀请函），施工单位见到招标公告或邀请函后，做出投标决策至中标签约。这是施工项目管理流程的第一阶段，可称为立项阶段。本阶段的最终管理目标是签订工程承包合同。在这一阶段中施工员要了解施工单位主要进行的以下工作。

（1）搜集信息。通过各种渠道，搜集项目建设信息，对项目建设信息进行分析与跟踪。

（2）投标决策。施工单位从经营战略的高度做出是否投标争取承包该建设项目的决策。决定投标后，应从企业自身、相关单位、建筑市场、施工现场等多方面掌握大量建设工程的信息。

（3）编制标书。编制既能使施工单位赢利，又有竞争力、可望中标的建设项目投标书。

（4）签订合同。中标后，施工单位与招标方进行谈判，依法签订建设工程承包合同，使工程合同符合国家法律、法规和有关要求，符合平等互利的原则。

2. 施工准备阶段

施工单位签订工程承包合同后，组建工程项目部，以项目部为主，与施工单位管理层、建设单位配合，进行施工准备，使建设工程具备开工和连续施工的条件。施工准备阶段的工作是施工管理流程的重要内容，是保证全面完成施工任务的必要前提。

施工准备工作的基本任务是：掌握建设工程的特点和进度要求，了解施工的主、客观条件，合理部署施工力量，从技术、物资、人力和组织等方面为机电工程施工创造必要条件。

这一准备阶段中，施工单位和项目部主要进行以下工作：建立机构、制定规划、现场准备、开工报告、合同交底等。

（1）根据工程管理的需要，成立项目经理部，配备管理人员。

（2）制定施工项目管理实施规划，编制施工组织设计、施工方案等，以指导施工项目的管理活动。

（3）进行施工现场准备，使现场具备施工条件，利于进行文明施工，绿色施工。

（4）编写开工申请报告，待批开工。

（5）由经营谈判人员向项目部有关人员进行合同交底，了解合同类型、合同范围、合同要求以及履行合同过程中需注意的问题。

3. 施工阶段

施工阶段是工程项目开工至竣工的实施过程。在这一过程中，项目部既是决策机构，又是责任机构。施工单位管理层、建设单位、监理单位的作用是支持、监督与协调。这一阶段的目标是完成合同规定的全部施工任务，达到验收、竣工的条件。在这一阶段中施工单位和项目部主要进行以下工作：组织施工，动态控制，现场管理，合同管理，资料管理。

（1）根据项目的特性和需要，组织相应的资源，包括人员、设备、材料、资金投入施工。

（2）在施工中努力做好动态控制工作，保证质量目标、进度目标、造价目标、安全目标、节约目标的实现。

（3）管好施工现场，协调各参与方，实行文明施工。

（4）严格履行施工合同，处理好内外关系，管好合同变更及索赔。

（5）做好检查、记录、验收、整理资料。

4. 验收、交工与结算阶段

这一阶段可称作“结束阶段”。与建设项目的竣工验收阶段协调同步进行。其目标是对项目成果进行总结、评价，对外结清债权债务，结束交易关系。

在这一阶段中施工单位和项目部主要进行以下工作：工程收尾；进行试运转；接受正式验收；整理、移交竣工文件；进行工程款结算；总结工作；编制竣工总结报告；办理工程交付手续；项目经理部解体。

5. 用后服务阶段

用后服务阶段是施工项目管理的最后阶段，即在竣工验收后，按合同规定的责任期进行用后服务、回访与保修，其目的是保证使用单位正常使用，发挥效益。在这一阶段中施工单位和项目部主要进行以下工作：

（1）咨询服务。为保证工程正常使用而做必要的技术咨询和服务。

（2）工程回访。听取使用单位意见，总结经验教训，观察使用中的问题，进行必要的维护、维修和保修。

建设工程项目管理流程就是根据不同阶段的工作内容和工作重点进行计划、组织、指挥、协调和控制等相应的专业化活动。

1.2 建设工程施工员的岗位职责

1. 熟悉施工合同和参与设计交底

熟悉合同条款，了解本专业的施工范围、内容和技术要求。参加设计交底和施工图会审。视工程施工需要，绘制深化设计的施工详图。

2. 编写施工组织设计和施工方案等施工指导性文件

工程项目开工前，针对本项目、本专业的特点和特征，编制本专业的施工组织设计和施工方案（包括专项施工方案、系统调试方案等），以及根据需要编制本专业的专项质量、安全保证计划，各类方案和计划经项目工程师审批同意后，组织实施。

3. 编制施工预算

在项目开工前编制好施工预算，向材料员提出材料供应计划；对特殊材料和设备的需求应提前提出材料供应计划，以给材料供应准备周期。

在项目施工过程中，根据设计变更或修改的情况，及时编制施工补充预算，并同时向甲方提出工程索赔的要求，办理好签证手续。

4. 施工管理与协调

负责本专业范围内的施工管理工作。根据签订的工程分包合同和施工预算向施工单位下达施工任务单，完成对施工作业人员的技术、质量、安全、进度和产品保护等方面的交底工作；负责本专业施工过程中的施工协调工作，监督和检查施工作业人员施工质量和安全措施的落实工作。

5. 材料控制

负责做好项目施工过程中材料使用的控制工作，要从质和量两个方面进行控制，质要符合图纸规定的要求，型号、规格、材质都要符合图纸要求，量要控制材料的消耗量不得超过施工预算。要鼓励节约用料，长料长用，短料短用。

6. 质量控制

严格要求施工人员按照规范和标准要求施工，负责施工过程中质量的自检互检、自评和申报工作，认真填写相关分项工程（检验批）质量评定记录，及时出具施工过程质量动态意见书，确保施工质量受控。

7. 安全控制

分析项目施工过程中可能产生的“危险源”，编制项目安全技术措施和安全防范措施，并负责实施。经常督促检查施工作业人员安全制度执行情况，发现问题及时整改。负责对现场使用的机械设备管理，确保安全使用。

8. 工程量的审核

根据施工任务单、施工交底记录，按时结算或审核施工单位（班组）完成的工程量。

9. 工程资料的编制和归集

绘制工程竣工图，做好施工资料的填报和汇集工作，保证施工资料与施工进度的同步性和一致性，完成本专业的施工总结。

10. 完成项目经理交办的其他工作任务

1.3 建设工程施工现场施工员的岗位工作

1.3.1 准备阶段的主要工作

1. 熟悉合同

（1）了解合同类型，是开口合同还是闭口合同，是国内的施工规范合同文本，还是境外的 FIDIC 合同文本或者其他类型的合同文本，不同类型的合同文本，施工要求不同，处置的方法也不同。

（2）了解合同工作范围，在工程实施过程中，项目范围会随项目目标的调整、环境的改变、计划的调整而变更，项目范围是动态的，在施工准备阶段一定要准确地分析和理解合同条件，准确地理解项目目标，正确地确定项目范围。

（3）了解合同规定的各项要求，如进度要求、质量要求、环境要求、用后服务要求等。熟悉合同，既是为了满足顾客的需求，更好地为顾客服务，同时也是为项目寻找索赔机会，提高企业的经济效益。

2. 认真审核施工图纸

施工员收到施工图后，对施工图进行审核，在参加建设方或设计方组织设计交底前要先进行自审，对自审中发现问题应逐项记录。

（1）检查施工图的合法性。未经审查机构审查或审查不合格的施工图不得采用。根据项目的特点或设备类别检查施工图的设计资格、审批手续和设计内容是否符合有关规定的要求。

（2）检查施工图的成套性。核对各专业施工图及施工说明是否齐全配套，有否缺图。如锅炉、压力容器等专业设备，必须附有《监察规程》规定的全部图纸和技术文件。

（3）检查施工图的正确性。核对本专业和各专业之间在平面布置、轴线、标高、预留孔洞、预埋件等是否一致，有无遗漏、差错或相互矛盾之处，图纸表示方法是否清楚并符合标准要求，工艺流程与工艺布置是否合理，质量要求与现行的施工及验收规范有无抵触。

（4）检查按图施工的可行性。施工工艺、方法是否合理，是否切合实际，是否便于施工，分析本单位的施工工艺、施工机具、安全设施和技术水平等条件能否达到设计要求，有哪些新工艺、新技术、新设备、新材料需要解决。根据项目施工的特点或需要，还应明确安装单位与土建、机施、装饰等相关施工单位在施工顺序上的交叉配合关系。

3. 参与合同和设计交底

合同交底是经营部门的谈判人员对履约人员的交底，合同交底应包括合同的主要内容、合同实施的主要风险、合同签订过程中的特殊问题、合同实施计划和合同实施责任分配等内容，施工员应认真参与，对涉及自己管理范围的有关条款要深刻理解。在项目开工前，还要按“施工技术管理规定”参加由建设单位组织的设计施工图交底，将施工图自审时发现的问题，提请有关单位商讨确定，对交底过程拟定的事项，填写“设计施工图交底记录表”或由交底双方形成“会议纪要”，由有关单位会签后，经设计方确认签证后作为施工及验收依据。

对在交底过程中发现有关问题的具体处置方法如下：

（1）施工图不全、深度不够和图面缺陷等问题，应请设计单位确认并及时修改补充，如遗漏了与安装有关的预留孔、洞或预埋件，请设计单位及时补图并通知土建单位预留和预埋。

（2）由于设计方面的错误或施工合理化建议或受实际施工条件的限制等因素，必须修改原设计时，其修改方案应经设计、监理、业主和安装等多方统一意见，请设计单位另发设计变更通知和修改图。一般的修改变更，亦可由施工员通过办理“施工技术核定表”予以确定。

（3）项目施工应按施工图或合同和施工组织设计规定的各专业施工及验收规范进行施工、验收，如因某种原因不能执行时，应由设计、监理、业主和安装等多方共同协商相应的施工及验收规定，并写入“设计变更通知”和“会议纪要”中，作为施工及验收的依据。

4. 编写施工指导性文件

施工指导性文件是针对某拟建项目而编制的指导施工准备和施工全过程的组织、技术、健康安全与环境及经济的文件。

目前建设系统对施工指导性文件的实施有两个不同的系列。按其编制对象和阶段不同可分为施工组织总设计、单位工程施工组织设计和施工方案三类。按《建设工程项目管理规范》要求，将项目管理规划作为指导项目管理工作的纲领性文件，管理规划对项目管理的目标、依据、内容、组织、资源、方法程序和控制措施进行确定。在此我们按现行的《建设工程项目管理规范》要求介绍项目管理规划。

项目管理规划包括项目管理规划大纲和项目管理实施规划两类文件。项目管理规划大纲是项目管理工作中具有战略性、全局性和宏观性的指导文件，应由组织的管理层或组织委托的项目管理单位编制。规划大纲的编制工作与项目部施工员的关系不大。

项目管理实施规划是由项目经理组织编制的，施工员在项目经理的组织下，对涉及自己在项目施工管理中的部分应按照项目管理的需要，编制相应的内容。项目管理实施规划可以用施工组织设计或质量计划代替，但应能够满足项目管理实施规划的要求。

（1）项目管理实施规划可依据下列资料编制：项目管理规划大纲。项目条件和环境分析资料。工程合同及相关文件。同类项目的相关资料。

（2）项目管理实施规划应包括下列内容：项目概况；总体工作计划；组织方案；技术方案；进度计划；质量计划；职业健康安全与环境管理计划；成本计划；资源需求计划；风险管理计划；信息管理计划；项目沟通管理计划；项目收尾管理计划；项目现场平面布置图；项目目标控制措施；技术经济指标。

施工员应根据项目管理实施规划中的上述内容，结合自己的专业所涉及的方面编制相应的内容。

5. 编制施工预算

施工预算是根据施工图计算出分部分项工程的实物量，再以实物量为准，按施工定额计算施工用的人工和材料（包括主、辅料）的工料分析表，也是编制进度计划、安排劳动力、限额领料、签发任务书和成本核算等各项基础管理工作的依据。

（1）施工预算的编制依据。经图纸会审和设计交底的施工图纸资料和图纸会审设计交底记录。劳动定额和材料消耗定额及其他有关定额。经批准的施工组织设计和施工方案。

（2）施工预算的编制内容。

①建设单位、单位工程名称、编码及分部分项工程的名称；

②图纸依据和图号；

③定额编号和补充定额的编号；

④计量的项目、数量、计量单位、型号和规格；

⑤有关的编制说明。

（3）施工预算的编制程序。熟悉图纸，了解施工现场情况。在熟悉图纸、了解设计意图和工程全貌的基础上，按照施工组织设计或施工方案，并根据工程合同所承包的范围，编制施工预算。

①计算工程量。按照施工图纸和相应的计算规则，逐项列出工程量清单。工程量清单应包含主材、配件等具体的型号、规格和数量。

②工程量汇总。工程量计算完毕，经核对无误后，以单位工程为基础，以分部分项工程为单位进行分类汇总。

③套单价。根据工程量汇总清单，套劳动定额和材料消耗定额（或相应的国家、地区定额）、计算出工程实际用工数、辅助材料和消耗材料数量。套用定额时应注意定额项目和内容相一致。除定额说明应予换算外，一律遵照定额执行，对未列入定额的项目，应先进行测算，分别报有关部门确认后作为定额的补充内容予以执行。大型机械台班按批准的施工组织设计或施工方案计取。

施工预算应以分部分项工程为单位进行编制。施工预算应列明主材、配件、辅料、消耗材料、人工的数量及相应的规格、型号，并以此作为材料供应部门发料依据和对项目进行成本管理的依据。

6. 施工预算的管理

（1）施工预算应根据施工进度的需要，在接到施工图后即行编制，以满足实际施工需要。图纸全部到齐后，项目部施工员应在规定的时间内将施工预算编制完毕，经分公司工程管理科及有关部门审批后分发给有关部门和项目部。工程加工件，应根据加工周期长短，在接到图纸后，尽早绘制加工图，填写“加工件委托书”委托加工。

（2）对于边设计边施工的工程，项目部施工员应按收到的施工图及时按单位工程、分部分项、分阶段进行施工预算的编制，分公司工程管理科负责分阶段及时审批和分发。

（3）如发生设计修改变更，项目部施工员应负责办理技术核定单、工程问题联络单，并在工程项目增（减）账手续的基础上，及时编制补充施工预算，并审批后具体实施。

7. 施工现场准备

项目开工前，项目经理负责按施工组织设计（施工方案）进行施工组织和部署，按资源需用计划组织落实人员、机械和物资进场，按现场施工总平面规划组织大型临时设施的搭建和施工现场作业环境的布置；项目部施工员则按划分的施工过程制定施工方法和质量检测要求，并对拟从事过程施工的作业人员进行技术交底，填写和会签《施工交底记录表》，签发《施工任务单》。

特殊过程施工前，项目部施工员和料具员，应对直接影响过程质量的作业人员，施工机械和检验测量设备、过程能力进行预先鉴定并形成记录。

1.3.2 施工阶段的主要工作

施工阶段属于项目管理的实施与检查阶段，在这个阶段中主要是将各类计划付诸实施、不断检查实施情况并根据项目施工的变化和需要对相关的计划进行调整。在施工阶段，施工员主要有以下几个方面的工作：

1. 施工技术交底工作

在项目开工之前，由施工现场的施工员向参加施工的主要专业班组全体施工人员和配合专业的班组长，将施工图和施工指导性文件做全面的施工技术和施工管理交底。

（1）施工交底的内容。施工交底必须针对不同项目的规模、施工工期、技术难度等特点，作适度的施工技术和施工管理交底。一般应包括如下内容：

①承建项目的性质、规模和实物量；

②工艺流程、施工范围和施工进度；

③施工图内容和修改情况；

④施工顺序、施工方法，本专业与其他专业之间、上下工序之间的交叉配合关系；

⑤土建单位的施工进度和施工配合要求；

⑥为保证关键过程和特殊过程的质量要求所采取的各项控制措施；

⑦施工应遵循的施工及验收规范和施工工艺标准；

⑧安全和消防技术措施；

⑨施工预算的编制情况和定额指标；

⑩设备、材料、加工件、施工机具的准备情况和使用要求；

⑪施工临时设施和适宜的工作环境的准备情况和使用要求；

⑫施工过程中应做好的各项原始数据和质量记录；

⑬节约原材料及降低成本的措施；

⑭实施项目质量计划、班（组）管理等其他问题。

（2）施工技术交底的要求。施工员向施工班（组）进行交底，一般根据工程施工进度，结合“施工任务书”签发，有重点、分主次、分阶段向施工班组交底，并将交底的内容填写“施工交底记录表”，施工员和接受交底的班组负责人确认签证，作为施工的依据。

施工员委托的加工件，均应在加工图上详细注明技术和质量要求，必要时应按要求向加工单位交底，并填写“施工交底记录表”。

施工班组接受施工交底后，班组长应立即组织班组人员认真讨论，明确交底要求，确保全面完成施工任务。

2. 编制施工任务书

施工任务书是项目部向施工班组下达施工任务的重要依据，是考核施工班组完成任务情况和计算经济效果的主要资料。

施工任务书由施工员填写，于每月底签发下月的任务书并结算上月的任务书。一般以分项工程为单位，工期不超过3个月的项目可一次签发并结算。如某分项工程量大，在3个月内不能完成时，可以再划分区段。但必须有明显的分区界限，便于试气、试压等检验工作。

施工任务书签发或结算后，项目经理、施工员、施工班组长、劳资员、造价员均应在会签栏中签字。

3. 严格执行施工程序要求

坚持施工程序，按建筑安装施工的客观规律组织施工，是加快工程进度和保证工程质量的重要原则。安装工程施工程序一般为：

（1）一般应坚持先地下，后地上的原则；先设备，后管线；先大管道安装，后小管道安装；有压管道让无压管道；电气管线让排水管道；土建与安装各个工序统筹安排、合理交叉，注意经济和技术效果。

（2）凡已编有“施工工艺”的设备、电气、管道等各专业工程，必须按其“施工工艺”规定的工艺程序施工。

（3）对无质量手册和施工工艺的专业工程项目，应按该工程项目的《施工组织设计》、《施工方案》和各工种《技术操作规程》所规定的施工工艺程序施工。

（4）特种设备的施工，如压力容器的制造和组装、散装锅炉和整装锅炉、起重设备安装工程等，必须按政府监察部门规定的施工工艺程序施工。

4. 施工组织管理

（1）严格按施工组织设计、施工方案和施工进度计划的施工部署，精心施工。

（2）认真履行工程合同或工程协议的工程内容和施工周期。如因客观因素的影响，迟于工程合同（或工程协议）的竣工日期时，应及时与甲方办理签证手续。

（3）严格按施工图、施工及验收规范、质量检验评定标准和其他施工技术文件施工，不可随意更改。

（4）布置、落实施工任务时，必须同时布置、落实保证质量、施工安全和防火保卫的措施。

（5）施工过程中，如遇施工条件发生变化，施工方法有重大原则更改，必须修改原施工组织设计时，施工员应及时提出修改意见，填写“更改审批表”，经原编审部门人员审批后，方可实施。

（6）施工过程中，如发现施工图差错或材料代用，需要修改设计时，施工人员应严格按“施工技术核定”制度办理施工技术核定和设计变更。

（7）施工过程中，施工人员提出施工合理化建议时，应及时按“施工合理化建议管理办法”办理申报手续，作为施工和验收的依据。

（8）施工过程中发现的一般施工技术问题，施工员应及时处理，如遇重大技术问题，应及时逐级上报项目部和公司的有关部门，与各有关部门人员共同研究，商定处理方案，并报告主管经理和总工程师。

（9）施工过程中，如发现施工人员违反施工程序、验收规范、操作规程或安全制度，出现违章作业时，各级施工管理人员和施工技术人员，有权做出暂停施工的决定，并督促有关人员制定和落实有效措施后，方准恢复施工。

（10）施工过程中的隐蔽工程，在施工完成后，隐蔽之前，施工员应会同质检人员和监理、建设单位代表检查验收，并及时办理“隐蔽工程验收”的确认签证。

（11）施工过程中，施工员和施工班组必须认真、及时、准确地做好原始施工记录，整理工程资料，按工程资料管理规定，完整地填报施工管理检查记录表格，汇总移交资料员存档。

5. 质量控制

工程项目的质量检验要实行自检、互检和专检相结合的检验制度。施工员和操作者要对施工各工序质量进行全数自检互检，使工程质量达到对应的技术标准、规范要求，同步建立施工（检验）记录。施工现场质量员要依据施工及验收规范、质量评定标准对施工各工序质量进行复验，审查各项施工检验记录，检验合格后签字盖章确认。

6. 现场作业环境的控制

施工过程中，施工员应对施工现场的环境因素进行分析，对可能影响环境的污染源采取措施，进行控制。随时对施工过程的安全防护、用电用气、材料设备堆放等作业环境进行检查，并作相关记录，督促施工人员在过程施工阶段始终保持适宜的作业环境和持续的过程能力。

7. 现场材料设备和机械设备、检测设备的控制

施工现场施工员应协助材料员做好运抵现场的材料设备的验收工作，做好产品标识。施工员还应对其安装部位进行记录标识；做好项目过程施工中送至现场的施工机械设备和检验测量设备的交接验收工作，确保施工所需的机械设备和检验测量设备性能完好，能满足其持续的过程能力。

8. 现场施工方法的控制

（1）一般工序由现场施工员负责组织施工作业班组，按设计要求、规范、标准、操作规程、工艺、简要施工方案等作业指导书进行现场过程施工；

（2）关键工序由项目工程师负责组织施工员和施工作业班组，严格按关键工序施工方案或施工工艺和工艺评定准则的规定进行现场施工；

（3）无论是一般工序，还是关键工序，在施工前，应由项目工程师负责组织施工员，按《施工技术管理规定》对拟从事过程施工的作业人员进行施工方法、要求等技术交底，并由施工员负责填写和会签“施工技术交底记录表”。

9. 检测方法的控制

施工时，施工员及作业人员应按施工验收规范，对施工的质量检验点（一般、关键和特殊）采用实测实量及无损检测等检测手段，进行自检互检专检。项目中某些施工过程因无法事先确定其施工工艺和要求，如特殊过程焊接由项目部施工员按焊接工艺评定编制现场焊接工艺卡，施工员负责组织操作人员对过程施工连续的作业参数进行记录和监控，在对其过程能力事先鉴定的基础上确定过程技艺评定准则。

10. 组织协调

施工过程中，对各项施工问题的综合、平衡、协调，及时解决施工矛盾，保证正常施工，施工员应协助项目经理做好以下协调工作：

（1）协调施工进度和工程合同的执行情况；

（2）协调施工现场交叉配合上发生的矛盾；

（3）施工总平面管理；

（4）联络设备、材料的供应问题；

（5）联络公司内部各部门需要协调解决的与施工相关的问题；

（6）联络总包方和分包方之间需要协调解决的问题。

1.3.3 竣工验收阶段的主要工作

竣工验收阶段中，主要是对各类计划的实施情况进行总结处理，包括工程的验收、结算、工程资料的归集和施工总结的编制等。

1. 参与验收

工程的验收是全面考核基本建设成果，检验工程设计和施工质量的重要环节。首先，项目部应全部完成按照工程项目设计文件和工程承包合同所规定的施工内容，然后根据国家有关工程质量检验评定标准和建设工程竣工备案实施细则，由公司工程管理部组织有关部门及项目部对工程质量进行全面检查，确认工程质量符合法律、法规和工程建设强制性标准规定，符合设计文件及合同要求，并向建设单位提交工程质量竣工报告，由建设单位组织的验收组验收。验收组验收合格后向竣工备案部门备案，才可交付顾客使用。竣工验收是一项十分重要的工作，必须严格按下列规定顺序开展。

（1）工程质量竣工验收依据。

①上级主管部门批准的计划任务书以及有关文件；

②施工单位和建设单位签订的工程合同；

③施工图资料和其他施工技术文件；

④国家现行施工及验收规范，质量评定标准；

⑤从国外引进的新技术或成套设备项目，还应按照与外商签订的合同和技术文件资料进行验收。

（2）工程质量竣工验收条件。

①各分部分项工程按合同规定的内容，全部安装完成，不再发生安装用工、用料，做到工完料尽场地清。项目部已办理单位工程“交工、中间交工验收证书”；

②各种施工管理报表和施工检查记录资料齐全、完整、正确可靠；

③施工单位项目部填写项目“完工报告”；

④单位工程质量评定合格，符合验收备案要求。

（3）竣工验收备案。

①项目部、施工单位主管经理（主任工程师）参加建设单位组织的验收组，参加验收；

②施工单位与建设单位签署工程质量保修书；

③施工单位（总工程师）组织工程管理部（科）等有关部门进行分部、分项工程质量评定和单位工程质量评定，填报“竣工报告（合格证明书）”。

2. 工程量的审核和结算

在项目施工过程中，施工员要根据施工任务单按时结算或审核施工单位（班组）完成的工程量。在竣工验收阶段，要对过程中的工程量进行全面的审核，并对每个施工单位（班组）完成的全部工程量进行审核，为工程项目的最终结算提供切实可靠的资料。

3. 工程资料的归集

为了给各项安装工程的合理使用、维修、改建、扩建提供依据，施工单位在工程竣工后，必须绘制竣工图，向建设单位提供交工技术资料，完善技术档案。

施工过程中，施工员应组织施工班组必须认真、及时、准确地做好原始施工记录，整理工程资料，按工程资料管理规定，完整地填报施工管理（检查）记录表格，汇总移交资料员存档。

各项施工管理报表和施工检查记录表的填报、会签、分送流程和各项要求，均按“工程资料管理规定”执行。

4. 施工总结

“工程施工技术总结”是对工程施工中专业性技术经验的总结。它将工程施工中四新技术应用的经验及教训或工程项目实施过程中值得推广或应引以为戒的技术内容，通过分析、评估、总结，使之系统化、规范化，成为有参考价值的技术资料。

编写施工技术总结的素材是积累的施工资料，要求在施工全过程中，全面、详细、正确地写好施工日志，完整积累各项原始实测记录、施工图等资料。编写要力求做到：交代简要，叙述情况必须简明扼要，不记流水账，尽量用图表和数据表示；条理清楚，叙述力求简练、通俗易懂；详简适宜，应根据工程规模、性质和特点，分清主、次、轻、重，写出内容和深度适度的总结；对比鲜明。可用比较的方法，将原方案的设计情况和实际情况进行比较，以说明节约或超支、成功或失败等。

2 建设工程项目施工员基础理论知识

2.1 建筑安装工程识图

2.1.1 建筑工程识图

建筑工程图按专业分工不同可分为建筑施工图、结构施工图、设备施工图。这些图纸又分为基本图和详图两部分。基本图表示全局性的内容，详图则表示某些构配件和局部节点构造等的详细情况。

1. 建筑施工图

建筑施工图是描绘房屋建造的规模、外部造型、内部布置、细部构造的图纸，是施工放线，砌筑、安装门窗、室内外装修和编制施工预算及施工组织计划的主要依据。主要内容有设计说明、总平面图、建筑平面图、建筑立面图、建筑剖面图以及建筑详图等。

（1）设计说明。设计说明一般放在一套施工的首页。主要是对建筑施工图上不易详细表达的内容，如设计依据、工程概况、构造做法、用料选择等，用文字加以说明。此外，还包括防火专篇、节能专篇等一些有关部门要求明确说明的内容。

（2）总平面图。将拟建工程四周一定范围内的新建、拟建、原有和拆除的建筑物、构筑物连同其周围的地形地物状况，用水平投影方法和相应的图例所画出的图样，即称为总平面图。

（3）建筑平面图。建筑平面图是把房屋用一个假想的水平剖切平面，沿门、窗洞口部位（提窗台以上，过梁以下的空间）水平切开，移去剖切平面以上的部分，把剖切平面以下物体投影到水平面上，所得的水平剖面图，即为建筑平面图，简称平面图。

（4）建筑立面图。建筑立面图是用平等建筑物的某一墙面的平面作为投影面，向其作正投影，所得到的投影图。要要用于表示建筑物的体型和外貌、立面各部分配件的开关及相互关系、立面装饰要求及构造做法等。

建筑立面图命名有多种方式：按朝向命名，如东立面图、西立面图、南立面图、北立面图等；按轴线编号进行命名，如①－⑨立面图等、A－D 立面图等。

（5）建筑剖面图。假想用一个平行于投影面的剖切平面，将房屋剖开，移动观察者与剖切平面之间的房屋部分，做出剩余部分的房屋的正投影，所得图样称为建筑剖面图，简称剖面图。将沿着建筑物短边方向剖切后形成的剖面图称为横剖面图，将沿着建筑物长边方向剖切形成的剖面图称为纵剖面图。一般多采用横向剖面图。

建筑剖面图是表示房屋的内部垂直方向的结构形式、分层情况、各层高度、楼面和地面的构造以及各配件在垂直方向上的相互关系等内容的图样。

（6）建筑详图。建筑详图就是把房屋的细部或构配件的形状、大小、材料和做法等，按正投影的原理，用较大的比例绘制出来的图样（也称为大样图或节点图）。它是建筑平面图、立面图和剖面图的补充，详图比例常用 1∶1～1∶50。

建筑详图包括墙身剖面图和楼梯、阳台、雨篷、台阶、门窗、卫生间、厨房、内外装修等详图。

2. 结构施工图

建筑施工图是在满足建筑物的使用功能、美观、防火等要求的基础上，表明房屋的外形、内部平面布置、细部构造和内部装修等内容。为了建筑物的安全，还应按建筑各方面的要求进行力学与结构计算，决定建筑承重构件（如基础、梁、板、柱等）的布置、形状、尺寸和详细设计的构造要求，并将其结果绘制成图样，用以指导施工，这样的图样称为结构施工图。

结构施工图一般包括：结构设计图纸目录、结构设计总说明、结构平面图和构件详图。

（1）结构设计图纸目录和设计总说明。结构图纸目录可以使我们了解图纸的总张数和每张图纸的内容，核对图纸的完整性，查找所需要的图纸。结构设计总说明的主要内容包括以下方面：

①设计的主要依据（如设计规范、勘察报告等）；

②结构安全等级和设计使用年限、混凝土结构所处的环境类别；

③建筑抗震设防类别、建设场地抗震设防烈度、场地类别、设计基本地震加速度值、所属的设计地震分组以及混凝土结构的抗震等级；

④基本风压值和地面粗糙度类别；

⑤人防工程抗力等级；

⑥活荷载取值，尤其是荷载规范中没有明确规定或与规范取值不同的活荷载标准值及其作用范围；

⑦设计 ±0.000 标高所对应的绝对标高值；

⑧所选用结构材料的品种、规格、型号、性能、强度等级，对水箱、地下室、屋面等有抗渗要求的混凝土的抗渗等级；

⑨结构构造做法（如混凝土保护层厚度、受力钢筋锚固搭接长度等）；

⑩地基基础的设计类型与设计等级，对地基基础施工、验收要求以及对不良地基的处理措施与技术要求。

（2）结构平面置图。结构平面布置图是房屋承重结构的整体布置图，主要表示结构构件的位置、数量、型号及相互关系，与建筑平面图一样，属于全局性的图纸，通常包含基础布置平面图、楼层结构平面图、屋顶结构平面图、柱网平面图。

（3）结构构件详图。构件详图是表示单个构件形状、尺寸、材料、构造及工艺的图样，属于局部性的图纸。其主要内容有：基础详图，梁、板、柱等构件详图；楼梯结构详图；其他构件详图。

3. 建筑工程施工图的编排顺序

施工图一般编排顺序是：首页图（包括图纸目录、施工总说明、汇总表示）、总平面图、建筑施工图、结构施工图、给排水施工图、采暖通风施工图、电气施工图等。

各专业施工图应按图纸内容的主次关系来排列。基础图在前，详图在后；总体图在前，局部图在后；主要部分在前，次要部分在后；先施工的图在前，后施工的图在后。

4. 建筑工程图识图

识读整套图纸时，应按照总体了解、顺序识读、前后对照、重点细读的读图方法。

（1）总体了解。一般是先看目录、总平面图和施工总说明，以大致了解工程的概况，如工程设计单位、建设单位、新建房屋的位置、周围环境、施工技术要求等。对照目录检查图纸是否齐全，采用了哪些标准图并备齐这些标准图。然后看建筑平、立、剖面图，大体上想象一下建筑物的立体形象及内部布置。

（2）顺序识读。在总体了解建筑物的情况以后，根据施工的先后顺序、从基础、墙体（或柱）结构平面布置、建筑构造及装修的顺序，仔细阅读有关图纸。

（3）前后对照。读图时，要注意平面图、剖面图对照读、土建施工图与设备施工图对照读、做到整个工程施工情况及技术要求心中有数。

（4）重点细读。根据工种的不同，将有关专业施工图的重点部分再仔细读一遍，将遇到的问题记录下来，及时向设计部门反映。

（5）识读其他工程设计、施工文件。其他工程设计、施式文件主要是指勘察报告、设计变更文件、图纸会审纪要等施工中必须识读的文件。

（6）专业技能要求。通过学习和训练。能够识读砌体结构房屋建筑施工图、结构施工图；能够识读混凝土结构房屋建筑施工图、结构施工图；能够识读单层钢结构房屋建筑施工图、结构施工图；能够识读勘察报告、设计变更文件、图纸会审纪要等。

2.1.2 安装工程识图

建筑安装工程图按专业性质划分为建筑给水工程图、排水工程图、采暖工程图，建筑电气工程图，通风与空调工程图，电梯工程图，建筑智能化工程图。

1. 安装工程图的分类

（1）图的分类。图的概念很广泛，它可以泛指各种图，但这里是指表示信息的一种技术文件，用图示法表示形式的安装工程图，一般分四个大类。

①三视图。三视图是用投影法绘制的图，即以三视图原则绘制的图，如各种机械工程图、设备布置图等。

②简图。简图是用图形符号、文字符号和安装代号绘制的图，例如：照明平面图、电力工程图等。

③表图。表图是表示两个或两个以上变量、动作或状态之间关系的一种图，如 I 与 U 关系的曲线图、时序图等。

④表格。表格是把数据等内容按纵横排列的一种表达形式，如设备材料明细表、建筑设备监控系统点数表等。

（2）安装工程图的分类。安装工程图是应用非常广泛的图纸，用它来说明建筑中安装工程的构成和功能；描述设备、装置的工作原理；提供安装技术数据和使用维护依据。一个安装工程的规模有大有小，不同规模的安装工程，其图纸的数量和种类是不同的，常用的安装工程图有以下几类：

①目录、说明、图例、设备材料明细表。

a. 图纸目录内容有序号、图纸名称、编号、张数等；

b. 设计说明（施工说明）主要阐述安装工程设计的依据，业主的要求和施工原则，建筑特点，安装标准，安装施工等级，工艺要求等及有关设计的补充说明；

c. 图例即图形符号说明，一般只列出本套图纸中涉及的一些图形符号；

d. 设备材料明细表列出了该项安装工程所需要的设备和材料的名称、型号、规格和数量，供设计概算和施工预算时参考。

②系统图。系统图是表现安装工程的的基本组成和相互关系，不表示具体情况、具体安装位置和具体施工方法。

③平面图。平面图是表示设备、装置与线路平面布置的图纸，是进行设备安装的主要依据。安装平面图以建筑总平面图为依据，在图上绘出设备、装置及线路的安装位置、敷设方法等。

④设备布置图。设备布置图是表现各种设备和装置的平面与空间的位置、安装方式及其相互关系的图纸，通常由平面图、立面图、剖面图及各种构件详图等组成。设备布置图是按三视图原理绘制的。

⑤安装接线图。安装接线图又称安装配线图，是用来表示设备、器件和线路的安装敷设位置、配线方式、连接方法、配线特征等。

⑥原理图。原理图是表现某一设备或系统的工作原理的图纸，它是按照各个部分的动作原理采用展开法来绘制的。通过分析原理图可以清楚地看清整个系统的动作顺序。原理图不能表明设备和器件的实际安装位置和具体的连接。

⑦详图。详图是表现安装工程中设备、装置的某一部分的具体安装要求和做法的图纸。国家和设计院有专门的设备安装标准图册。

2. 安装工程图的识图方法

建筑安装工程图中的设备和线路是在简化的建筑工程图上绘出，所以不但要了解安装工程图的特点，还应熟悉建筑工程图，才能较快看懂安装工程图。

（1）安装工程图的特点。

①简图是安装工程图的主要形式，它是用图形符号或简化外形、文字符号、安装代号、型号表示系统或设备之间相互关系的图。

②图形符号、文字符号和安装代号是构成安装工程图的基本要素。一个系统、装置或设备通常由许多部件、器件等组成，设备在工程图中采用图形符号表示，并用文字符号、安装代号来说明装置、设备和线路的安装位置、相互关系和敷设方法等。

③装置和系统主要是由器件和连接线构成，所以器件和连接线是工程图描述的主要内容。如平面图和接线图是表明安装位置和连接方法，系统图可表示相互关系，原理图说明设备工作原理。由于对器件和连接线的描述不同，构成了安装工程图的多样性。

④位置布局法和功能布局法是安装工程图中两种最基本的布局方法。位置布局法是指工程图中设备、器件符号按实际位置布置，如平面图都是按实际位置布置的。

功能布局法中器件的排列只考虑器件之间的功能关系，而不考虑实际位置，如系统图中的器件就是按动作顺序排列的。

⑤设备和装置在平面图中并不按比例画出它们的形状和外形尺寸，通常采用图形符号来表示的。设备的空间位置一般也不用立面图表示，而是在平面图上标注安装标高或用施工说明来表示。但为了清晰地表示出设备和线路的安装位置、敷设方法，平面图一般都在简化的建筑平面图上绘出，与设备、线路有关的建筑部分（墙、柱、门窗、楼梯等）要简化绘出。但图纸主要表现的是设备部分，在图中设备线路用中实线，建筑部分用细实线。

（2）安装工程图的识图分析。分析安装工程图，不但要掌握安装工程图的一些基本知识，还应按合理的程序看图，才能较快地看懂安装工程图。

①首先要看图纸的目录、图例、施工说明和设备材料明细表。了解项目名称、工程内容、图形符号、安装代号等，了解工程概况、供电电压等级、电源的进线方式、线路敷设方式、设备安装方法、施工要求等注意事项。

②熟悉国家统一的图形符号、文字符号和安装代号。构成电气工程的设备、元件和线路很多，结构类型各异，安装方法不同，在安装工程图中，设备、器件和线路的安装位置和安装方式是用图形符号、文字符号和安装代号来表达的。因此，阅读安装工程图时，一定要掌握大量的图形符号、文字符号和安装代号；并理解这些符号所代表的具体内容与含义，以及它们之间的相互关系。从文字符号、安装代号中了解设备、器件的名称、性能、特征、作用和安装方式。

③要了解图纸所用的标准，任何一个国家都有自己的国家标准，设计院采用的图例也并不一致。看图时，首先要了解本套图纸采用的标准是哪一个国家的，图形符号、文字符号、安装代号有什么特点，如“BS”为英国国家标准，“ANSI”为美国国家标准，“JIS”为日本工业标准，“DIN”为德国国家标准；“IEC”为国际电工委员会标准，

"GB"为我国国家标准。还有行业标准，地方标准和企业标准，如"JGJ"为建筑行业标准，"DL"为电力行业标准。

④安装工程图是用来准备设备、材料及组织施工的。而一些安装及调试的技术要求在图纸上不能完全反映出来，也没有必要一一说明，因为某些技术要求在国家标准和规范中作了明确规定，国家也有专门的安装施工图册。因此，在安装工程图中一般写明"参照××规范，××图册"。所以还必须了解安装施工图册和国家规范。

⑤看安装工程图时，各种图纸要结合起来看，并注意一定的看图程序。一般来说，看图程序是设计（施工）说明→图例→设备材料明细表→系统图→平面图→接线图→原理图。从施工说明了解工程概况，本套图纸所用的图形符号，该工程所需的设备、材料的型号、规格和数量等。

⑥安装工程的施工要与建筑、装饰工程和其他工程配合进行。设备的安装位置与建筑物的结构有关，管线的走向与建筑结构（柱、梁、门窗）有关，安装方法与墙体、楼板材料有关，特别是暗敷管线，更与建筑工程密切相关。所以看图时还必须查看有关建筑工程图和其他工程图，了解建筑工程和其他工程对安装工程的影响，掌握各种图纸之间的相互关系。还必须了解一些建筑工程图的基本符号。

3. 安装工程图的分析

（1）某营业厅及办公室电气照明工程图分析。某营业厅及办公室的照明工程图有照明平面图（图2－1）及电气照明系统图（图2－2）。

照明平面图中的1MX为电气照明配电箱，型号为PZ30－12，功率8.57kW，一个3极的主开关，额定电流40A。六个单极分支开关，额定电流16A。分6个电气系统，分别为N1、N2、N3、N4、N5、N6。

照明系统图中的N1、N2、N3为照明灯具线路，线路BV－2×2.5－PC20－SCC，表示采用塑料铜芯线2根2.5 mm^2，穿入ϕ20的塑料管，在吊顶内暗敷。N4、N5为插座线路，BV－2×2.5＋E2.5－PC20－FCWC表示塑料铜芯线，3根2.5 mm^2，穿入ϕ20塑料管，沿地、沿墙暗敷。

照明平面图的灯具安装：有双管荧光灯（2×40W）13套，吸顶安装；防水防光灯（100W）4套，离地2.8m管吊；吸顶灯（60W）4套，吸顶安装；筒灯（13W节能灯）24套，吸顶安装。

灯具开关有单控单联（暗）3个，单控双联（暗）8个，单控三联（暗）2个。暗装单相三孔插座有23个。

（2）施工现场卫生间给排水工程图分析。施工现场卫生间给排水工程图见图2－3。图2－3上可以看出卫生间内设有洗脸盆一套以及蹲式大便器三套，为了排除卫生间的地面污水和方便地面冲清，还设有一只地漏。

给水系统编号J/1，引入管管径DN50，在室外设有闸门，深埋0.8m。进入室内沿墙角设置立管，立管直径为DN50，并设立一分支管，分支管沿内墙敷设，分别向洗脸盆和蹲式大便器水箱供水，洗脸盆给水横管标高0.450m，管径为DN15，蹲式大便器给水管管径为DN25。

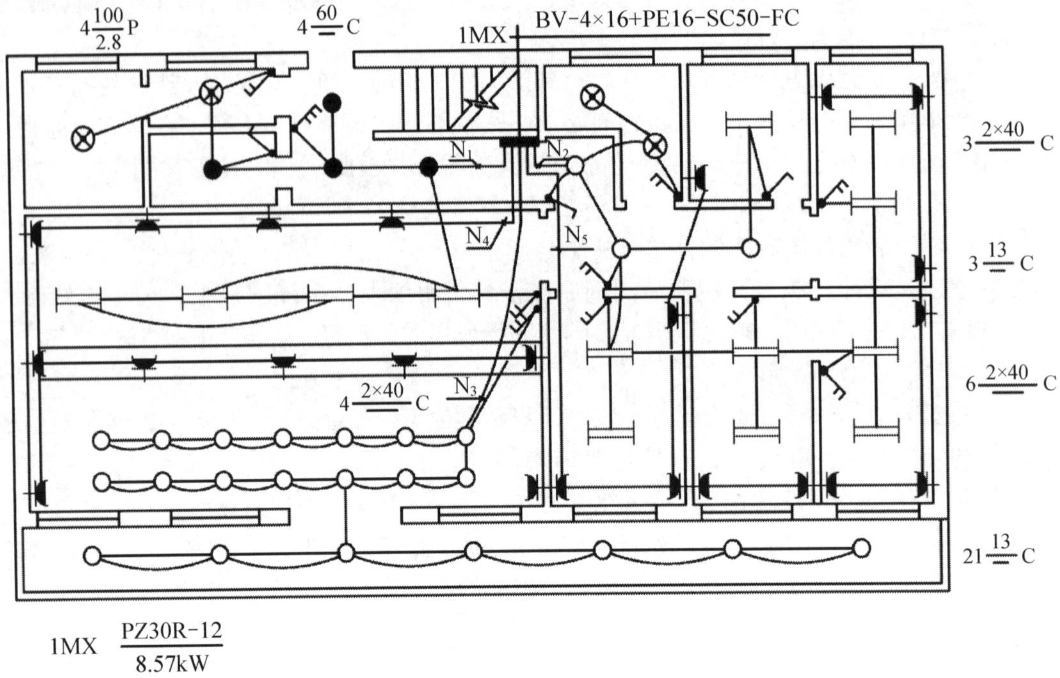

图2-1 照明平面图

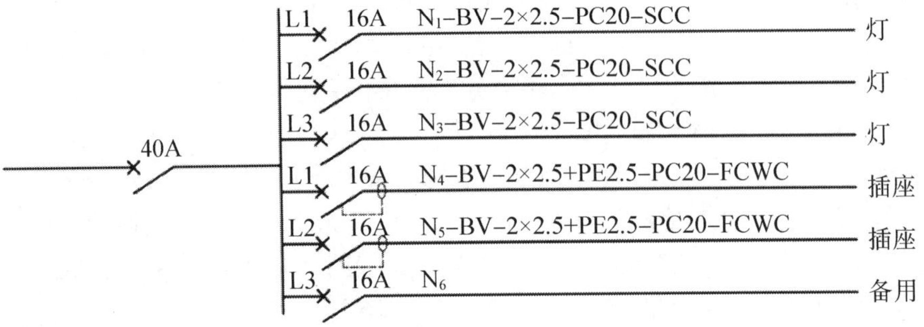

图2-2 照明系统图

排水系统编号W/1，并设一根排水横管，横管上连接洗脸盆和蹲式大便器的排水管。横管末端装设清扫口，清扫口从地下弯到地板上，自大便器至洗脸盆的排水横管管径为DN110，洗脸盆至立管段管径为DN110，排水立管管径为DN110。排出管穿外墙标高为-1.000m，横管坡度都是0.02。

给水排水管道平面图和轴测图对管路布置和走向都表示得很清楚，但管路与卫生器具的连接安装需另外查阅详图。

给水管管材选用硬聚氯乙烯（PVC-U）给水管或聚丙烯（PP-R）给水管，排水管管材选用聚氯乙烯PVC-U排水管。

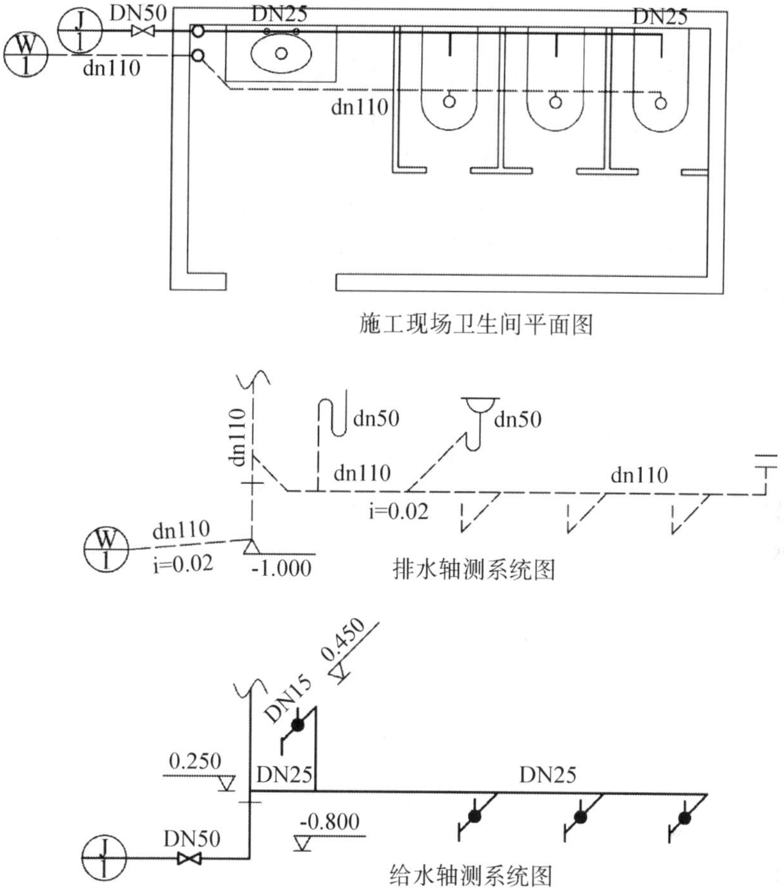

图 2－3　施工现场卫生间给排水工程图

2.2 建筑模板工程及脚手架施工技术

2.2.1　模板工程

1. 模板材料

（1）钢材。为保证模板结构的承载能力，应根据模板体系的重要性、荷载特征、连接方法等不同情况，选用适合的钢材型号和材性，且宜采用 Q235 钢和 Q345 钢。对于模板的支架材料宜优先选用钢材。

（2）冷弯薄壁型钢。用于承重模板结构的冷弯薄壁型钢的带钢或钢板，应具有抗拉强度、伸长率、屈服强度、冷弯试验和硫、磷含量的合格保证；对焊接结构尚应具有碳含量的合格保证。

（3）木材。模板结构或构件的树种应根据各地区实际情况选择质量好的材料，不得使用有腐朽、霉变、虫蛀、折裂、枯节的木材。

（4）铝合金材。建筑模板结构或构件，应采用纯铝加入锰、镁等合金元素构成的铝合金型材。并应符合国家现行标准《铝及铝合金型材》（YB1703）的规定。

（5）竹、木胶合模板板材。胶合模板板材表面应平整光滑，具有防水、耐磨、耐酸碱的保护膜，并应有保温性能好、易脱模和可两面使用等特点。板材厚度不应小于12mm，并应符合国家现行标准《混凝土模板用胶合板》ZBB70006的规定。

2. 模板的作用和技术要求

（1）模板的作用。模板系统包括模板、支架和坚固件三个部分。它可保证混凝土在浇筑过程中保持正确的开关和尺寸，是混凝土在硬化过程中进行防护和养护的工具。

（2）模板的技术要求：

①保证工程结构和构件各部位形状尺寸和相互位置的正确；

②具有足够的承载能力、刚度和稳定性，能可靠地承受新浇混凝土的自重和侧压力以及施工荷载；

③构造简单、装拆方便，便于钢筋的绑扎、安装和混凝土的浇筑、养护；

④模板的接缝严密，不得漏浆；能多次周转使用。

（3）模板工程的施工工艺包括模板的选材、选型、设计、制作、安装、拆除和周转等过程。

3. 模板的制作与安装

（1）木模板的制作与安装。木模板及其支架系统一般在加工厂或现场制成基本元件（拼板），然后再在现场拼装。拼板的长短、宽窄可以根据混凝土构件的尺寸，设计出几种标准规格，以便组合使用。拼板的板条厚度一般为25mm～50mm，宽度不宜超过200mm。拼条截面尺寸为（25mm～50mm）×（40mm～70mm）。梁侧板的拼条一般立放，其他则可平放。拼条间距为400mm～500mm。

①柱模板。柱模板由两块相对的内拼板夹在两块外拼板之间组成，亦可用短横板（门子板）代替外拼板钉在内拼板上。

柱模板底部开有清理孔。沿高度每隔2m开有浇筑孔。柱底部一般有一钉在底部混凝土上的木框，用来固定柱模板的位置。拼板外要有柱箍，柱箍可为木制。钢制或钢木制，下部柱箍较密。柱模板顶部根据需要开有与梁模板连接的缺口。

安装柱模前，应先绑扎好钢筋，测出标高并标在钢筋上，同时在已浇筑的基础顶面或楼面上固定好柱模板底部的木框，在内外拼板上弹出中心线，根据柱边线及木框位置竖立内外拼板，并用斜撑临时固定，然后由顶部用锤球校正，使其垂直。检查无误后，即用斜撑钉牢固定。同在一条轴线上的柱，应先校正两端柱模板，再从柱模板上口中心线拉一钢丝来校正中间的柱模。柱模之间还要用水平撑及剪刀撑相互拉结。

②梁模板。梁模板主要由底模、侧模、夹木及其支架系统组成，下面每隔一定间距（一般为800mm～1 200mm）有顶撑支撑。顶撑可以用圆木、方木或钢管制成。顶撑底应加垫一对木楔块以调整标高，在顶撑底加铺垫板。

多层建筑施工中，应使上、下层的顶撑在同一条竖向直线上。侧模板应包在底模板的外侧，底部用夹木固定，上部用斜撑和水平拉条固定。

如梁跨度等于或大于4m，应使梁底模起拱，如设计无规定时，起拱高度宜为全跨长度的1/1 000～3/1 000。

③楼板模板。混凝土楼板的面积大而厚度比较薄，板边缘侧压力小，因此，楼板模板及其支架系统，主要承受钢筋混凝土的自重及其施工荷载，保证模板不变形。楼板模板的底模用木板条或用胶合板拼成，铺设在楞木上。楞木搁置在梁模板外侧托木上，若楞木面不平，可以加木楔调平。当楞木的跨度较大时，中间应加设立柱。立柱上钉通长的杠木。

（2）钢（铝）框胶合板模板制作与安装。钢（铝）框胶合板模板是一种模数化、定型化的模板，具有重量轻、通用性强、模板刚度好、板面平整、技术配套、配件齐全的特点，模板面板周转使用次数30～50次，钢（铝）框骨架周转使用次数100～150次，每次摊销费用少，经济技术效果显著。

①钢（铝）框胶合板模板构造。钢（铝）框胶合板模板由标准模板、调节模板、阴角模、阳角模、斜撑、挑架、对拉螺栓、模板夹具、吊钩等组成。

钢框胶合板模板分类实腹和空腹两种，以特制钢边框型材和竖肋、横肋、水平背楞焊接成骨架，嵌入12mm～18mm厚双面覆膜木胶合板，以拉铆钉或螺钉连接紧固。用于板厚为12mm～15mm的梁、板结构支模面的板厚为15mm～18mm的墙、柱结构支模面。

铝框胶合板模板以空腹铝边框和矩形铝型材焊接成骨架，嵌入15mm～18mm厚双面覆膜木胶合板，以拉铆钉连接紧固，模板厚120mm，模板之间用夹具或螺栓连接成大模板。铝框胶合板模板也分为重型和轻型两种，其中重型铝框胶合板模板用于墙、柱；轻型铝框胶合板模板用于梁、板。

②钢（铝）框胶合板模板施工。其施工工艺为：根据工程结构设计图，分别对墙、梁、板进行配模设计，编制模板工程专项施工方案；对模板和支架的刚度、强度和稳定性进行验算；计算所需的模板规格与数量；制定确保模板工程质量和安全施工等有关措施；制定支模和拆模工艺流程；对面积较大的工程，划分模板施工流水段。

③主要技术指标。模板面板采用酚醛覆膜竹（木）胶合板，表面平整；模板面板厚度为12mm、15mm、18mm；模板厚度为实腹钢框胶合板模板55mm～120mm，空腹钢框胶合板模板12mm，铝框胶合板模板120mm；标准模板尺寸：600mm×2 400mm、600mm×1 800mm、600mm×1 200mm、900mm×2 400mm、900mm×1 800mm、900mm×1 200mm、1 200mm×2 400mm。

④适用范围。可适用于各类型的公共建筑、工业与民用建筑的墙、柱、梁板等。

普通胶合板模板构造与安装，与木模板基本相同，只是拼板由木板改为胶合板。由于胶合板板幅较大，拼板的长短、宽窄可以根据混凝土构件的尺寸，现场制成基本元件，然后再在现场拼装。

（3）大模板制作与安装。大模板是一种大尺寸的工具式定型模板。一般一块墙面用1~2块大模板，因其重量大，安装时需要起重机配合装拆施工。大模板由面板、加劲肋、竖楞、支撑结构及附件组成。

①面板。面板要求表面平整、刚度好，平整度按中级抹灰质量要求确定。面板一般用钢板和多层板制成，其中以钢板最多。用4mm~6mm厚钢板做面板（厚度根据加劲肋的布置确定），其优点是刚度大和强度高，表面平滑，所浇筑的混凝土墙面外观好，不需再抹灰，可以直接粉面，模板可重复使用200次以上。用12mm~18mm厚多层板做的面板，用树脂处理后可重复使用50次，重量轻，制作安装更换更易、规格灵活，对于非标准尺寸的大模板工程更为适用。

②加劲肋。加劲肋是大模板的重要构件。其作用是固定面板，阻止其变形并把混凝土传来的侧压力传递到竖楞上。加劲肋可用6号或8号槽钢，间距一般为300mm~500mm。

③竖楞。竖楞是与加劲肋相连接的竖直部件。它的作用是加强模板刚度，保证模板的几何形状，并作为穿墙螺栓的固定支点，承受由模板传来的水平力和垂直力。竖楞多采用6号或8号槽钢制成，间距一般为1m~1.2m。

④支撑结构。支撑结构主要随风荷载和偶然的水平力，防止模板倾覆。用螺栓或竖楞连接在一起，以加强模板的刚度。每块大模板采用2~4榀桁架作为支撑机构，兼做搭设操作平台的支座，随施工活荷载，也可用大型型钢代替桁架结构。

⑤附件。大模板的支撑结构附件有穿墙螺栓、固定卡具、操作平台及他附属连接件。

4. 模板工程施工程序

模板制作→定位放线→模板安装和加固→模板验收→模板拆除→模板的清理和保养。

5. 施工技术要求

（1）模板安装位置、尺寸，必须满足图纸要求，且应拼缝严密、表面平整并刷隔离剂。

（2）模板及其支撑应具有足够的承载能力、刚度和稳定性，能可靠地承受浇筑混凝土的重量、侧压力以及施工荷载。

（3）在浇筑混凝土之前，应对模板工程进行验收。模板安装和浇筑混凝土时，应对模板及其支撑进行观察和维护。

（4）模板及其支撑拆除的顺序原则为：后支先拆、先支后拆，具体应按施工方案执行。

6. 模板的拆除

模板的拆除日期取决于现浇结构的性质、混凝土的强度、模板的用途、混凝土硬化时的气温。

模板的拆除应满足如下规定：

（1）侧模板的拆除。应在混凝土强度达到能保证其表面及棱角不因拆除模板而受损坏时方可进行。具体时间可参考表 2－1。

表 2－1　　侧模板的拆除时间

水泥品种	混凝土强度等级	混凝土凝固的平均温度（℃）					
		5	10	15	20	25	30
		混凝土强度达到 2.5MPa 所需天数（d）					
普通硅酸盐水泥	C10	5	4	3	2	1.5	1
	C15	4.5	3	2.5	2	1.5	1
	≥C20	3	2.5	2	1.5	1.0	1
矿渣及火山质水泥	C10	8	6	4.5	3.5	2.5	2
	C15	6	4.5	3.5	2.5	2	1.5

（2）底模板的拆除。应在与混凝土结构同条件养护的试件达到表 2－2 规定强度标准值时，方可拆除。达到规定强度标准值所需时间可参考表 2－3。

表 2－2　　现浇结构拆模时所需混凝土强度

结构类型	结构跨度（m）	按设计的混凝土强度标准值的百分率计（%）
板	≤2	50
	>2，≤8	75
	>8	100
板、拱、壳	≤8	75
	>8	100
悬臂构件	≤2	75
	>2	100

注：本规范中“设计的混凝土强度标准值”系指与设计混凝土强度等级相应的混凝土立方体抗压强度标准值。

表 2－3　　拆除底模板的时间参考表

水泥的强度等级及品种	混凝土达到设计强度标准值的百分率（%）	硬化时昼夜平均温度					
		5℃	10℃	15℃	20℃	25℃	30℃
42.5MPa 普通硅酸盐水泥	50	10	7	6	5	4	3
	70	20	14	11	8	7	6
	100	50	40	30	28	20	18
32.5MPa 矿渣硅酸盐水泥或火山灰质水泥	50	18	12	10	8	7	6
	75	32	25	17	14	12	10
	100	60	50	40	28	24	20
42.5MPa 矿渣硅酸盐水泥或火山灰质水泥	50	16	11	9	8	7	6
	75	30	20	15	13	12	10
	100	50	40	30	28	20	18

（3）拆除模板顺序注意事项。

①拆模时不要用力过猛，拆下来的模板要及时运走、整理、堆放以便再用。

②拆模程序一般应是后支的先拆，先拆除非承重部分，后拆除承重部分。重大复杂模板的拆除，事先应制订拆模方案。

③拆除框架结构模板的顺序，首先是柱模板，然后是楼板底板、梁侧模板，最后是梁底模板。拆除跨度较大的梁下支柱时，应先从跨中开始，分别拆向两端。

④楼层楼板支柱的拆除，应按下列要求进行：上层楼板正在浇筑混凝土时，下一层楼板的模板支柱不得拆除，再下一层楼板模板的支柱，通过计算仅可拆除一部分；跨度4m及4m以上的梁下装均应保留支柱，其间距不大于3m。

⑤已拆除模板及其支架的结构，应在混凝土强度达到设计的混凝土强度标准值后，才允许承受全部使用荷载。当承受施工荷载产生的效应比使用荷载更为不利时，必须经过核算，加设临时支撑。

⑥拆模时，应尽量避免混凝土表面或模板受到损坏，防止整块板落下伤人。

7. 模板质量要求

（1）模板及其支架应根据工程结构形式、荷载大小、地基土类别、施工设备和材料供应等条件进行设计。模板及其支架应具有足够的承载能力、刚度和稳定性，能可靠地承受浇筑混凝土的重量、侧压力以及施工荷载。

（2）在浇筑混凝土之前，应对模板工程进行验收。模板安装和浇筑混凝土时，应对模板及其支架进行观察和维护。发生异常情况时，应按施工技术方案及时进行处理。

（3）模板及其支架拆除的顺序及安全措施应按施工技术方案执行。

2.2.2 脚手架工程

1. 脚手架材料

（1）钢管。

①脚手架钢管应采用现行国家标准《直缝电焊钢管》GB/T 12793 或《低压流体输送用焊接钢管》GB/T 3091 中规定的 Q235 普通钢管，钢管的钢材质量应符合现行国家标准《碳素结构钢》GB/T 700 中 Q235 级钢的规定。

②脚手架钢管宜采用 $\phi 48.3\times 3.6$ 钢管。每根钢管的最大质量不应大于 25kg。

（2）扣件。

①扣件应采用可锻铸铁或铸钢制作，其质量和性能应符合现行国家标准《钢管脚手架扣件》GB 15831 的规定，采用其他材料制作的扣件，应经试验证明其质量符合该标准的规定后方可使用。

②扣件在螺栓拧紧扭力矩达到 65N · m 时，不得发生破坏。

（3）脚手板。

①脚手板可采用钢、木、竹材料制作，单块脚手板的质量不宜大于 30kg。

②冲压钢脚手板的材质应符合现行国家标准《碳素结构钢》GB/T 700 中 Q235 级钢的规定。

③木脚手板材质应符合现行国家标准《木结构设计规范》GB50005）中Ⅱa 级材质的规定。脚手板厚度不应小于 50mm，两端宜各设直径不小于 4mm 的镀锌钢丝箍两道。

④竹脚手板宜采用由毛竹或楠竹制作的竹串片板、竹笆板；竹串片脚手板应符合现行行业标准《建筑施工脚手架安全技术规范》JGJ464 的相关规定。

（4）可调托撑。

① 可调托撑螺杆外径不得小于 36mm，走丝与螺距应符合现行国家标准《梯形螺纹 第 3 部分：基本尺寸》GB/T5796.3 的规定。

②可调托撑的螺杆与支架托板焊接应牢固，焊缝高度不得小于 6mm；可调托撑螺杆与螺母旋合长度不得少于 5 扣，螺母厚度不得小于 30mm。

③可调托撑受压承载力设计值不应小于 40kN，支托板厚不应小于 5mm。

（5）悬挑脚手架用型钢。

①悬挑脚手架用型钢的材质应符合现行国家标准《碳素结构钢》GB/T700 或《低合金高强度结构钢》GB/T1591 的规定。

② 用于固定型钢悬挑梁的 U 形钢筋拉环或锚固螺栓材质应符合现行国家标准的规定。

2. 脚手架的分类及技术要求

（1）脚手架的分类。

①脚手架按其搭设位置分为外脚手架和里脚手架两大类；

②按其构造形式分为多立柱式、门形、悬挑式及吊脚手架等。

（2）脚手架技术要求。

①脚手架的宽度应满足工人操作、材料堆放及运输要求，一般为2m左右，且不得小于1.5m；

②脚手架应有足够的强度、刚度和稳定性，保证在施工期间的各种荷载作用下，脚手架不变形，不摇晃、不倾斜；

③构造简单，便于装拆、搬运，并能多次周转作用。

3. 脚手架工程的施工工艺

地基处理→放线→放置纵向扫地杆→逐根竖立柱→安放横向扫地杆→安装第一步纵向水平杆和横向水平杆→安装第二步纵向水平杆和横向水平杆→加设临时抛撑→安装第三步、四步纵向水平杆和横向水平杆；设置连墙件→安装横向斜撑→接立杆→加设剪刀撑；铺脚手板→安装护身栏杆和扫脚板→挂立网。

4. 脚手架工程施工技术要点

（1）地基处理必须加设底座和安放垫木（板），并对地基做好夯实处理。地基承载力应满足设计要求。

（2）铺放垫木（板）和安放底座垫木（板）必须铺放平稳，不得悬空，安放底座时应拉线和拉尺，按规定间距尺寸摆放后加以固定。

（3）放置纵向扫地杆、竖立杆。纵向扫地杆应采用直角扣件固定在距底座上皮不大于200mm处的立杆上。横向扫地杆亦应采用直角扣件固定在紧靠纵向扫地杆下方的立杆上。当立杆基础不在同一高度上时，必须将高处的纵向扫地杆向低处延长两跨，与立杆固定高低差不应大于1m。靠边坡上方的立杆轴线到边坡的距离不应小于500mm。

（4）脚手架底层步距不应大于2m。

（5）立杆必须用连墙件与建筑物可靠连接。

（6）立杆接长除顶层顶部可采用搭接外，其余各层各步接头必须采用对接扣件连接，对接搭接应符合下列规定：

①立杆上的对接扣件应交错布置：两根相邻立杆的接头不应设置在同步内，同步内隔一根立杆的两个相邻接头在高度方向错开的距离不宜小于500mm，各接头中心至主节点的距离不宜大于步距的1/3。

②搭接长度不应小于1m，应采用不少于2个旋转扣件固定端部，扣件盖板的边缘至杆端距离不应小于100mm。

（7）立杆顶端宜高出女儿墙上皮1m，高出檐口上皮1.5m。

（8）双管立杆中副立杆的高度不应低于3步，钢管长度不应小于6m。

5. 一般脚手架搭设与拆除作业的安全技术措施与安全防范重点

（1）一般脚手架搭设作业的安全技术措施。

①架上作业人员必须戴安全帽、系安全带、穿防滑鞋，并站稳把牢。

②未设置第一排连墙件前，应适当设抛撑以确保架子稳定和架子上作业人员的安全。

③安装较重的杆部件或作业条件较差时，应避免单人操作。

④剪刀撑、连墙杆及其他整体性拉结杆件应随架子高度的上升及时装设，以确保整体稳定。

⑤搭设过程中，架子上不得集中超载堆置杆件材料。

⑥搭设过程中应统一指挥、协调作业。

⑦确保构架的尺寸、杆件的垂直度和水平度、节点构造和紧固程度符合设计要求。

⑧禁止使用规格、材质不符合要求的配件。

⑨当有六级及六级以上大风和雾、雨、雪天气时，应停止脚手架搭设作业。

（2）一般脚手架拆除作业安全防范重点。

①拆除作业应按与搭设相反的程序由上而下逐层进行，严禁上下同时作业。

②每层连墙件的拆除，必须在其上全部可拆杆件均已拆除以后进行，严禁先松开连墙杆，再拆除上部杆件。

③凡已松开连接的杆件必须及时取出、放下，以免作业人员失护误靠，引起危险。

④分段拆除时，高差应不大于2步，如高差大于2步，应增设连墙杆加固。

⑤拆下的杆件、扣件和脚手板应及时吊运至地面，禁止自架上向下抛掷。

⑥当有六级及六级以上大风和雾、雨、雪天气时，应停止脚手架拆除作业。

6. 脚手架安全施工要求

（1）脚手架安全要求。

①脚手架搭设前，应按《建筑施工扣件式钢管脚手架安全技术规范》JGJ130、《建筑施工碗扣式钢管脚手架安全技术规范》JGJ166和施工组织设计的要求向搭设和使用人员做好安全、技术交底。

②对钢管架、配件、加固件应进行检查验收，严禁使用不合格的钢管架、配件。

③搭设在脚手架立杆底座下应铺设垫板。

④不配套的钢管架与配件不得混合使用于同一竖直脚手架支撑系统。

⑤脚手架安装应自一端向另一端延伸，自下而上按步架设，并逐层改变搭设方向，不得从两端向中间进行，以免结合处错位，难于连接。

⑥水平加固杆、剪刀撑安装应符合构造要求，并与脚手架的搭设同步进行。

⑦水平加固杆应设在脚手架立杆内侧，剪刀撑应设于脚手架立杆外侧并连牢。

⑧可调底座、顶托处应采取措施防止被砂浆、水泥浆等污物填塞螺纹。

⑨模板支撑和脚手架搭设完毕后应进行检查验收，合格后方准使用。

⑩泵送混凝土时，应随浇、随捣、随平整，混凝土不得堆积在泵送管路出口处。

⑪应避免装卸物料对模板支撑或脚手架产生偏心、振动和冲击。

⑫交叉支撑、水平加固杆、剪刀撑不得随意拆卸，因施工需要临时局部拆卸时，施工完毕后应立即恢复。

⑬脚手架经单位工程负责人检查验证并确认不再需要时，方可拆除。

（2）外脚手架安全要求。

①搭设外脚手架，所采用的各种材料均必须符合质量要求。

②脚手架基础必须牢固，搭设前经计算，满足荷载要求，并按施工规范搭设，做好排水措施。

③脚手架搭设技术要求应符合有关规范规定。

④必须高度重视各种构造措施：剪刀撑、拉结点等均应按要求设置。

⑤水平封闭：应从第一步起，每隔一步或两步，满铺脚手板或脚手笆，脚手板沿长向铺设，接头应重叠搁置在小横杆上，严禁出现空头板。并在里立杆与墙面之间每隔四步铺设统长安全底笆。

⑥垂直封闭：从第二步至第五步，每步均需在外排立杆里侧设置 1.00m 高的防护样栏杆和挡脚板或设立网，防护杆（网）与立杆扣牢；第五步以上除设防护栏杆外，应全部设安全笆或安全立网；在沿街或居民密集区，则应从第二步起，外侧全部设安全笆或安全立网。

⑦脚手架搭设应高于建筑物顶端或操作面 1.5m 以上，并加设围护。

⑧搭设完毕的脚手架上的钢管、扣件、脚手板和连接点等不得随意拆除。施工中必要时，必须经工地负责人同意，并采取有效措施，工序完成后，立即恢复。

⑨脚手架使用前，应由工地负责人组织检查验收，验收合格并填写交验单后方可使用。在施工过程中应有专业管理、检查和保修，并定期进行沉降观察，发现异常应及时采取加固措施。

⑩脚手架拆除时，应先检查与建筑物连接情况，并将脚手架上的存留材料、杂物等清除干净，自上而下，按先装后拆，后装先拆的顺序进行，拆除的材料应统一向下传递或吊运到地面，一步一清。不准采用踏步拆法，严禁向下抛掷或用推（拉）倒的方法拆除。

⑪搭拆脚手架，应设置警戒区，并派专人警戒。遇有六级以上大风和恶劣气候，应停止脚手架搭拆工作。

⑫对地基的要求，地基不平时，请使用可垫底座，达到平衡。地基必须有承受脚手架和工作时压强的能力。

⑬工作人员搭建和高空工作中必须系有安全带，工作区域周边请安装安全网，防止重物掉落，砸伤他人。

⑭脚手架的构件、配件在运输、保管过程中严禁严重摔、撞；搭接、拆装时，严禁从高处抛下，拆卸时应从上向下按顺序操作。

⑮使用过程注意安全，严禁在架上打闹嬉戏，杜绝意外事故发生。

2.2.3 模板工程及脚手架专项施工方案

工程背景

某高层建筑，位于市中心路口。建筑结构设计为剪力墙结构，抗震防烈度为 7 度，工程采用商品混凝土，施工现场临时设施均已布置完毕。

1. 脚手架工程专项施工方案

（1）根据《建筑施工扣件式钢管脚手架安全技术规范》（JGJ 130－2011）规定，本工程外脚手架采用落地式双排钢脚手架，脚手架内满挂密目网（2 000 目/100cm^2），进行全封闭防护，每3层且不大于10m设置一道水平防护网，施工操作屋设水平硬防护。钢管均采用外径为48mm、壁厚3.5mm的焊接钢管，立杆纵向间距1.5m、横距1.0m，大横杆间距1.7m，小横杆间距不大于1.5m。脚手架要进行稳定性计算。

（2）室内装饰采用钢制满堂红脚手架。梁底模板支架采用双排脚手架，立杆横距为梁宽加400mm，纵距为800mm～1 000mm，水平杆步距1.3m，水平杆按三道设置；板底模板支架采用满堂红脚手架，靠梁的立杆距梁距离不小于200mm，纵、横方向立杆间距800mm～1 200mm，水平杆按三道设置。水平杆与立杆连接要用直角扣件，立杆采用搭接连接，每道立杆连接要保证不少于2个扣件，扣件可采用直角扣件连接或旋转扣件。架子四周与中间每隔四排支架立杆应设置一道纵向剪刀撑，由底至顶连续设置。

（3）技术措施。

①外脚手架搭设前，在搭设范围内应先将地面夯实找平，并做好排水处理，立杆垂直面应放在金属底座上，底座下垫60mm厚木板，立杆根部设通长扫地杆。大横杆在同一步距内的纵向水平高低差不得超过60mm。同一步距里外两根大横杆的接头相互错开，不宜在同一跨间内，同一跨内上下两根大横杆的接头应错开500mm以上。

②小横杆与大横杆垂直，小横杆用扣件固定于大横杆上。

③在转角、端头及纵向每隔15m处设剪刀撑，每档剪刀撑占2～3个跨间，从底到顶连续布置，剪刀撑钢管与水平方向成45°～60°夹角，最下一对剪刀撑应落地，与立杆的连接点距地不大于500mm。

④竖向每隔3m～4m，横向每隔4m～6m设置与框架锚拉的锚拉杆，锚拉杆一端用扣件固定于立杆与大横杆汇聚处，一端与楼层中预埋钢管用扣件连接。

⑤杆件相交伸同的端头必须大于100mm，防止杆件滑脱。杆件用扣件连接，禁止使用铁线绑扎。

⑥钢跳板满铺、铺稳，不得铺探头板、弹簧板，靠墙的间隙不大于0.2m。

⑦外围护架子高出建筑物2.5m。

（4）脚手架拆除。

①严格遵守拆除顺序，由上而下进行，即先绑者后拆，后绑者先拆，一般是先拆栏杆，脚手架、剪刀撑，然后依次一步一步地拆小横杆、大横杆、抛撑、立杆等。

②悬空口的拆除应预先进行加固或设落地支撑措施后方可拆除。

③如果需要保留部分架子继续工作时，应将保留的部分架子加固稳定后，方可拆除其他架子。

④通道上方的脚手板要保留，以防高空坠物伤人。

2. 模板工程专项施工方案

本工程的梁、柱、墙模板采用组合钢模板；楼板用竹胶合板模板；支撑系统用钢管扣立杆。它的特点是施式方便，速度快，成型后混凝土的外观质量好，能达到标准的要求。

（1）柱模板。

①就位组拼工艺流程：搭设安装架子→第一层板安装就位→检查对角线、垂直和位置→安装柱箍→第二、三层等各层柱模板及柱箍安装→安有梁口的柱模板→全面检查校正→群体固定。

②施工方法：

a. 先将柱子第一层四面模板就位组拼好，每面带一阴角模或连接角模，用钢管和100mm×100mm 木方连接。

b. 使模板四面按给定柱截面线就位，并使之垂直，用定形柱套箍固定，楔板到位，销铁插牢。

c. 以第一层模板为基准，以同样方法组拼第二、三层，直至到带梁口柱模板。用大螺距螺栓对竖向、水平接缝反正交替连接。在适当高度进行支撑和拉结，以防倾倒。

d. 对模板的轴线位移、垂直偏差、对角线、扭向等全面校正，并安装定型斜撑，或将一般拉杆和斜撑固定在预先埋在楼板中的钢筋环上，每面设两个拉（支）杆，与地面呈45°角。

e. 将柱根模板内清理干净，封闭清理口。

（2）墙模板。

①就位组拼工艺流程：组装前检查→安装门窗口模板→安装第一步模板（两侧）→安装内钢楞→调整模板平直度→安装第二步至顶部两侧模板→安装内钢楞调平直→安装窗墙螺栓→安装外钢楞→加斜撑并调模板平直→与柱、墙、楼板模板连接。

②施工方法：

a. 在安装模板前，按位置线安装门窗洞口模板，与墙体钢筋固定，并安装好预埋件等。

b. 安装模板宜采用墙两侧模板同时安装。第一步模板边安装锁定边插入穿墙或对拉螺栓、拉片，并将两侧模对准墙线使之稳定，然后用钢卡或碟形扣件与钩头螺栓固定于模板肋上，调整两侧模的平直。

c. 用同样方法安装其他若干步模板到墙顶部，内钢楞外侧安装外钢楞，并将其用方钢卡或蝶形扣件与钩头螺栓和内钢楞固定，穿墙螺栓由内外钢楞中间插入，用螺母将蝶形扣件拧紧，使两侧模板成为一体。安装斜撑，调整模板垂直，合格后，与墙、柱、楼板模板连接。钩头螺栓、穿墙螺栓、对接螺栓等连接件都要连接牢靠，松紧力度一致。

（3）梁模板。

①就位安装工艺流程：弹出梁轴线及水平线并复核→搭设梁模支架→安装梁底楞或梁卡具→安装梁底模板→梁底起拱→绑扎钢筋→安装侧梁模→安装另一侧梁模→安装上下锁口楞→斜撑楞及腰楞和对拉螺栓→复核梁模尺寸、位置及与相邻模板的连接。

②施工方法

a. 安装梁模支架之前，首层为土壤地面时应平整夯实，无论首层是土壤地面或楼板地面，在专用支柱下脚要铺设通长脚手板，并且楼层间的上下支座应在一条直线上。

b. 支柱采用双排，间距为800mm～1 000mm。支柱上连固10cm×10cm木楞或梁卡具。支柱中间和下方加横杆或斜杆，加立杆可调底座。

（4）楼板模板。

①就位安装工艺流程：搭设支架→安装横、纵木楞→调整楼板下皮标高及起拱→铺设模板块→检查模板上皮标高、平整度。

②施工方法：

a. 支架搭设前楼地面及支柱托脚手处理同梁的有关内容。支架的支柱（可用早拆翼托支柱从边跨一侧开始），依次逐排安装，同时安装木楞及横拉杆，其间距按模板设计的规定。一般情况下支柱间距为80cm～120cm，木楞间距为60cm～120cm，需要装双层木楞时，上层木楞间距一般为40cm～60cm。

b. 支架搭设完毕后，要认真检查板下木楞与支柱连接及支架安装的牢固与稳定，根据给定的水平线，认真调节支模翼托的高度，将木楞找平。

c. 铺设定型组合钢框竹（木）模板块：先用阴角模与墙模或梁模连接，然后向跨中铺设平模。相邻两块模板用U形卡连接。U形卡紧方向应反正相间，并用一定数量的钩头螺栓与钢楞连接。最后对于不够整模数的模板和窄条缝，采用拼缝模或木方嵌补，但接缝应严密。

d. 平模铺设完毕后，用靠尺、塞尺和水平仪检查平整度与楼板底标高，并进行校正。

（5）模板拆除。

①模板拆除应按照设计要求进行，若设计无规定时，应遵循先支后拆，后支先拆；先拆不承重的模板，后拆承重部分的模板；自上而下，支架先拆侧向支撑，后拆竖向支撑等原则。

②侧模拆除时，应在混凝土强度能保证表面及棱角不因拆除而受损时，方可拆除。

③梁、板底模，应在与结构同条件下养护的试块达到规定强度时方可拆除。

④非承重构件（柱、梁侧模）拆除时，其结构强度不得低于1.2MPa，且不得损坏棱角。

⑤模板拆除后应及时清理，模板堆放按规格尺寸分类放置，堆放高度小于2m，挂标识，便于使用。

（6）模板安装的质量要求。

①模板及其支撑必须有足够的强度、刚度和稳定性，必须经过验算，不允许出现沉降和变形。

②模板支撑部分应有足够的支撑面积，当支撑在基土上时，必须夯实，并设有排水设施。

③模板内侧平整，模板接缝不大于1mm，模板与混凝土接触面应清理干净，脱模剂涂刷均匀。

④在浇筑混凝土过程中，派专人看模，检查扣件紧固情况，发现变形、松动等现象及时修正加固。

2.3 建筑电气工程施工技术

2.3.1 建筑室内配线施工工艺

1. 导管和线槽敷设工艺

（1）导管和线槽施工工艺流程。施工准备→预埋、预留→测量定位→支架制作→支架安装→导管、线槽敷设→导管、线槽接地→防腐处理→质量检验。

（2）施工准备。

①技术准备。熟悉相关图纸资料，应重点考虑导管、线槽与管道、风管等其他设备在空间中布置的合理性，对发现的问题应及时与设计人员沟通并提出解决方法。复核导管、线槽敷设导线（电缆）的数量不应超过有关标准的规定值。了解土建进度和建筑结构情况，应重点注意导管预埋和线槽需穿越结构的预留孔洞位置。

②材料准备。应按施工预算和材料计划采购，材料的型号、规格应符合设计的规定，产品合格证应齐全，且按GB50303基本规定的要求进行现场验收。

③机具准备。施工所需的工具和机具应配备齐全，计量器具必须在有效期内。

（3）预埋、预留。

①当导管或线槽敷设穿越混凝土结构时，应设预埋套管或预留孔洞，且应经结构设计人员确认，埋设位置不应与门窗、工艺设备、各种管道位置相重叠。

②预埋套管或预留孔洞时，不应割断结构内钢筋，当需割断时，必须征得结构设计人员同意，并按设计要求采取加固措施。

③按预留位置，将预制加工好的套管、预留孔框架进行固定并找正，待混凝土凝固，拆除模板后，再拆下框架。

（4）测量定位。

①应根据施工平面图的坐标位置和标高，确定明敷导管、线槽的走向和安装高度。

②明敷导管与其他专业的风管、管道在空间中应合理布置，且最小间距应符合规定；线槽与其他专业的风管、管道的最小间距应符合有关规范的规定。

③暗敷导管不应穿越基础，且宜按最近路径敷设。

（5）支架制作安装。

①明敷导管、线槽宜采用标准的轻型支架。

②当支架现场制作时，采用的型钢规格应满足导管或线槽的荷重要求；应采用机械加工方法，焊接应牢固，焊缝均匀平整，无显著变形，焊缝长度符合要求，且不应出现裂纹、咬边、气孔、凹陷、漏焊等缺陷。

③支架安装要求：

a. 支架应排列整齐，间距均匀，安装牢固；

b. 在吊顶内安装的支架应直接固定在结构顶板上；

c. 安装线槽的支架，线槽顶部与结构顶板的距离不宜小于150mm；

d. 导管在直线段的支架最大距离应符合规范规定，线槽的支、吊架间距不应大于2m；

e. 线槽在箱、柜处和转角、变形缝两端及T型接头的各端500mm处应设置固定支持点。

（6）导管暗敷。

①导管的连接要求。

a. 管径在25mm及以下的导管应采用螺纹连接；

b. 当采用套管连接时，套管长度为管外径的2.2倍，焊接套管的焊缝应牢固严密；

c. 当采用紧定螺钉连接时，应旋至螺钉“颈脖”脱落；连接处应有电力复合脂封堵密封；

d. 塑料导管连接时，应采用套接方法，连接处结合面应涂专用胶合剂，接口应牢固密封。

②当导管在砌体上剔槽埋设时，保护层厚度应大于15mm。

③导管与箱（盒）连接时，管径在25mm及以下的导管与箱（盒）连接时，应用锁紧螺母固定。

④进落地柜（箱）的导管管口距地面高度不宜小于200mm。

⑤导管弯曲半径不应小于电缆的最小允许弯曲半径，且不小于管外径的6倍。

⑥电缆导管进入建筑物时应有不小于0.1%的排水坡度。

（7）导管明敷。

①明敷导管排列应整齐，固定点间距均匀，导管管卡间最大距离见表2－4。

②导管的弯头不应超过3个，90°弯不应超过2个。

③导管经金属软管与电气设备、器具连接时，金属软管的长度在动力工程中不应大于0.8m，在照明工程中不大于1.2m。

④当导管经过建筑物变形缝或塑料导管的直线长度超过30m时，应设补偿装置。

⑤导管与各类管道的最小间距应符合规范的规定，当导管与蒸汽管、暖、热水管交叉距离达不到要求时，应在导管外包隔热材料，其包绕长度为蒸汽管、暖、热水管管径的2倍。

⑥导管的管卡间最大距离见表2－4。

（8）线槽敷设。

①线槽的接口应平整，接缝处紧密平直。线槽连接和固定用的螺栓应由内向外；槽盖装上后应平整，无翘角；出线口应在线槽的两侧。穿过预留孔的线槽应有开启线槽盖的间隙。

②当线槽经过建筑物变形缝时，线槽本体应断开，槽内用内连接板连接，线槽一端螺栓不应紧固，使其能自由伸缩。

表2-4 **导管的管卡间最大距离**

敷设方式	导管种类	导管直径（mm）				
		15~25	25~32	32~40	50~65	65以上
		管卡间最大距离（m）				
明敷	壁厚>2mm钢管	1.5	2.0	2.5	2.5	3.5
	壁厚≤2mm钢管	1.0	1.5	2.0	—	—
	塑料管	1.0	1.5	1.5	2.0	2.0

（9）导管、线槽接地。

①金属的导管和线槽必须与保护线（PE）或保护中性线（PEN）连接可靠。

②镀锌钢导管、可挠性金属导管和金属线槽不得电焊跨接地线，当镀锌导管采用螺纹连接时，连接处的两端应采用专用接地卡，两卡间连线应用铜芯软导线，截面积不应小于$4mm^2$；当非镀锌导管采用螺纹连接时，连接处的两端应焊接跨接地线，跨接线规格及焊接长度应符合表2-5的规定。

表2-5 **跨接线规格及焊接长度表（mm）**

配管的标称口径	跨接线	焊接长度
DN15~20	Φ6圆钢	36
DN25~32	Φ6圆钢	36
DN40	Φ8圆钢	50
DN50	Φ10圆钢	60
>DN70	-25×3扁钢/Φ12圆钢	50

③金属线槽不得作为设备的接地导体，且全长不少于2处与保护线（PE）或保护中性线（PEN）可靠连接。

④非镀锌金属线槽间连接板的两端应跨接铜芯接地线，镀锌线槽间连接板的两端可不跨接接地线，但连接板两端应不少于2个有防松螺帽或防松垫圈的连接固定螺栓。

⑤可挠性金属导管不得作为保护线（PE）或保护中性线（PEN）的接续导体。

（10）防腐处理。非镀锌的支架、导管应刷防锈漆一度和面漆二度，非镀锌导管埋地敷设时应刷防腐漆二度。有腐蚀性场所应按设计要求作防腐处理。有防火要求线路的金属导管应涂防火涂料。

（11）质量标准。施工验收规范：《电气装置安装工程电缆线路施工及验收规范》GB50168，《建筑电气工程施工质量验收规范》GB50303。

（12）竣工资料。导管、线槽产品合格证（质保书）；安装检查记录；检验批质量验收记录表；分项工程质量评定记录；设计变更、施工技术核定记录；竣工图。

（13）职业健康安全措施。

①职业健康。人力搬运导管、线槽，通过沟、坑，应搭设足够强度走板，不应负重

跨越。在人员频繁进出场所电焊作业时，应采用围护挡板隔离电弧光。

②安全措施。

a. 砂轮切割机切割导管时，切割机应垫平并夹紧导管，用力不得过猛，操作者应站在切割机的侧面。

b. 导管套丝时，工件必须夹牢，工作台要平稳，两人以上作业动作需协调，防止柄把伤人。

c. 在弯管作业时，不应靠近“四口”、“五临边”。

d. 距地面3m以上作业时，应设置防护栏杆、挡板或安全网。在没有防护设施的高空施工，必须系好安全带，禁止穿硬底和带钉易滑的鞋作业。

e. 使用的竹梯（人字梯）不得缺档，不得垫高使用；使用竹梯时上端应扎牢，下端应有防滑措施，与地面夹角宜为60°~70°，严禁两人同时在同一梯上作业。

（14）绿色施工。

①导管和线槽堆放处应不影响施工人员和车辆的通行。施工结束后，应及时清理导管和线槽的余料和施工机械。

②金属导管采用电动套丝机加工丝扣时，冷却液应集中收集。夜间施工应经业主或现场监理许可，并严格限制施工产生的噪声。

2. 线缆敷设工艺

（1）施工工艺流程。施工准备→线缆敷设→质量验收。

（2）施工准备。

①技术准备。熟悉施工图纸，掌握工艺要点及质量要求，编制施工方案，并在施工前做好安全技术的书面交底工作。

按施工图纸现场核对与线缆敷设有关的配管、线槽及设备，安装应完整，且符合设计要求。

②材料准备。电线、电缆均应符合国家现行技术标准规定，应有产品合格证。型号、规格应符合设计规定，在施工前，应对其截面和导体电阻值进行见证取样送检，导体电阻值应符合规范的规定。

电缆应集中分类存放，并应标明型号、电压、规格、长度。电缆盘之间应有通道，地基应坚实，盘下应加垫木板、存放处不得积水。

③作业条件。土建工程及初装修工程已完成。配管、线槽、电气设备及箱（盒）的安装已完成并验收。高空敷设线缆用脚手架已搭设，并经验收合格，照明照度符合现场施工要求。

（3）线缆敷设。

①线缆共管原则。交流回路中的单相两线、三相三线、三相四线都必须穿在同一根金属管子内；三相或单相的交流单芯电缆，不得单独穿于钢管；不同回路、不同电压等级的电线，不应共管。

②电线穿管要求。

a. 电线绝缘层颜色应符合：A相——黄色，B相——绿色，C相——红色，中性线

——浅蓝色，PE 线——黄绿相间色的规定；

b. 电线穿管前，应清扫管内的积水和杂物，宜用压力约为 0.25MPa 的压缩空气吹扫；

c. 电线穿管时，导管端口应有护圈或喇叭口保护；

d. 引线的规格宜根据导线的截面选择直径 1.6mm（16#）至 4mm（8#）的镀锌铁丝，距离长的管路宜采用刚度大的钢丝作引线；

e. 电线放线宜用放线架，放线速度应均匀，电线不应产生扭结；

f. 电线与引线的绑扎应牢固，绑扎处应形成平滑的锥形部位，少量电线可采用平齐绑法，对于数量多的电线，宜采用错开绑法，且应缠绕胶布，涂以滑石粉；

g. 拉线时，另一端应有人进行送线，拉与送的速度应一致，且电线应保持平直；

h. 电线引出导管后应根据设备的接线位置留有一定的长度；

i. 导管内的电线不得有接头，接头应在接线盒内。

③电缆穿管敷设要求。

a. 应按设计图纸与现场实际路径，计算每根电缆的长度，合理安排每盘电缆，减少电缆损耗；

b. 电缆敷设前后应进行绝缘测试，电阻值应符合有关规范的规定；

c. 电缆敷设时，电缆应从电缆盘的上端引出，且电缆不应在地上拖拉摩擦；用机械敷设电缆时的最大牵引强度宜符合表 2－6 的规定，且牵引速度不宜超过 15m/min。

表 2－6　电缆最大牵引强度（N/mm^2）

牵引方式	牵引头		钢丝网套		
受力部位	铜芯	铝芯	铅套	铝套	塑料护套
允许牵引强度	70	40	10	40	7

d. 电缆穿管敷设后应在导管端口挂设标志牌，标志牌上应注明线路编号和电缆型号、规格及起始点，并联使用的电缆应有顺序号，挂装应牢固。

④线槽敷线要求。

a. 线槽内敷线不得有接头，当需要接头时，接头应设在线槽外的接线箱内，且接线箱位置应避免设置在线槽分支、建筑物门口、与其他管线交叉和狭窄处；

b. 电线应按回路分段绑扎，绑扎点间距不应大于 2m，在线槽进出端、弯头及直线段 20m 处应设回路标志牌；

c. 同一回路的相线和中性线应敷设于同一金属线槽内；有抗干扰要求的线路应用金属隔板隔离或采用屏蔽电线，且屏蔽层一端接地。

（4）质量标准。主要验收规范：《电气装置安装工程电缆线路施工及验收规范》GB50168，《建筑工程施工质量验收统一标准》GB50300，《建筑电气工程施工质量验收规范》GB50303，《建筑节能工程施工质量验收规范》GB50411，《建筑施工高处作业安全技术规范》JGJ80，《施工现场临时用电安全技术规范》JBJ46 。

（5）竣工应提交的资料。电线、电缆等主要材料出厂质量合格证、质量保证书和出厂试验报告等技术文件；进货检验记录，电缆绝缘电阻测试记录，施工检查记录。

（6）职业健康安全措施。

①职业健康。身体不适者、高血压患者、高度近视患者均不得进行高空作业。正确使用个人劳防用品。

②安全措施。

a. 施工前，应逐级进行安全技术教育及交底，并有记录。落实所有安全技术措施和劳动防护用品，未经落实不得进行施工。

b. 施工中应对安全措施进行检查，有缺陷时应及时整改，当有危及人身安全隐患时，必须停止施工。

c. 洞口、临边处应设置栏杆和警示牌。

d. 临时用电应严格执行《施工现场临时用电安全技术规范》JGJ46 的有关规定。

e. 电气设备的金属外壳必须与专用保护线（PE）或保护中性线（PEN）可靠连接，室外搭设的钢管脚手架必须可靠接地。

（7）绿色施工。设备和材料进行驳运和吊装时应不影响其他车辆和人员的进出；施工作业时不应对设备和已粉刷墙面造成污染；应做好落手清工作，施工产生的废料和杂物应及时收集运至指定的堆场。

2.3.2 建筑室内电气照明工程安装工艺

1. 普通灯具安装

适用于工业与民用建筑普通灯具的安装工程。不适用于特殊场所（矿井、船舶）等处的电气照明灯具安装。

（1）灯具安装工艺流程。施工准备→灯具组装→灯具安装→自检互检→通电试运行→质量验收。

（2）施工准备。施工前阅读设计文件及合同文件；会同建设单位、监理单位参与图纸会审及设计交底，熟悉施工图、施工规范及有关技术文件，发现问题及时提请设计解决。

根据设计文件、规范和现场的条件，编制施工方案，确定施工采用的技术措施、规范和标准，及时编制施工预算。

施工前由项目专业技术人员对班组进行安全、技术、产品保护方面的施工技术交底，并签发施工任务单。

（3）灯具检查。

①灯具进场应进行检查，型号、规格应符合设计或合同的要求，产品合格证、安全认证标识及产品技术文件应齐全。

②灯具外观检查应符合下列规定：

配件齐全、无机械损伤、变形、油漆脱落、灯罩破裂等缺陷；管吊灯具的钢管内径不小于10mm，钢管厚度不小于1.5mm。

在腐蚀性气体及潮湿场所采用的封闭式灯具，密封件应完好，灯具的部件应有防腐处理，户外的壁灯应有泄水孔。

③灯具内配线检查应符合下列规定：

a. 灯具内的导线采用铜芯绝缘线，截面积不小于 0.5mm^2，绝缘层厚度不小于 0.6mm，灯具的导线在分支连接处不承受额外应力，导线绝缘无破损；

b. 灯具采用螺口灯头时，相线接在灯头的中芯柱上；

c. 灯内的导线不靠近热光源，且有隔热措施；

d. 成套灯具的绝缘电阻、内部接线等性能应进行现场抽样检测，灯具的绝缘电阻值不应小于 2MΩ；

e. 灯具光源的色温、显色系数等应符合设计或合同的规定。

（4）施工作业条件。

①影响灯具安装的模板、脚手架已拆除。

②顶棚和墙面的喷浆、油漆或壁纸等及地面清理工作基本完成。

③照明回路的配线工作已完成。

④安装灯具的预埋件、吊杆和吊顶上嵌入式灯具安装的专用骨架已完成，并按设计要求做的承载试验合格。

（5）灯具安装。

①在同一室内或场所成排安装的灯具，其中心偏差不应大于 5mm。

②安装在吊顶上的嵌入式灯具，应配合装饰工程开孔，孔的大小应与嵌入式灯具尺寸相匹配。

③灯具安装位置应避开释放源，不得安装在各种管道泄压口及排放口的上、下方。

④变电所内，高、低压配电设备及裸母线的正上方不应安装灯具。

⑤花灯吊钩圆钢直径不应小于灯具挂销的直径，且不应小于 6mm。大型花灯的固定及悬吊装置，应按灯具重量的 2 倍做过载试验。

⑥灯具固定应牢固可靠，不得使用木楔，每套灯具固定螺钉或螺栓不应少于 2 个；当绝缘台直径小于 75mm 及以下时，可采用一个螺钉或螺栓固定。

⑦灯具重量超过 3kg 时应固定在预埋吊钩或膨胀螺栓上。

⑧在混凝土顶板上安装吊链荧光灯时，应采用不小于 8mm 的尼龙膨胀管，钻孔安装挂钩，绝缘台宜与挂钩成一直线，吊链的长度应符合灯具的安装高度；引入荧光灯的软导线应沿吊链编叉引下，导线不应受力。

⑨嵌入式筒灯安装应在吊顶工程完成后进行，安装时应贴紧吊顶板，且有隔热和防止灯具松动的措施。

⑩大型吊式花灯的安装应有吊装技术措施，在悬吊装置固定牢固后，才能进行接线和附件安装；安装在重要场所的大型灯具的玻璃罩，应有防止玻璃罩碎裂后向下溅落的措施。

⑪安装在厂房钢结构屋架的工厂罩、深型罩灯具应按屋架钢结构的形式和尺寸制作支架，用抱箍固定，不得采用焊接方式。

⑫弯管壁灯安装时，应在弯脖处用直径 4mm 的镀锌铁丝做斜拉固定。

⑬易受机械损伤的水泵房等场所应采用有保护网的灯具，震动场所的灯具应有防震措施。

⑭安装高空灯具，应在地面通断电试验合格后进行。

（6）灯具接线。

①接线盒到灯具的连接导线应有金属软管保护，软管两端的专用接头与接线盒盖板和灯具连接。

②导线连接应用阻燃型压接帽，用专用压接钳压接。

③当灯具距地面高度小于2.4m时，灯具的可接近裸露导体必须接地（PE）或接零（PEN）可靠，并应有专用接地螺栓，且有标识。

（7）灯具检验。施工完毕，班组应进行完整性检查，安装项目应无漏，且质量符合工程执行规范的要求，当发现问题时，应及时进行整改。

施工员应按施工图纸进行核对，当施工员确认符合设计和规范的要求时，应及时做好竣工资料，并由质量员进行复检。

（8）通电试运行。通电试运行参照《建筑物照明通电试运行工艺》。测试并记录照明系统的照度和功率密度值，应符合GB50411标准的规定。

（9）质量标准。《建设工程施工现场供用电安全规范》GB50194，《建筑电气工程施工质量验收规范》GB50303，《建筑节能工程质量验收规范》GB50411。

（10）竣工资料。灯具产品合格证及质保书；绝缘电阻测试记录；灯具安装检查记录；分项工程质量评定记录；设计变更、施工核定记录。

（11）职业健康安全措施。

①职业健康。身体不适者、高血压及心脏病患者均不得进行高空作业。使用冲击电钻时，操作者应戴防护眼镜。

②安全措施。

a. 施工前应组织施工班组进行施工技术交底，使参加施工的作业人员了解施工方案内容，掌握操作安全要求。施工过程中严禁带电作业。

b. 进入施工现场必须戴好安全帽，扣好帽扣，并正确使用个人劳动防护用品。登高作业时应戴好安全带，并正确固定挂钩；使用的人字梯应用橡胶皮包脚，梯子应放稳，两梯间的安全挂钩应牢固。

c. 搭设脚手架应符合有关的要求，并经专业人员检查和验收方可使用，使用中未经专业人员同意，不得拆除脚手架上任何部件。

d. 在施工过程中应及清理纸板等易燃物品，防止火灾事故的发生。

（12）绿色施工。损坏的灯泡、短导线、外包装塑料袋及纸壳等废弃物应及时清理，定点放置集中处理。使用产生噪声的电锤，应规定作业时间。

2. 开关、插座安装施工工艺

（1）开关、插座安装工艺流程。施工准备→导线并头→开关、插座安装接线→质量检验→通电试运行→质量验收。

（2）施工准备。熟悉施工图纸资料，掌握工艺要点及质量要求。有针对性地编制简要施工方案，并在施工前做好安全技术的书面交底工作。

（3）进场保管及开箱检查。

①成批安装的开关、插座、风扇应了解材料的到货或分批到货的情况。确定并落实材料的进场堆放场地，及时做好产品保护工作。开关、插座应根据施工工序和施工计划采取分类的方式入库。

②材料进场后应进行抽检，检查开关、插座面板表面应无划损、碎裂。暗装开关、插座配套的固定螺丝长度应与预埋接线盒相匹配。

③检查开关、插座的出厂合格证原件，防爆产品有防爆标志和防爆合格证号，实行安全认证制度的产品有安全认证标志。

（4）施工条件。

①墙面抹平粉刷完毕，暗敷接线盒尺寸，周围抹灰处应平整；配合精装修的装饰面已完成，墙面裱糊工程在接线盒处交接紧密、无缝隙。

②预埋开关、插座接线盒位置及标高符合设计要求，成排安装的开关、插座接线盒的高度一致，间距满足安装面板要求，预埋过深的接线盒应加装无底接线盒。

③穿线工作已完成，导线绝缘电阻测试大于 0.5MΩ。

（5）开关、插座安装接线。

①清除接线盒内残存的灰块、杂物等。

②盒内导线并头应采用阻燃型尼龙压接帽，其规格应与导线截面及根数适配，并头线长度宜为 100mm～150mm。

③灯具的相线必须经开关控制；二位及以上开关应采用同相供电。

④带接地插孔的单相插座及带接地插孔的三相插座，保护线（PE）应与相线截面一致，且采用黄绿相间色导线。

⑤插座接线要求。

a. 单相两孔插座横装时，面对插座的右孔接相线，左孔接中性线；竖装时，面对插座的上孔接相线，下孔接中性线。

b. 单相三孔插座，面对插座，插座的左孔接中性线、右孔接相线、上孔接保护线。

c. 同一场所的三相插座的相序应一致，三相四孔的保护线应接在上方。

（6）开关、插座安装质量要求。

①开关、插座规格型号符合设计要求。开关安装位置应便于操作，同一建筑物、构筑物的开关采用同一系列的产品，开关的通断位置一致，开关边缘距门框的距离宜为 150～200mm。

②插座的安装高度应符合设计要求，当设计无规定时，托儿所、幼儿园及小学距地面高度不宜低于 1.8m。开关距地面高度宜为 1.3m，并不应装于门后。

③同一室内安装的开关、插座高度应一致，高度差宜不大于 5mm，并列安装相同型号的开关、插座高度差宜不大于 1mm，面板的垂直允许偏差 0.5mm。

④开关、插座面板应紧贴墙面，四周无缝隙，安装牢固，表面光滑、无碎裂、划伤，装饰帽齐全。地面插座安装时应密切配合土建地面装修工程，插座顶部与地面装饰面应平齐。

开关、插座安装示意图见图2－4。

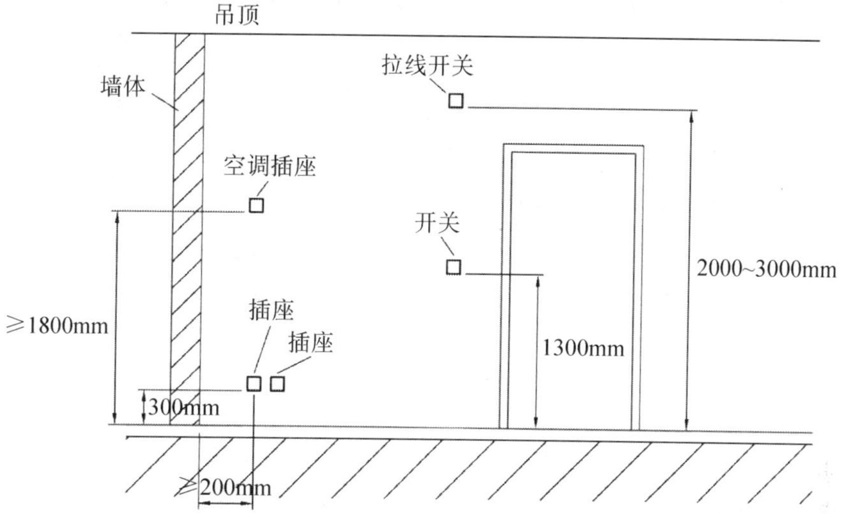

图2－4　开关、插座安装示意图

（7）质量检验和通电试运行。

①灯具回路应与照明箱回路的标识一致；开关的通断位置应一致且控制有序。

②插座的相线、中性线、PE线的位置应正确，应用插座相位检查器校验。

③照明系统全负荷通电连续试运行无故障。

（8）质量标准。《建筑电气工程施工质量验收规范》GB50303，《施工现场临时用电安全技术规范》JGJ46。

（9）竣工应提交的资料。按变更设计后实际情况绘制的竣工图；开关、插座安装检验批质量验收记录；建筑物照明通电试运行检验批质量验收记录；开关、插座安装施工检查记录；建筑物照明通电试运行检查记录；有关产品说明书、质保书等技术文件。

（10）职业健康安全措施。

①职业健康。无妨碍从事电工作业的疾病和生理缺陷。使用冲击电钻时，操作者应戴防护眼镜。

②安全措施。施工前应对施工班组进行针对性安全技术教育及交底，并应有签证记录。落实安全技术措施和劳动防护用品，未经落实时不得进行施工。

电工必须经培训，考核合格后持证上岗。严禁带电作业，吊顶内特殊场合施工时应有专人监护。

接线工具的绝缘保护层必须良好。手持电动工具的电源必须经漏电开关（额定动作电流不大于15mA，额定漏电动作时间小于0.1S）保护，并应经常作模拟动作试验检查。

登高作业超过2m，必须挂好安全带。使用人字梯时，梯子应放稳，梯间的安全钩应挂牢，夹角应符合安全操作规程要求。

安装完毕，应严格按送电的各项规定进行检查，当确认全部符合送电的条件或规定后，方可组织送电。

（11）绿色施工。使用冲击钻等产生噪音的机械，应规定作业时间。

施工后遗留在施工现场的包装盒、包装袋、断头导线等垃圾应及时清理，做好落手清工作。

3. 照明通电试运行工艺

（1）照明通电试运行工艺流程。准备工作→配电箱受电→合电源总开关→送电试灯→停电检修→试运行→质量验收。

（2）准备工作。按工程的大小和复杂程度编写通电试运行方案或简要方案；参加试运行的施工员熟悉试运行范围内的有效施工图；对持证电工（不少于3人）明确通电试运行的任务、进行技术和安全交底；检查并确认试运行条件已具备；按试运行范围和工程实际配置好工器具及计量器具。

（3）试运行条件。

①试运行范围内的照明工程作业全部完成；

②线路和开关的标识清晰，线路和照明配电箱内开关绝缘测试合格，并有记录；

③线路、照明灯具、照明配电箱、开关、插座等安装质量检验合格；

④正式电源可以使用。如果采用临时电源，需确认上级开关的整定电流大于该配电箱的总开关的整定电流；

⑤试运行范围内土建工程已结束，或未完成部分不影响照明灯具和线路及通电试运行；

⑥试运行范围内开关、插座、配电箱内外清洁、无灰尘，场地清洁。

（4）主要工器具及计量器具。主要工器具及计量器具见表2－7。

表2－7　主要工器具及计量器具表

序号	名　称	规　格	单位	数量	备　注
1	人字梯	视灯具的高度而定	把	若干	视工程大小而定
2	竹梯	视灯具的高度而定	把	若干	视工程大小而定
3	对讲机	——	组	1	——
4	绝缘测试表	500V	只	1	——
5	万用表	——	只	1	——
6	钳形电流表	——	只	1	——
7	验电灯	220V、螺口25w	只	1	——
8	插座检查器	带电检查	只	1	——
9	警示牌	——	块	若干	视工程大小而定
10	谐波测试仪	AN2060	台	1	——

（5）配电箱受电。

①提前通知有关部门为通电试运行的配电箱受电，受电前配电箱的开关处于断开

状态。

②检查电源，合总开关。

③用万用表测量，电源电压符合照明器具的要求，用验电灯校验每相有电，不缺相。

④二次冲击合闸，无异常，第三次正式合上总开关。有电源指示灯和电压表的，应指示正确。

⑤若配电箱设有漏电保护器，应用试验按钮试其有效性。若箱内有熔断器的，应按设计配熔芯（丝）。

⑥若有电源自动切换开关，应在空载时，试验自动切换开关，再在满负荷时做自动切换试验，试验 2 次，均应可靠。满负荷时做自动切换试验的时间间隔应大于气体放电灯的冷却时间。

（6）送电试灯。按回路顺序合上分路开关，有壁开关控制的应按顺序合上壁开关，按施工图检查对应的灯具是否正常亮起，风扇转动和调速开关是否正常，检查插座相、零、PE 端子接线是否正确。

按方案，根据工程大小和需要，或按区域、或按楼层、按序进行通电试运行。

凡是使用电子镇流器、气体放电灯多的回路，应测试电流谐波含量、做好记录。气体放电灯的谐波含量不应超过国家标准规定或不超过照明灯具供货合同的规定。有谐波危害的，应建议设计单位对谐波危害采取必要的措施。

（7）停电检修。发现故障应停电及时检修，更换有缺陷的灯具、插座、损坏的线路，调整接错的线路。故障排除后，再送电试灯。

（8）照明试运行。公共建筑（包括工业项目）照明系统连续试运行 24h、民用住宅照明系统连续通电 8h，所有回路和灯具都应开启，且每 2h 记录一次，应无异常、无故障。

（9）质量验收。建筑物照明灯具应全数通电试运行，经检验全部合格。照明系统连续试运行结束后，正确填写质量验收记录表，由规定人签证。

（10）质量标准。GB50303 建筑物照明通电试运行所确立的主控项目适用于本标准。

（11）职业健康安全措施。

①职业健康。身体不适者、高血压患者、高度近视眼患者均不得登高。

②安全措施。遵守安全操作规程和安全及防火规定外，还必须采取以下措施：检修和排除故障的全过程，必须先停电、验电，并有人监护，防止误合闸，有熔断器的应拔去熔芯（丝）；采用临时电源时，应拆除正式电源的进线，防止倒送电；正在通电试运行的配电箱都应挂上警示牌。

（12）绿色施工。及时清理检修过程中产生的垃圾和废弃物。

4. 专用灯具安装工艺

（1）专用灯具安装工艺流程。施工准备→灯具安装→通电试运行→交接验收。

（2）施工准备。

①技术准备。认真审阅施工图纸，当有疑问时应向设计单位提出及时解决。熟悉专用灯具技术性能和安装技术要求。及时按设计交底后的施工图纸编制施工预算。

②材料准备。根据工程进度计划和材料供应计划采购材料。采购的设备、材料及配件进入施工现场应有清单、使用说明书、合格证明文件、有资质的检测机构的检验报告等文件。列入国家强制性认证产品目录的照明灯具必须有“CCC”强制性认证标识，并提供认证证书。

③建筑内的照明设备未经建设单位现场代表或监理工程师签字确认不得使用。

④灯具、材料到达施工现场后，检查内容有：技术文件应齐全；型号、规格应符合设计要求；灯具及其附件应齐全，并无损伤、变形、涂层剥落和灯罩破裂等缺陷。成套灯具的带电部分对地绝缘电阻值不小于2MΩ。

（3）36V及以下行灯变压器和行灯安装。

①在特殊潮湿场所或导电良好的地面上以及工作地点狭窄、行动不变的场所采用的低压行灯电压不应大于12V。

②行灯应采用专用照明变压器供电，变压器应为双线圈变压器。

③行灯变压器的支架油漆应完整，支架的固定可采用金属膨胀螺栓。

④行灯变压器的外壳、铁芯、金属固定支架和变压器低压侧一端应与系统的保护线（PE）或保护中性线（PEN）可靠连接。

⑤行灯变压器的电源侧和负荷侧均应采用熔断器保护，熔丝的额定电流不应大于变压器一、二次侧的额定电流。

⑥行灯应采用绝缘强度高、耐磨的橡套软线。灯具的引入线不应拉紧。行灯电源线宜采用插头与插座连接。

（4）应急照明灯具。

①应急照明灯具应采用两路电源供电，一路为正常电源，另一路可采用UPS、柴油发电机组或灯具自带蓄电池，具体情况应根据设计确定。

②应急照明的安装应符合按防火分区设置的要求，在每个防火分区采用独立的应急照明回路。线路在穿越不同的防火分区时应进行防火封堵。

③应急照明灯具在装饰材料墙面上安装时，接线盒端面应与装饰面平齐，导管进出接线盒时，导管管径与接线盒孔径应匹配，不得脱节。

④运行中温度大于60℃的应急照明灯具，灯具表面及其附件等高温部位靠近可燃物时，应采取隔热、散热等防火保护措施。采用白炽灯、卤钨灯等光源时，不应直接安装在可燃装饰材料或可燃物件上。

⑤疏散照明灯具必须采用消防认证产品，平时宜处于点亮状态。安全出口标志灯宜安装在疏散出口和楼梯口里侧上方，灯具底边宜在门框（套）上方0.2m。当受层高或吊顶高度的限制，安全出口灯在门框上方无法安装时，可将灯具安装在门的左右上方。

⑥疏散指示标志灯的设置不应影响通行，且周围不应设有混同疏散标志灯的其他指示标牌。疏散指示灯应保持视觉的连续，宜安装在走道及转角处离地面1.0m以下的墙面上、柱上或地面上。地面上的疏散指示标志灯，应能防止被重物或外力损坏，当厅室面积较大，疏散指示标志灯又必须装设在顶棚上时，灯具应明装，且距地面高度不宜大

于2.5m。

⑦安全出口灯和疏散标志灯应装有玻璃或非燃材料的保护罩。

⑧疏散通道上标志灯间距应不大于20m，在人防工程中不大于10m。

（5）防爆灯具。

①防爆灯具应严格按照设计要求选用“EX”防爆标志的产品，灯具的外壳应完整，无损伤、无凹陷变形，灯罩无裂纹，金属护网无扭曲变形；灯具附件应齐全，不得使用非防爆零件代替灯具配件。

②灯具的防爆标志、外壳防护等级和温度组别与爆炸危险环境相适配；当设计无要求时，灯具种类和防爆结构的选型应符合规范规定。

③灯具吊管螺纹上应涂以电力复合酯后旋入接线盒，螺纹的有效啮合扣数不应小于5扣。

④弯管式防爆灯应在弯脖处用镀锌链条或型钢拉杆加固。

⑤导线连接应紧密，宜采用灯具和接线盒内接线柱进行连接。

⑥安装后的防爆灯具与接线盒之间螺纹连接应紧密，密封完好。

（6）通电试运行。

①应急照明灯具安装完毕，应检验电源转换时间为：备用照明不应大于5s；金融商业交易场所不应大于1.5s；疏散照明不应大于5s。

②最少持续供电时间为：疏散照明不小于30min；备用照明和人防区域照明应符合设计要求。

（7）交接验收措施。

①大型灯具的固定及防松、防振措施；

②灯具的防水措施；

③灯具紧固件的防锈蚀措施；

④灯具试亮及灯具控制性能；

⑤保护导体（PE）连接的可靠性。

（8）质量要求。GB50257《电气装置安装工程爆炸和火灾危险环境电气装置施工及验收规范》，GB50303《建筑电气工程施工质量验收规范》，GB50411《建筑节能工程施工质量验收规范》。

（9）竣工应提交的资料。按变更设计后实际情况绘制的竣工图；主要设备、器具、材料合格证及进场复验报告；专用灯具安装检验批质量验收记录；专用灯具安装施工检查记录；建筑物照明通电试运行检查记录。

（10）职业健康安全措施。

（1）职业健康。使用电锤时，操作者应戴好防护眼镜。

（2）安全措施。

①施工前应对施工班组进行安全技术教育及交底，并应有签证记录。落实所有安全技术措施和劳动防护用品，未经落实时不得进行施工。

②检修和排除故障的全过程，必须先停电、验电，并有人监护，防止误合闸。

③手持电动工具的电源必须经漏电开关（额定动作电流不大于15mA，额定漏电动

作时间小于0.1 s）保护，并应经常作模拟动作试验检查。

④使用人字梯时，操作人员不得站在梯子的最上一级工作。两梯间应用链条拉牢。

（11）绿色施工。

①遗留在施工现场的灯具包装盒、短料等垃圾应随手清理，做好落手清工作。

②油漆作业固体废物集中处置，有专人负责。

2.3.3 低压电动机检查接线工艺

1. 低压电动机检查接线工艺流程

施工准备→电动机检查→电动机接线→检查验收→空载试运行。

2. 施工准备

（1）技术准备。认真审阅施工图纸，熟悉产品技术文件，掌握电动机的控制、起动方式和接线方式，当有疑问时，应向设计单位提出及时解决。

（2）材料准备。送到现场的材料质保书、合格证应齐全，型号、规格应相符，外观检查应无明显缺陷，并做好验收记录。

（3）施工机具准备。低压电动机的检查接线所需的主要施工机具。

3. 电动机检查

（1）核对电动机铭牌，型号、规格、电压等级和接线方式等应与施工图纸或设备订货合同相一致。

（2）检查电动机的风叶、罩壳应无机械损伤，固定螺丝齐全，盘动转子应灵活，不得有碰卡声。外表油漆应完好，无锈蚀缺陷。

（3）电动机的接线盒引出线端子焊接或压接应良好，端子编号应清晰、齐全，裸露带电部分的电气间隙应不小于8mm，否则应有绝缘措施。

（4）电动机接线盒进线孔，应有足够容纳穿入导线的孔径；电动机接线柱与导线端子的配合应满足电气间隙的要求。

（5）电动机应有专用的保护线（PE）接线柱。

（6）绕线式交流电动机还应检查：

①电刷的提升装置，应有明显的“起动”、“运行”标志，运作顺序应是先短路集电环，后提起电刷。

②电刷与集电环的接触应良好，当不符合要求时，宜采用0#砂纸覆在滑环上，利用电刷弹簧的压力，盘动转子进行研磨，电刷在刷盒内应能灵活上下移动，电刷压簧的压力应合适。

（7）测量电动机的绝缘电阻时，三相电动机应拆除接线盒内的连接片，用兆欧表测量各相绕组间以及对外壳之绝缘电阻，应符合额定电压为1000V以下，常温下绝缘电阻值不低于0.5MΩ的要求，当不符合要求时，应作干燥处理。

（8）100kW 以上的电动机，应测量各相直流电阻值，相互差不应大于最小值的 2%；无中性点引出的电动机，测量线间直流电阻值，相互差不应大于 1%。

4. 电动机接线

（1）引入电动机的导线，其保护应符合以下规定：

①配管至接线盒处应有金属挠性导管或塑料套管保护导线；

②采用金属挠性导管应配置适宜的专用管接头，并应用专用接地夹头与导管接地螺栓用铜芯导线可靠连接；

③引入导线色标应符合：A 相——黄色；B 相——绿色；C 相——红色；N 线——淡蓝色；PE 线——黄绿相间色的要求。导线端头应有与接线柱端号相应的编号。

（2）导线与电动机连接应符合下列规定：

①截面 $6mm^2$ 及以下的单股铜芯线和单股铝芯线可直接与电动机接线端子连接；

②截面 $2.5mm^2$ 及以下的多股铜芯线必须制作成与接线端子螺丝直径相符的环形圈，并经搪锡处理后或与匹配的铜接线端子压接后与接线端子连接；

③多股铝芯线和截面大于 $2.5mm^2$ 的多股铜芯线应采用与导线规格相一致的压接型或锡焊型接线端子；线端子非接触面部分应作绝缘处理，接触面应涂以电力复合脂。

（3）仔细核对施工图与电动机铭牌的接线方式，三相电动机应分别将 A、B、C 三相电源线和 PE 保护线接入电动机 U、V、W 接线柱和 PE 线专用接线柱（见图 2-5）。

（4）有固定转向要求的电动机，或拖动有固定转向要求的机械设备，必须检查电动机的电源相序。

（5）电动机可接近裸露导体必须与保护线（PE）或保护中性线（PEN）可靠连接。

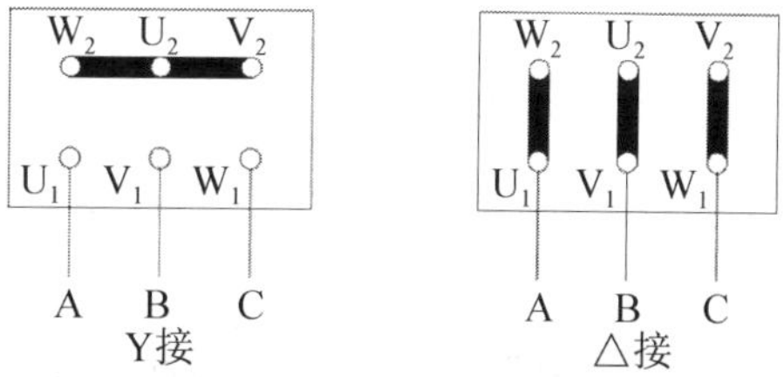

图 2-5 三相电动机定子绕组接法示意图

5. 质量检验

施工完毕后，应通过施工班组的自检、互检，施工员复检来保证，且应全数检查。

施工员在施工过程中应指导工人正确的操作，不合格的应及时返工，电动机接线结束后，应督促、指导班组及时填写《低压电动机检查接线施工检查记录》。

6. 质量标准

《电气装置安装工程电气设备交接试验标准》GB50150，《电气装置安装工程旋转电机施工及验收规范》GB50170，《建筑电气工程施工质量验收规范》GB 50303，《施工现场临时用电安全技术规范》JGJ46。

7. 竣工资料

低压电动机产品出厂合格证、产品说明书及质保书，低压电动机检查接线施工检查记录，低压电动机检查接线检验批质量验收记录，分项工程质量评定记录，设计变更记录。

8. 职业健康安全措施

（1）职业健康。身体健康，无妨碍从事电工作业的疾病和生理缺陷。高度近视眼、高血压患者不得从事高空作业。

（2）安全措施。施工前应对施工班组进行针对性安全技术教育及交底，并应有签证记录。落实安全技术措施和劳动防护用品，未经落实时不得进行施工。电工必须经培训，考核合格后持证上岗。

接线工具的绝缘保护层必须良好。登高作业超过2m，必须挂好安全带。严禁带电作业，吊顶内特殊场合施工时应有专人监护。使用人字梯时，梯子应放稳，梯间的安全钩应挂牢，夹角应符合安全操作规程要求。

接线搪锡动火时，应清除施工场地易燃物，配备消防器材，熔化焊锡的容器内不得滴入水珠，以防焊锡爆溅伤人。且应遵守建设单位的动火有关规定。

9. 绿色施工

施工后遗留在施工现场的包装盒、包装袋、断头导线等垃圾应及时清理，做好落手清工作。施工时应对已安装好的设备采取保护措施。

2.3.4 建筑防雷与接地工程施工工艺

1. 接地工程施工工艺

（1）接地体施工工艺流程。施工准备→人工接地体制作→测量划线→沟槽开挖→接地体安装→接地干线连接→接地电阻测试→隐蔽验收→质量检验→回填土。

（2）施工准备。

①技术准备。认真审阅施工图纸，有疑问时应向设计单位提出及时解决。了解室外接地装置施工区域地下管线分布情况，熟悉供货商提供的接地模块等新型人工接地体的技术说明，按设计交底后的施工图纸编制施工预算。

②材料准备。根据工程进度计划和材料供应计划，应提供公司合格供方供应的材料。对进入现场的材料按照设计和施工质量验收规范及有关产品标准要求进行检验，应符合下列规定：

a. 每批型钢和钢管都应有合格证和材质证明书，型钢表面无严重锈蚀，无过度扭曲和弯折变形等缺陷。

b. 按批查验镀锌制品合格证或镀锌厂出具的镀锌质量证明书，且镀锌层覆盖完整，表面无锈斑。

c. 接地装置的钢材应采用热浸镀锌处理，用作接地干线的热镀锌扁钢厚度不应小于4mm。

（3）施工条件。利用建筑物基础的作为接地体的，底板钢筋应敷设完成。人工接地体开挖沟槽、坑的位置应无堆物。

（4）人工接地体制作。制作接地体的材质、规格、数量应符合设计要求。当接地体采用钢管、角钢制作时，其长度为2 500mm，接地体顶部应有打击板，底部制作成尖型，加工后接地体应进行热浸镀锌处理。

（5）测量划线、沟槽开挖。应根据施工图纸的平面坐标位置进行测量，撒出开挖灰线。接地体埋设位置与建筑物的距离不宜小于1 500mm。开挖深度应符合设计规定，当无规定时，接地体顶部距地面不小于600mm的规定。沟槽底部开挖宽度宜为500mm，沟横截剖面应上宽下窄，坡度不得大于60°，且应清除沟槽内砖、石块等物和积水。

（6）人工接地体的施工技术要求。

①垂直接地体间距不应小于其长度的2倍，且不小于5 000mm。垂直接地体不得偏斜，当接地体顶部离地面一定距离时停止击打，与水平接地体焊接后，再打入至规定的深度；

②水平接地体的材质、规格应符合设计要求，当设计无规定时，宜采用－40×4热镀锌扁钢；施工时将调直的镀锌扁钢放置于沟槽内，依次将扁钢与接地体采用电焊焊接，扁钢与接地体连接的位置应距接地体顶部约100mm处；焊接后应清除药皮，刷沥青做防腐处理，并将接地干线引出至需要位置，且留有足够的连接长度；

③当防雷的接地体（干线）埋设位置距建筑物出入口或人行道小于3 000mm时，应采取以下措施：水平接地体（干线）局部深埋不应小于1 000mm；水平接地体（干线）局部包绝缘物，可采用50mm～80mm厚的沥青层；铺设沥青碎石地面或在接地干线（体）上铺设50mm～80mm厚的沥青层，其宽度应超过接地体2 000mm。

（7）自然接地体的施工技术要求。

①当利用钢筋混凝土结构建筑物的基础桩（钢管桩、水泥桩和灌浇桩）内的主钢筋、基础承台内的主钢筋作为自然接地体时，应按设计图规定的基础工程桩内钢筋作为接地体，在高电阻率土壤的地区应测量接地桩内主钢筋的接地电阻值，且采用40mm×4mm热浸镀锌扁钢或不小于φ12的两根圆钢，将作为接地体的每根工程桩内主钢筋焊接连成一体，并测量接地电阻值。

②当建筑物没有基础工程桩时，可利用建筑物地下基础底板中的主钢筋作为接地体。应选择基础底板中不少于两根主钢筋（直径不小于16mm）与作为接地引上线的主钢筋焊成一体，并测量接地电阻值。

③当设计规定用埋地金属管道作为接地体和接地线时，不应选用输送可燃、可爆液体或气体的管道、供暖管道及自来水管道，金属管道与接地干线间应焊接金属跨接线，焊接不能影响管道的质量。

④自然接地体与接地干线连接的要求：

a. 接地干线材质及引上点位置应符合设计要求，并做好记号；

b. 接地体间及引上点的连接采用电焊，且在室外地面以下的墙面或柱面（按图纸定位置），焊接连接板，并做好防腐处理。

⑤利用钢结构作为接地线时的要求：

a. 接地体与接地干线的连接应采用电焊，当结构不允许焊接时，可采用跨接线用螺栓进行可靠连接；

b. 跨接线一般采用扁钢或两端焊（压）有可靠接头的铜导线，跨接线应有 150mm 的伸缩量。

（8）室内接地干线安装。

①室内的接地干线一般为明敷，当接地干线跨越门口时，应暗敷于地面内（做地面以前预埋）；部分设备连接的支线需经过地面时，应埋设在混凝土内，且埋设深度不小于 30mm。

②当接地干线敷设在砖墙或混凝土墙上时，应按设计图纸要求弹线定位、钻孔，将支持件埋入孔内，找平找正，用水泥砂浆进行固定或直接用膨胀螺栓固定支持件。

支持件的间距应符合设计要求，当设计无要求时，支持件间距应均匀，水平直线部分宜为 500mm ~ 1 500mm，垂直部分为 1 500mm ~ 3 000mm，转弯或分支处为 300mm ~ 500mm；支持件距地宜为 250mm ~ 300mm，支持件应露出墙面 10mm ~ 15mm。

③接地干线敷设前，应对镀锌扁钢进行矫直，可用铁丝与支持件绑扎临时固定，再采用焊接方法固定牢固。

④接地干线穿过墙或楼板时，应加套管保护，当采用钢质套管时应将干线与套管点焊，并用防火堵料封闭管口；跨越变形缝时，应留有伸缩余量（制成"Ω"形）作补偿装置，伸缩余量一般控制在 150mm，并分别在距变形缝两端各 200mm ~ 400mm 处加以固定。

⑤接地干线转角处的弯曲半径不得小于扁钢厚度的两倍。

⑥明敷接地线应在其表面分别以绿色和黄色相间的条纹作标记（贴色标或漆色环），每段宽度为 15 ~ 100mm。

⑦变压器室、高压配电室的接地干线，应设置不少于 2 个供临时接地用的接地柱或接地螺栓。

⑧接地干线之间的连接在设计没有特别要求的情况下，采用搭接焊接，焊接处焊缝应饱满并有足够的机械强度，不得有夹渣、咬肉、裂纹、虚焊、气孔等缺陷，焊接处的表皮清除后，刷沥青做防腐处理。

搭接长度应符合下列规定：

a. 扁钢（铜排）之间搭接为扁钢（铜排）宽度 2 倍，不少于三面施焊；

b. 圆钢（铜杆）之间搭接为圆钢（铜杆）直径的 6 倍，双面施焊；

c. 圆钢（铜杆）与扁钢（铜排）搭接为圆钢（铜杆）直径的 6 倍，双面施焊；

d. 扁钢（铜排）与钢管（铜管）之间，紧贴 3/4 管外径表面，上下两侧施焊。扁钢与角钢焊接，紧贴角钢外侧两面，上下两侧施焊。

⑨当有色金属接地线不能采用焊接时，可用螺栓连接、压接等方式连接。铜与铜、铜与钢的连接采用放热焊接时，其熔接接头应符合下列规定：

连接的导体必须包在接头里；连接部位的金属应完全熔化，连接牢固；热剂焊接头的表面应平滑，无贯穿性的气孔。

⑩当扁钢之间搭接采用螺栓搭接时，螺栓应配垫圈和防松垫圈，搭接宽度为扁钢宽度的2倍，采用铜排作接地干线时，其搭接面应搪锡。搭接连接的钻孔直径和孔距应符合国家施工及验收规范要求。

⑪当圆钢（铜杆）之间搭接采用专用接管丝扣连接时，丝扣连接长度为圆钢（铜杆）直径的12倍，连接时必须涂以导电脂，接管的壁厚应满足截面积不小于铜杆的截面积，且应连接紧密，每端接入长度为圆钢（铜杆）直径的6倍。

（9）测试点设置应符合下列规定：

①人工接地装置或利用建筑物基础钢筋的接地装置应按设计要求在地面以上设接地电阻测试点。

②测试点可设在引下线桩头上，用预埋钢板与引下线焊接牢固，钢板尺寸应按设计要求制作。当无设计规定时，钢板尺寸应不小于100mm×100mm×6mm，并设检测端子。预埋钢板的位置和高度应符合设计要求；在设计未作规定时，宜设在建筑物的四角，高度宜为离室外地坪300mm~500mm处。

③接地装置安装结束，应在两个晴天后测试接地电阻，测试可采用ZC29B等接地电阻测试仪，测得的接地电阻值必须符合设计要求，否则应采取补打接地体等措施，测试结果应及时记录。

（10）隐蔽验收与质量检验。

①接地装置施工完毕，在覆土前应进行隐蔽工程验收。

②接地装置安装分项工程中人工接地装置和利用建筑物基础钢筋的接地体各划分为1个检验批，大型装置可按区块划分成几个检验批。

③检验批质量验收时，接地装置测试点设置、接地电阻测试、防雷接地的人工接地装置的接地干线埋设、接地装置应垂直或水平就位，与干线的连接和干线材质选用等项目全数检查；接地装置埋设深度、间距和搭接长度，接地装置的材质和最小允许规格等项目抽查10处，少于10处时全数检查。

（11）回填土。接地装置施工结束，经隐蔽验收合格后进行坑槽回填。回填土应采用细粒土，不应用碎砖砂石等杂物，并分层夯实。

（12）质量标准。施工质量验收规范有《电气装置安装工程接地装置施工及验收规范》GB50169、《建筑电气工程施工质量验收规范》GB50303。

（13）竣工应提交的资料。按变更设计后实际情况绘制的竣工图，主要设备、器具、材料合格证及进场复验报告，接地装置安装检验批质量验收记录，接地装置安装施工检查记录，接地电阻测试记录，隐蔽验收记录。

（14）职业健康安全措施。

①职业健康。焊接镀锌金属时，应有良好的通风环境，且操作者在上风位置。使用冲击电钻时，操作者应戴好防护眼镜。

②安全措施。

a. 施工前应对施工班组进行安全技术教育及交底，并应有签证记录。落实所有安全技术措施和劳动防护用品，未经落实时不得进行施工。

b. 手持电动工具的电源必须经漏电开关（额定动作电流不大于15mA，额定漏电动作时间小于0.1S）保护，并应经常作模拟动作试验检查。

c. 开挖沟槽时应采取可靠的遮挡防护措施，留出边坡，防止塌方。沟槽内积水应清除干净。

d. 大锤锤柄必须装设牢固。使用时不准戴手套，手锤柄和手锤上不得有油污，防止飞出伤人。打大锤时还应注意周围人员的安全。

（15）绿色施工。

①使用风镐、冲击钻等产生噪音的机械，应规定作业时间。

②施工后遗留在施工现场的包装盒、短料等垃圾应随手清理，做好落手清工作。油漆作业固体废物集中处置，专人负责。

③焊接场所应设置遮光板，减少强光刺激。

2. 避雷引下线和室内接地干线施工工艺

（1）避雷引下线和室内接地干线施工工艺流程。施工准备→测量定位→支持件安装→避雷引下线、接地干线敷设→测试点、断接卡安装→防腐处理→标识→检测验收。

（2）施工准备。

①技术准备。认真审阅施工图，充分了解施工图的设计意图，了解避雷引下线和室内接地干线敷设的技术要求、材质要求；熟悉避雷引下线和室内接地干线敷设的质量要求，并在施工前做好技术安全交底工作。

②材料准备。所用材料的质量、材质、规格应符合设计要求及施工和质量验收规范的规定。镀锌制品应有合格证或镀锌质量证明书，镀锌制品镀锌层应覆盖完整、表面无锈斑等缺陷。

③机具准备。避雷引下线和室内接地干线施工所需机具设备，应按工程量配备。

（3）测量定位。

①避雷引下线的位置应按设计要求确定，与电气配管的最小平行距离不应小于1.0m，最小垂直交叉距离不应小于0.3m。且应避开建筑物的出入口和行人较易接触到的地方。

②室内接地干线水平敷设时，应距地面250mm～300mm，与建筑物墙壁间隙为10mm～15mm。

③明敷引下线和接地干线的支持件间距应均匀，水平直线段为1.0m～1.5m，垂直直线段为1.5m～3m，弯曲处为0.3m～0.5m；支持件应固定牢靠，宜在结构施工时预埋支架或铁件。

（4）避雷引下线安装。

①当避雷引下线暗敷时，宜利用建筑物结构柱内的主钢筋，或在外墙抹灰层内敷设镀锌扁钢或圆钢。

当利用柱内主钢筋作引下线时，应符合下列规定：

a. 按设计要求确定引下线引下点柱内的主筋，且用油漆做好标记；

b. 钢筋直径不应小于16mm，且不少于两根；

c. 主筋采用绑扎连接时，应双面施焊，且焊接长度不应小于其直径的6倍；

d. 引下线与接闪器及测试点连接处应设置预埋铁件。

②避雷引下线沿建筑的外墙明敷时，从接闪器到接地体，引下线的敷设路径，应尽可能短而直。及时将引下线的下端与接地体焊接，或与断接卡子连接。

明敷时应在建筑外墙敷设镀锌扁钢或圆钢作引下线，或利用建筑物的金属构件（消防梯、烟囱的铁爬梯等）作为引下线，但所有金属部件之间均应连成电气通路。引下线的连接应符合下列规定：

a. 当采用扁钢时，搭接长度应为其宽度的2倍，且至少三个棱边焊接；

b. 当采用圆钢时，搭接长度应为其直径的6倍，且双面施焊；

c. 当圆钢与扁钢焊接时，搭接长度应为圆钢直径的6倍。

③设计要求接地的幕墙金属框架和建筑物的金属门窗，应就近与接地引下线或均压环可靠连接，连接处不同金属间应有防电化腐蚀措施。

④在易受机械损伤的地方，应在地面上约1.7m至地下0.3m处用钢套管保护，引下线与钢套管点焊连接，防腐处理后管口应封堵。

（5）室内接地干线安装。

①室内接地干线应沿墙明敷，穿越门口处应预埋。敷设在墙上的接地干线，应在埋设支持件的水泥砂浆凝固后，采用电焊将镀锌扁钢与支持件焊接。

②接地线应水平或垂直敷设，且不应高低起伏及弯曲。转角处接地干线平弯半径不应小于扁钢厚度的2倍，立弯弯曲半径应不小于扁钢宽度的4倍，且应采用机械弯曲。

③变电所室内的接地干线应有不少于2处与接地装置引出干线相连接，且室内的接地干线上应按设计要求设置供临时接地用的镀锌螺栓（M10×30）。

④接地干线至配电柜或变压器底座槽钢的接地支线应焊在配电柜或变压器背后一边的槽钢底座的外侧。

⑤接地干线穿越墙壁、楼板和地坪时，应加钢套管或其他坚固的套管保护，钢套管应与接地线做电气连结。跨越建筑物变形缝时，应设补偿装置。

（6）接地测试点和断接卡安装。防雷引下线应按设计要求的标高设置接地测试点或断接卡。当设计无规定时，断接卡位置宜距地面1.5m~1.8m，所用的螺栓直径不应小于10mm，且应加镀锌垫圈和镀锌弹簧垫圈；接地测试点宜距地面0.5m。

（7）防腐处理。明敷引下线焊接后应清除焊渣，刷防锈漆和银粉漆。现浇混凝土内敷设引下线可不做防腐处理。

接地干线焊接后，清除焊渣，刷防锈漆和银粉漆，油漆应均匀无遗漏，但接地端子等处不应刷油漆。

（8）标识。暗敷引下线敷设时应在隐蔽前做好明显标识，明敷引下线应贴好接地标贴，沿长度方向贴好接地标贴或涂以15mm~100mm宽度相等的绿黄色相间的条纹。

（9）检测验收。

①暗敷引下线应进行隐检验收，并做好施工记录。

②避雷引下线和接地干线敷设完毕后，应进行接地电阻测试，并做好记录交与建设

单位或监理签字认可。

③当避雷引下线敷设完毕后，不进行接闪器安装工序时，还应及时办好与接闪器安装单位的中间交接手续。

（10）质量标准。《电气装置安装工程接地装置施工及验收规范》GB50169，《建筑电气工程施工质量验收规范》GB5030，《施工现场临时用电安全技术规范》JGJ46。

（11）竣工应提交的资料。产品合格证；材料进货检验记录；隐蔽工程验收证书；施工检查记录；检验批质量验收记录；接地电阻测试记录；分项工程质量评定记录；设计变更洽商记录；竣工图。

（12）职业健康安全措施。

①职业健康。使用冲击电锤时，操作者应戴防护眼镜。焊接镀锌金属时，应有良好的通风环境，且操作者在上风位置。

②安全措施。施工前，应逐级进行安全技术教育及交底，并应有记录。落实所有安全技术措施和劳动防护用品，未经落实不得进行施工。

施工中应对高处作业的安全措施进行检查，有缺陷时应及时纠正；当有危及人身安全隐患时，必须停止作业。室外钢管脚手架应有防雷措施，洞口临边必须有保证安全的栏杆或屏障。

临时用电必须执行JGJ46《施工现场临时用电安全技术规范》。安装或拆除临时用电工程，必须由持证电工操作。电气设备的金属外壳必须与保护线（PE）或保护中性线（PEN）可靠连接。手持电动工具及电焊机、切割机等建筑机械且应有漏电开关保护专人负责定期检查和维修，且符合一机一闸一插座的规定。

施工防火措施。进行焊接和切割等明火作业时，应按防火规定开具动火证。进行明火作业时应设置专用隔离设施，在作业区域和作业点下方按规定配备灭火器材，并应派专人监护。

（13）绿色施工。使用电锤、焊接后清渣处理等锤击所产生的噪声作业，应规定作业时间。焊接场所应设置遮光板。

3. 接闪器安装工艺

（1）接闪器。位于防雷装置的顶部，利用其高出被保护物的突出地位把雷电引向自身，承接直击雷放电的部件，有避雷针、避雷带（线）、避雷网，金属屋面、金属构件等。

（2）接闪器安装工艺流程。施工准备→测量定位→避雷针（避雷带）安装→引下线安装→断接卡、接地测试点安装→防腐处理→检测验收。

（3）施工准备。

①技术准备。应熟悉施工技术资料、工程招标文件及有关施工图、施工规范、规程、标准图集及其他技术资料。了解工程中所采用的接闪器形式，材质和安装的具体质量要求。

②材料准备。所用的材料的质量、材质、规格应符合设计要求和质量验收规范的规定。镀锌材料、制品应有合格证或镀锌质量证明书，镀锌材料、制品的镀锌层应覆盖完

整、表面无锈斑、锌瘤等缺陷。热浸镀锌扁钢的厚度不应小于4mm，镀锌圆钢直径不应小于8mm。

当利用屋面金属板作为接闪器时，金属板应无绝缘被覆层（薄的油漆保护层或0.5mm厚沥青层或1mm厚聚氯乙烯层不属于绝缘被覆层）。

③作业条件。接地装置、引下线安装已完成后。检查确认接地装置、引下线分项工程已验收。

④机具准备。接闪器安装所需的机具和计量器具应配备齐全，计量器具必须在有效期内。

（4）测量定位。

①应根据设计图纸确定避雷带的位置，确定避雷带支持件的安装位置，避雷带支持件的安装位置应符合下列规定：明敷避雷带支持件的间距应均匀，水平直线段间距为1.0m~1.5m，垂直直线段间距为1.5m~3m，弯曲处为0.3m~0.5m；明敷避雷带离建筑物外墙面的距离不应大于150mm。

②坡顶形建筑的避雷带应沿着屋脊安装，且应与土建同时施工。

（5）避雷带支持件、避雷针底座安装。

①支持件的安装宜在建筑屋面外檐或女儿墙施工时进行预埋。支持件应固定牢固，预埋件应成一直线，高度一致。

②避雷针底座宜采用预埋底脚螺栓或金属膨胀螺栓固定。避雷针底座、底脚螺栓应采用镀锌制品，当无镀锌制品时应有防腐措施。

（6）避雷带安装。

①避雷带可以暗敷在建筑物表面的抹灰层内，或直接利用结构钢，与暗敷的避雷网焊接。

②当设计无规定时，明敷避雷带可采用40mm×4mm的镀锌扁钢或直径不小于12mm的镀锌圆钢。

③明敷避雷带安装高度宜为150mm。避雷带与支持件的固定应采用焊接方法，且焊接面不应少于二面。

④避雷带搭接应符合下列规定：

a. 避雷带扁钢连接处宜采用折弯搭接；搭接长度应为其宽度的2倍，且至少三个棱边（二长边一短边）焊接；

b. 当避雷带为圆钢材料时，搭接长度应为其直径的6倍，且应双面施焊；当圆钢与扁钢材料搭接时，搭接长度应为圆钢直径的6倍；

c. 避雷带焊接时，焊缝应饱满无遗漏、无咬肉、假焊等现象。避雷带经过建筑物的变形逢时，应设置补偿装置。

（7）避雷针安装。避雷针安装在其底座上应采用焊接方式，且应保持与底座的垂直。避雷针安装高度应符合设计规定，所有被保护物应在其保护范围内。

（8）与引下线连接。避雷（针）带与引下线之间连接应采用搭接焊接，严禁采用“T”字形连接。

（9）与金属构件、设备、管道连接。建筑物顶部的外露金属物体（包括金属构件、金属设备、金属管道、金属桥架等)，必须与避雷网连接。

当建筑物顶部的金属物体存在电气断开点，在电气断开点处应进行电气跨接连接（例如：风管绝缘材料的软接头等)。

（10）防腐处理。避雷针、避雷带焊接后应及时清理焊接处的氧化层，并做防腐处理。碳钢材料的焊接处应先涂刷二度防锈漆，再用银粉漆盖面。不锈钢材料的焊接处，应用不锈钢专用焊口清洗液清洗干净。

（11）检测与验收。在避雷带安装完成后，应根据国家规范的要求检查支持件的牢固性。完成测试后应再次调整避雷带的整体的平直度，然后交付验收。

（12）质量标准。《建筑物防雷设计规范》GB50057，《电气装置安装工程接地装置施工及验收规范》GB50169，《建筑电气工程施工质量验收规范》GB50303，《建筑物防雷设施安装标准设计图集》99D501－1，《建筑电气工程施工质量验收规范》GB50303。

（13）竣工应提交的资料。产品合格证；材料进货检验记录；隐蔽工程验收证书；施工检查记录；检验批质量记录；接地电阻测试记录；分项工程质量验收记录；设计变更洽商记录；竣工图。

（14）职业健康安全措施。

①职业健康。使用冲击电锤时，操作者应戴防护眼镜。焊接镀锌金属时，应有良好的通风环境，且操作者应在上风位置进行操作。

②安全措施。施工前，应逐级进行安全技术教育及交底，并应有记录。落实所有安全技术措施和劳动防护用品，未经落实不得进行施工。

施工中应对高处作业的安全措施进行检查，有缺陷时应及时纠正；当有危及人身安全隐患时，必须停止作业。洞口临边必须有保证安全的栏杆或屏障。

雷雨天应停止接闪器安装作业。

③临时用电。安装或拆除临时用电工程，必须由持证电工操作。手持电动工具及电焊机、切割机等建筑机械且应有漏电开关保护专人负责定期检查和维修，且符合一机一闸一插座的规定。电气设备的金属外壳必须与保护线（PE）或保护中性线（PEN）可靠连接。

室外钢管脚手架应有防雷措施。

④防火措施。进行焊接和切割等明火作业时，应按防火规定开具动火证。进行明火作业时应设置专用隔离设施，在作业区域和作业点下方按规定配备灭火器材，并应派专人监护。

（15）绿色施工。使用电锤、焊接后清渣处理等锤击所产生的噪声作业，应规定作业时间。焊接场所应设置遮光板。

4. 建筑物等电位联接施工工艺

（1）等电位联结施工工艺流程。施工准备→定位划线→等电位联接→连通测试。

（2）施工准备。

①技术准备。认真审阅施工图纸，当有疑问时应向设计单位提出及时解决；熟悉各种等电位联结安装技术要求；应根据设计要求准备相应施工图集等技术资料；及时按设

计交底后的施工图纸编制施工预算；应根据设计图纸对各种等电位联结要求进行技术交底。

②材料准备。根据工程进度计划和材料供应计划，提供公司合格供方供应的材料。采用的材料及配件进入施工现场应有合格证明文件。

等电位箱及导体的型号、规格应符合设计规定，铜导线绝缘层应有黄绿双色标识，联结端子板宜采用搪锡铜质材料。等电位联结箱体涂层应完整，无油漆剥落及箱体变形等缺陷。

（3）作业条件。土建在钢筋绑扎时钢筋搭接处已进行焊接，预留件埋设已完成，土建砌墙时等电位端子箱安装已完成，防雷接地装置安装完毕，配电箱等电气设备及各专业管道安装完毕。

（4）定位划线。

①卫生间等电位箱的定位应根据设计施工图及装饰立面图进行定位。

②高层建筑金属门、窗的等电位联结、应根据施工图门窗位置，在焊接圈梁均压环主钢筋时，在门窗位置设置 100mm×100mm×6mm 钢板，且与均压环主钢筋可靠连接。

（5）等电位联结。

①扁钢（圆钢）的焊接不应有夹渣、咬边、气孔及未焊透等缺陷，扁钢（圆钢）的连接应采用搭接，搭接长度应符合接地装置安装的有关规定。

②等电位箱 LEB 端子板与地面钢筋网的连接宜采用 -25mm×4mm 热镀锌扁钢，地面钢筋网与墙内钢筋网应可靠连接，钢筋网交叉处应点焊。

③等电位联结的可接近裸露导体或其他金属部件、构件与支线连接应可靠，熔焊、钎焊或机械紧固应导通正常。

④等电位联结线与金属管道连接时，金属管道宜采用热镀锌扁钢抱箍，抱箍与金属管道接触表面应处理干净，安装后再刷防护漆。

⑤等电位联结线与金属浴盆连接时，应将等电位联结线用螺栓固定在浴盆的专用接地端子上。

⑥等电位联结所用的螺栓、垫圈、螺帽等紧固件必须是热镀锌制品。连接处螺栓应紧固、防松零件齐全。

⑦多股铜导线应采用铜接头压接后与等电位箱内的 LEB 端子板用镀锌螺栓紧固。

⑧当设计无规定时，总等电位端子箱宜设置在电源进线或进线配电盘处，总等电位联结可参考图 2-6。

建筑物等电位联结干线应从接地装置有不少于两处直接连接的接地干线或总等电位箱引出，等电位联结干线或局部等电位箱间的连接线形成环形网路，环形网路应就近与等电位联结干线或局部等电位箱连接。支线间不应串联连接。

引入建筑物大楼内的相邻套管、管道及金属结构可用一根 MEB 线连接。金属管道的连接处可不跨接，但给水系统水表的两端应跨接。

⑨钢窗框、固定铝合金窗框的铁板或固定金属门框的铁板应采用 10mm 镀锌圆钢或 -25mm×4mm 镀锌扁钢与预埋件可靠连接，且应双面焊接，当采用圆钢连接时，搭接长度应不小于 100mm。

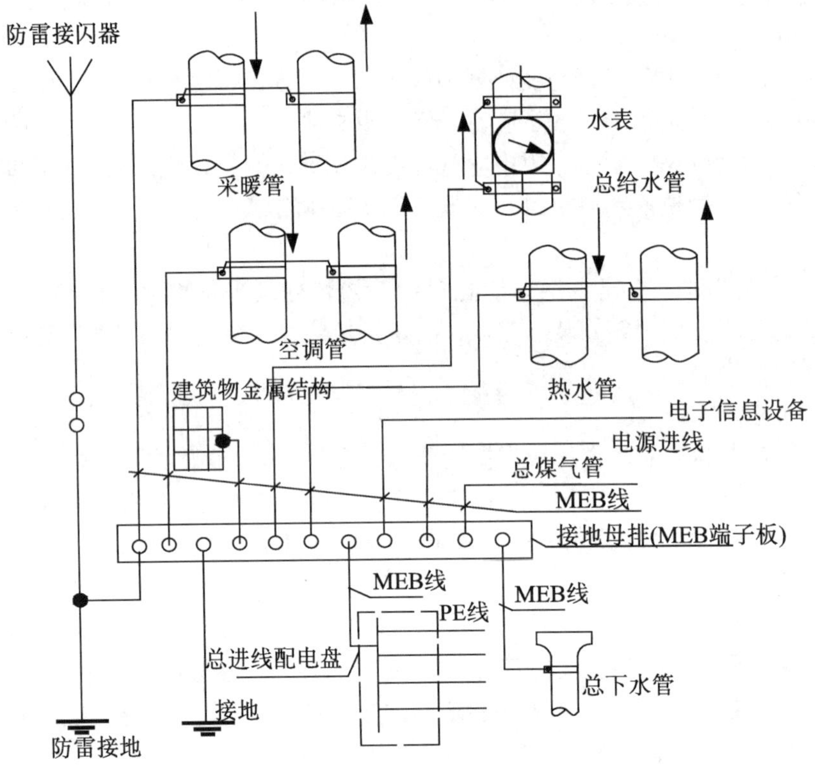

图 2－6　总等电位联结图例

当等电位联结线不能与金属门窗框直接焊接时，应制作与金属门窗框尺寸相匹配的连接件，连接件的一端应有不少于两个 M6 的螺栓与金属门窗框连接，另一端宜与等电位联结线直接焊接。

所有连接导体应暗敷，并应在门窗框定位后，墙面装饰层或抹灰层施工前进行。

⑩卫生间局部等电位联结，卫生间等电位箱、管线预埋应在土建二结构完成后进行，箱体安装位置应便于检测，且符合本标准规定，同一建筑物内等电位箱的高度应一致。卫生间内的金属给排水管、金属浴盆、金属采暖管、金属构框架以及建筑物钢筋网与等电位联结端子板应可靠连接。

⑪等电位联结施工完成后应进行连通测试，导电不良的连接处应补接跨接线。

（5）质量标准。GB50303《建筑电气工程施工质量验收规范》；99D501－1《建筑物防雷设施安装（国家建筑标准设计图集）》；02D501－2《等电位联结安装（国家建筑标准设计图集）》。

（6）竣工应提交的资料。按变更设计后实际情况绘制的竣工图；主要材料合格证及进场复验报告；建筑物等电位联结施工检验批质量验收记录；建筑物等电位联结施工检查记录；隐蔽工程验收记录；政府部门测试报告。

（7）职业健康安全措施。

①职业健康。焊接镀锌件时，操作者应在上风位置，且应有通风措施。身体不适者、高血压患者、高度近视患者不应参与高强度焊接工作。使用冲击电钻时，操作者应

戴防护眼镜。

②安全措施。施工前应对施工班组进行安全技术教育及交底，并应有签证记录。落实所有安全技术措施和劳动防护用品，未经落实时不得进行施工。

手持电动工具的电源必须经漏电开关（额定动作电流不大于15mA，额定漏电动作时间小于0.1 s）保护，并应经常作模拟动作试验检查。

人字梯应用橡胶皮包脚，操作人员不得站在梯子的最上一级工作。两梯间应用链条拉牢。

动火作业时，应配备消防灭火器材，且有专人监护。

（8）绿色施工。电焊作业时应有遮光板防护。进行电焊时应及时清理焊条头，废弃物应定点放置集中处理。

2.3.5 电缆线路施工工艺

1. 电缆桥架安装和电缆敷设工艺

（1）施工工艺流程：施工准备→划线定位→支架安装→电缆桥架安装→电缆绝缘测试→电缆敷设→挂标志牌。

（2）施工准备。

①技术准备。熟悉桥架、电缆施工图、建筑结构图及其他有关专业（给排水、通风空调、消防喷淋和工艺管道及设备布置）施工图。

了解各种管道和设备内的介质及表面温度、保温情况，了解桥架支、吊架安装部位的建筑（顶、墙、柱等）的承重能力，确定桥架走向，提出设计图存在问题和解决方法的建议，由设计单位及时解决。

电缆桥架及其弯通、高度和宽度应满足电缆最小弯曲半径的要求；载荷较重和振动大的场所电缆桥架沿混凝土结构敷设时，应埋设预埋件。

在高层建筑空间较小且各种管道集中的部位，桥架安装应不影响其他管道和设备安装、且不影响吊顶高度。

②材料准备。采购电缆桥架时，其规格、型号应符合设计规定。当设计对电缆桥架的板材厚度未做规定时，应符合规范标准要求。

电缆桥架及其附件，应有产品合格证书、产品技术文件及电缆桥架在不同跨距下最大允许均布载荷及变形量图。

电缆桥架、支架等外观检查应平整，无变形、扭曲，毛刺和刃边等缺陷。电缆桥架的镀锌层应均匀，无毛刺、过烧、挂灰、伤痕、局部未镀锌等缺陷，不应有影响安装的锌瘤；电缆桥架涂漆处理的表面应平整、光滑、均匀，不起皮、起皱、无气泡。电缆桥架及连接件应匹配，连接孔数量正确，位置准确，孔径大小合适。

数量大、规格多的电缆桥架应按批次抽检10%。当发现不合格品时，应再抽检10%，且应做好记录并按不合格品程序处理。

核对到场电缆的型号、规格应符合设计要求，数量与定货单一致。电缆产品合格证及质量证明书齐全。电缆盘的外包装完好，电缆外表应无损伤，两端封口完整。桥架应按型号、规格堆放在平整的垫木上，堆放场地应干燥。

③机具准备。安装机具：台钻、手电钻、砂轮切割机、电焊机、扳手、钢锯、电缆放线架、滑轮等。检验工具：水平尺、钢直尺、钢卷尺、皮尺、兆欧表、万用表、验电笔等。

（3）作业条件。

①土建工程施工已完毕并符合设计要求。

②墙面、顶板面喷浆完毕，无漏水。

③技术、安全、消防措施已到位。

④电缆敷设前桥架已安装完毕，并经过验收合格。

⑤电缆已运至现场，电缆敷设沿线施工道路畅通，并有照明保证。

（4）划线定位。

①电缆桥架定位应根据施工图的位置、标高与工程实际情况相结合，且应兼顾各专业管线合理布置。当电缆桥架敷设在易燃易爆气体管道和热力管道的下方，且设计无要求时，与管道的最小净距应符合表2－8的规定。

表2－8　　电缆桥架与管道的最小净距（m）

管道类别		平行净距	交叉净距
一般工艺管道		0.4	0.3
易燃易爆气体管道		0.5	0.5
热力管道	有保温层	0.5	0.3
	无保温层	1.0	0.5

②确定桥架标高宜利用土建单位的标高基准线。

③找好水平线或垂直线后，在线路的中心线处进行划线。

（5）支架制作安装。

①按已确定的电缆桥架、弯通、变径、直通位置确定其支架位置，然后确定直线段支架位置。直线段上的支架间距应均匀。

②支架间距应按设计规定。当设计无规定时，电缆桥架水平安装的支架间距为1.5m～3m；垂直安装的支架间距不大于2m。

③电缆桥架直线段与非直线段（弯通和变径）连接处300mm～600mm处应设支架；当电缆桥架弯曲半径大于300mm时，在弯曲处中部应增设支架；距终端200mm～300mm处及距伸缩节、补偿装置各200mm处应设支架。

④支架的型号、规格应符合设计要求，当设计无规定时，应按桥架制造厂提供的产品技术文件正确选用。非定型支架选材及制作，应根据电缆桥架的均布载荷和重量确定，且应考虑附加集中载荷，支架的表面防腐处理宜与电缆桥架一致。

⑤支架焊接固定时，焊接面不少于两个边，焊缝应饱满，无气孔、夹渣等缺陷。焊

接处应除去焊渣及时补漆。

⑥支架在墙体固定时，混凝土结构宜用金属膨胀螺栓；实心和多孔粘土砖墙宜用燕尾螺栓，埋入深度宜不小于100mm；空心粘土砖、轻质砖块，宜用穿墙长螺栓加夹板形式固定。

⑦电缆桥架由室外引入室内时，支架应满足电缆桥架由外向内有2/100的升高坡度。

⑧支架安装应横平竖直，与电缆桥架底部保持面接触。支架安装应符合电缆桥架水平和垂直的允许偏差，允许偏差应符合标准规定。

（6）电缆桥架安装。

①电缆桥架弯曲处的弯曲半径应不小于电缆桥架内电缆最小允许弯曲半径，电缆最小允许弯曲半径应符合表2－9的规定。

表2－9　电缆最小允许弯曲半径

序号	电缆种类	最小允许弯曲半径
1	无铅包钢铠护套的橡皮绝缘电力电缆	10D
2	有钢铠护套的橡皮绝缘电力电缆	20D
3	聚氯乙烯绝缘电力电缆	10D
4	交联聚氯乙烯绝缘电力电缆	15D
5	多芯控制电缆	10D

注：D为电缆外径。

②电缆桥架跨越变形缝时应设置补偿装置。当电缆桥架制造厂的定型伸缩节能满足建筑物变形缝的最大变形量时，宜采用定型的伸缩节。

③直线段钢制电缆桥架长度超过30m，铝合金或玻璃钢制电缆桥架长度超过15m应设伸缩缝，其连接宜用定型的伸缩连接头（板）。

④当有特殊形状的电缆桥架加工时，应按现场测量的尺寸并附加工图，由供应商按图制作。电缆桥架的材质、型号、厚度以及附件应满足设计要求。

⑤多层电缆桥架的安装应按先上后下的顺序，层间距离应根据桥架宽度最小应不小于150mm，水平相邻的电缆桥架净距不宜小于50mm，强、弱电电缆桥架的间距不小于0.5m（有屏蔽措施的除外）。

⑥电缆桥架宜与建筑物坡度一致，沿弧形建筑物墙壁安装的电缆桥架宜与建筑物一致，以折线代弧线。

⑦在直线段和非直线段连接处，通过建筑物变形缝处和弯曲半径大于300mm的非直线段桥架中部应增设支、吊架。

⑧电缆桥架之间连接采用半圆头镀锌螺栓，半圆头应在电缆桥架内侧。接口应平整、无扭曲、凸起和凹陷。

⑨电缆桥架安装应平整，直线段的水平或垂直允许偏差应不超过长度的2‰，全长允许偏差不超过20mm。测量偏差的部位应是电缆桥架的底部。

⑩电缆桥架应固定在支、吊架上。梯架用固定压板固定，托盘可用半圆头镀锌螺栓固定，螺母应位于桥架外侧；当铝合金桥架与钢支架固定时，应有相互绝缘的防电化腐蚀措施。

⑪金属电缆桥架及其支架全长应不少于2处与保护线（PE）或保护中性线（PEN）的干线相连接。

⑫非镀锌电缆桥架间连接板的两端应跨接铜芯接地线，接地线最小允许截面积不小于4mm^2。

⑬镀锌桥架间连接板两端可不跨接地线，但连接板两端应有不少于2个有防松螺帽或防松垫圈的连接固定螺栓。

⑭有涂漆和喷塑等绝缘物的电缆桥架，应清除绝缘涂层，涂导电膏，采用截面积不小于4mm^{2}的软铜线跨接，用镀锌螺栓连接。

⑮水平敷设的电缆桥架（电缆隧道、技术层等除外）安装高度（下弦）不宜低于2.5m。

⑯电缆桥架安装结束，应进行完整性检查，支、吊架安装应牢固；接地线应无遗漏。

（7）电缆绝缘测试。敷设前应对电缆进行绝缘电阻测试，并做好记录。额定电压1kV及以下的电缆，用1kV绝缘测试表测量线间及对地的绝缘电阻值，应不低于10MΩ。电缆两端都应贴好标记，标明电缆的规格及来去方向。

（8）桥架内电缆敷设。

①电缆敷设前，应编制电缆敷设表，敷设表应按电缆敷设顺序排列，敷设顺序应避免电缆的交叉。

②电缆短距离搬运，宜采用滚动电缆盘的方法。滚动时应按电缆轴上箭头指示方向滚动。当无箭头指示时，应顺电缆缠绕方向滚动，不得反缠绕方向滚动。

③电缆盘支架架设地点的选择，应以方便敷设为原则，宜放置在电缆起点附近。架设时，电缆引出端应在电缆盘的上方。

④电缆沿桥架敷设时，应排列整齐，不应有交叉。转弯处应满足最大截面电缆允许弯曲半径要求。电缆敷设不得有绞拧、护层断裂和表面严重划伤等缺陷。

⑤截面小距离短的电缆宜采用人力牵引方法敷设，每隔2m～3m应设滑轮。

⑥截面大距离长的电缆宜用机械牵引敷设，采用机械牵引时，电缆的拉力应控制在电缆最大安全抗拉应力的范围内，电缆的最大安全抗拉应力取决于电缆材料的应力极限。

⑦不同电压等级的电缆应分层敷设，截面积大的电缆放在下层，电缆跨越建筑物变形缝处，应留有伸缩余量。

⑧敷设于水平桥架的电缆，首尾两端、转弯两侧及每隔5m～10m处设固定点；敷设于垂直桥架内的电缆固定点间距，应不大于表2－10的规定。

表 2－10 电缆固定点的间距（mm）

电缆种类		固定点的间距
电力电缆	全塑性	1 000
	除全塑性外的电缆	1 500
控制电缆		1 000

⑨当在大于45°桥架内电缆敷设时，每隔2m处应设固定点。

⑩电缆垂直敷设，宜采用从下往上的敷设方法。当采用从上往下的敷设方法时，电缆盘应有刹车装置，且应有防止电缆盘移动的措施。

⑪电缆敷设完，过楼板处应用防火材料封堵。

（9）挂标志牌。标志牌规格应一致，并有防腐功能，挂装应牢固。标志牌上应注明回路编号、电缆编号、规格、型号及电压等级和敷设日期。沿桥架敷设电缆在其两端、拐弯处、交叉处及直线段每10 m处应挂标志牌。

（10）质量标准。《建筑电气工程施工质量验收规范》GB50303，《施工现场临时用电安全技术规范》JGJ46。

（11）竣工时应递交的资料：桥架产品出厂合格证及质保书；电缆产品合格证及质保书；电缆绝缘测试记录；隐蔽工程验收记录；电气安装工程质量验收记录；电气安装工程施工检查记录；分项工程质量评定记录；设计变更记录。

（12）职业健康安全措施。

①职业健康。焊接镀锌金属时，应有良好的通风环境，且操作者应在上风位置。身体不适者、高血压及高度近视眼患者均不得参与高空电缆敷设。

②安全措施：

a. 施工前应逐级进行安全技术交底，并做好记录，落实相关的安全技术措施和劳防用品，未经落实不得施工。

b. 电缆桥架沿线的坑、洞口临边必须有保证安全的栏杆，桥架上严禁站人。

c. 电缆敷设前检查支、吊架的膨胀螺栓应牢固可靠，确认后方可进行电缆施工。

③临时用电。安装或拆除临时用电工程时，必须由持证电工操作。现场使用的临时电箱及相关操作工具必须符合安全生产的要求。

④施工防火措施。进行动火作业前，应凭特殊操作证开具动火证。在现场动火时应设置隔离措施，作业点设置灭火器材，并由专人监护。

（13）绿色施工。电缆桥架及电缆堆放处应不影响施工人员或车辆的通行；电缆桥架施工完毕后应及时清理现场废物；电缆敷设完毕后应及时将电缆盘清理出施工现场。

2. 电缆沟内和电缆竖井内电缆敷设工艺

（1）电缆沟内和电缆竖井内电缆敷设工艺流程：施工准备→支架安装→桥架安装→桥架接地→电缆敷设→检查验收。

（2）施工条件。

①影响安装工程的土建施工作业已结束。电缆竖井内建筑模板及废料等清理干净；

抹面工作结束，内壁无漏水、井内无积水。

②电缆沟底部有不小于0.5%纵向排水坡度，并设有集水坑（井）。电缆沟转弯处、电缆工作井的尺寸及电缆导管的埋设应满足电缆敷设的曲率半径要求。

③电缆竖井的配电间门必须向外开启；竖井内预埋构件、预留孔、预埋管应满足桥架（支架）安装和电缆敷设要求；竖井内电缆敷设位置与母线槽、明敷管路、配电（控制）箱位的距离应符合设计要求。

④采用预制分支电缆时，应与结构施工配合，在电缆竖井顶层楼板预留有5倍电缆重量的吊钩。

（3）材料进场检验。

①制作支架的型钢及电缆的型号、规格应符合设计规定；型钢外观检查，表面应无严重锈蚀，无过度扭曲、折弯变形。

②型钢应有合格证和材质证明书。电缆合格证应有生产许可证编号，按《额定电压450/750V及以下聚氯乙烯绝缘电缆》GB5023.1～5023.7标准生产的产品应有安全认证标志。

③电缆外观检查，包装完好，电缆无压扁、扭曲，铠装不松卷，耐热、阻燃的电缆外护层有明显标识和制造厂标。

（4）电缆支架制作。支架的型钢下料误差在±5mm范围内，切口无卷边、毛刺；焊缝饱满牢固，无显著变形，焊渣、飞溅处理干净，各层间垂直净距与设计偏差不大于5mm；电缆支架必须进行防腐处理。当安装在潮湿、盐雾以及有化学腐蚀环境时，应根据设计做特殊的防腐处理；当设计无要求时，电缆支架层间允许最小距离，应符合规范的规定。

（5）电缆支架安装。

①电缆支架安装宜与预埋铁板电焊固定，焊缝应饱满，当用膨胀焊栓固定时，选用螺栓应适配，防松零件齐全，安装应牢固且横平竖直；

②电缆支架同层横档应在同一水平面上，高低偏差不大于5mm。在有坡度的电缆沟内安装电缆支架，应有与电缆沟相同的坡度。电缆支架水平间距：全塑电力电缆为400mm；其他电力电缆为800mm；控制电缆为800mm；

③电缆支架底层横档至沟底距离不小于100mm～150mm；顶层横档至沟顶距离不小于150mm～200mm；

④电缆支架的接地应符合设计要求。当设计无规定时，应采用25mm×4mm镀锌扁钢与电缆支架可靠连接，且全长不少于二点与接地干线可靠连接；焊接后的电缆支架与镀锌扁钢应进行防腐处理和补漆。

（6）竖井内电缆桥架（或支架）安装。

①当强电和弱电合用一个竖井时，强、弱电电缆之间的距离不应小于0.5m，有屏蔽措施的，距离不应小于0.3m；

②竖井内电缆桥架应有固定电缆的部件；竖井内桥架引向水平桥架的弯曲半径不小于桥架内电缆最小允许弯曲半径。电缆最小允许弯曲半径应符合规范规定；

③竖井内采用电缆支架只适用于距离较短、且电缆数量较少的工程；电缆支架的形

式、规格应符合设计要求，当设计无规定时宜采用门型支架；电缆支架垂直间距：全塑电力电缆为1m；其他电力电缆为1.5m；控制电缆为1m。

（7）电缆敷设。

①电缆敷设前应编制电缆敷设表，按电缆敷设顺序排列，避免或减少交叉，按电缆实际敷设长短合理分配，减少中间接头。

②电缆盘转轴的规格和长度应满足电缆盘承重和转动；架设位置宜靠近电缆起止点；电缆应从电缆盘上方引出；电缆滑轮间距宜2m～3m，滑轮转动应灵活。

③电缆敷设前应进行绝缘电阻测试，并做好记录。额定电压1kV及以下电缆应用1 000V兆欧表测试，其相与相、相与中性线及对地的绝缘电阻值不应低于10MΩ，6～10kV电缆应用2 500V兆欧表测试，绝缘电阻值不应低于400MΩ。

④电缆端应贴标记，标记上应标有回路编号，起讫点及引进柜号、回路编号等。

⑤当采用机械牵引敷设时，应合理选择卷扬机位置且固定牢固，牵引钢丝绳与变向滑轮、动滑轮的组合应正确。

⑥电缆敷设应设置联络指挥系统，短距离敷设时，宜使用手持扩音喇叭指挥。较长距离敷设时，宜采用无线电对讲机和手持喇叭相结合联络指挥。

⑦敷设在电缆沟和电缆竖井内带有麻护层的电缆，应剥除麻护层，且应对铠装层进行防腐处理。

⑧电缆敷设在电缆沟内多层电缆支架时，应按高压、低压电力电缆、控制电缆、弱电电缆顺序由上而下排列，电力电缆和控制电缆不宜敷设在同一层支架上。

⑨电缆敷设应按先高压电缆、后低压电缆，先电缆支架内侧电缆、后电缆支架外侧电缆，先长距离电缆、后短距离电缆，先大截面电缆、后小截面电缆的顺序进行。

⑩敷设电缆时应减少电缆与地面、支架、电缆桥架、建筑物的摩擦。

⑪交流单芯电力电缆，应布置在同侧支架上，并加以固定。当按紧贴正三角形排列时，应每隔一定的距离用绑带扎牢。

⑫短距离、小截面电缆宜采用人工牵引，长距离大截面积电缆宜采用机械牵引。

⑬电缆牵引头应加装钢丝编织网套，机械敷设电缆的牵引速度不宜超过15m/min。

⑭当敷设长距离高层建筑竖井内大截面电缆时，应在施工方案中明确电缆盘架设及卷扬机放置位置，牵引钢丝绳走向和变向滑轮设置位置；当竖井内电缆敷设超过一定的高度，且采用由上往下敷设时，应设置阻尼装置；采用由下往上牵引敷设时，应分段牵引。

⑮机械牵引敷设电缆的最大牵引强度应符合表2－11的规定。为供监测，宜在牵引头与牵引钢丝绳之间加装测力器。

表2－11　电缆最大牵引强度（N/mm^2）

牵引方式	牵引头		钢丝网套		
受力部位	铜芯	铝芯	铅套	铝套	塑料护套
允许牵引强度	70	40	10	40	7

⑯垂直桥架内敷设电缆应排列整齐，不应交叉；在层楼转弯处应满足最大截面电缆允许弯曲半径要求；敷设于垂直桥架内的电缆固定点间距应不大于规范的规定。

（8）电缆敷设后续工作。

①电缆始端、终端、转弯处、交叉处、直线段每隔30m、穿管两端、进出建筑物、中间接头处应挂标志牌，标志牌应有防腐性能。电缆标志牌上应标明电缆编号、起讫点、型号、电压规格、长度、敷设日期等，字迹应清晰，色泽经久不退。

②电缆应排列整齐。单芯电缆的固定件不得构成闭合磁路。大于45°斜坡上电缆、垂直支架上电缆及始、终端应固定。

③根据已敷设电缆，复核校对施工图、设计修改（施工核定）单应准确无误。在原施工图的基础上，应根据实际施工情况绘制竣工图，竣工图应反映出电缆的实际走向和设计变更。

④应及时清理电缆沟内杂物，盖上电缆沟盖板。电缆出入电缆沟、竖井建筑物、柜（盘）台处以及导管管口处等应做密封处理。

（9）竣工资料。电缆产品合格证及质保书；电缆敷设前后绝缘电阻测试记录；电缆沟支架安装检查记录；分项工程质量评定记录；设计变更、施工核定记录。

（10）职业健康安全措施。

①职业健康。

a. 焊接镀锌件时，应保持良好通风环境，有必要采用排风扇时，排风扇应设在上风位置。

b. 凡患高血压、心脏病、贫血以及不适应竖井中高空作业者不应从事电缆桥架安装和电缆垂直敷设工作。

c. 夏秋季在潮湿电缆沟内施工时，应采取灭蚊措施。

（11）安全措施。

①在电缆沟和竖井内潮湿环境的施工照明电源，应使用36V及以下安全电压。

②电动施工机械应经漏电保护器保护，漏电保护器的额定漏电动作电流不应大于30mA，额定漏电动作时间不应大于0.1s；总配电箱中漏电保护器的额定漏电动作电流不应大于30mA，额定漏电动作时间不应大于0.1s，但其额定漏电动作电流和时间乘积不应大于30mAs。

③在进入已受电配电柜区域进行电缆敷设时，应挂好警示标牌，采取隔离措施，并有专人监护。

④使用登高设施和人字梯，应有防滑装置和固定连接装置，脚手架的搭设应符合规范安全要求，经验收合格后才能投入使用。

⑤在卷扬机牵引电缆过程中，敷设电缆人员必须站在牵引钢丝绳变向滑轮外侧，防止钢丝绳弹出伤人。当电缆穿保护钢管时，操作人员应防止手受伤害。

⑥在竖井内施工，严禁向上或向下抛物。使用工具应用绳子扣牢，施工废料应及时清理。竖井内登高作业人员应穿软底胶鞋，衣服口袋不应携带易跌落伤人的物品。

⑦在电缆敷设过程中，各转角、起点和终端等处应设专人看护，随时与指挥人员联络和及时处理应急事宜。电缆移动时施工人员必须站在电缆经过滑轮后的下方，防止拖

电缆的人员擦（压）伤手指。

（12）绿色施工。

①电缆堆放处应不影响施工人员或车辆的通行。

②在电缆沟和竖井内电缆支架、电缆桥架安装结束，应及时清理余料和施工机械。

③焊接作业场所，必须设置遮光板。

2.3.6 变配电工程安装工艺

1. 施工准备

（1）技术准备。应熟悉施工图纸资料、施工规范、设计要求、施工标准图集及相关技术资料。了解施工图的设计内容和安装技术要求。实地勘察现场，了解施工条件，并依此编制施工方案。

（2）材料准备。根据施工图纸编制施工预算，按施工预算和施工进度计划采购设备材料。核对所有到施工现场的设备和材料的型号、规格、数量，设备和材料的质量保证书和合格证说明书等有关的产品资料应齐全。

设备材料产品应与设计图纸及设计说明书要求一致，当与设计不符时，应在建设单位、监理、总包及供货单位的共同确认下签证备案，对缺陷问题严重的设备和材料，施工单位应不予接收。

（3）施工机具准备。按施工方案要求，准备工程所需的施工机具，注意机具应在检验的有效期内使用。

（4）作业条件。安装施工前，变电所内土建、装饰工程已完工，变电所内建筑垃圾全部清理干净。

2. 开关柜、配电柜安装

（1）安装工艺程序：开箱检查→设备搬运→基础型钢制作安装→柜体安装固定→母线安装→二次线路敷设连接→试验调整→送电运行验收。

（2）开关柜、配电柜开箱检查。

①安装单位、供货单位或建设单位共同进行，并做好检查记录。

②按照设备清单、施工图纸及设备技术资料，核对设备本体及附件、备件的型号规格，确保符合设计图纸要求；附件、备件齐全；产品合格证件、技术资料、说明书齐全。

③开关柜外观检查应无损伤及变形，油漆完整无损。

④电器装置及元件、绝缘瓷件齐全，无损伤、裂纹等缺陷。

（3）开关柜的搬运。

①设备搬运：由起重工作业，电工配合。根据设备重量、距离长短可采用汽车吊、汽车配合运输、滚杠滑移系统及卷扬机搬运。

②设备搬运注意事项：道路要事先清理，保证平整畅通。柜顶部有吊环者，吊索应

穿在吊环内，无吊环者吊索应挂在四角主要承力结构处，不得将吊索吊在设备部件上。吊索的绳长应一致，以防柜体变形或损坏部件。

（4）基础型钢框架制作安装。

①基础型钢制作：将型钢矫直矫平，然后，按图纸要求预制加工基础型钢框架，并刷好防锈漆。

②基础型钢安装：按施工图纸所标位置，将预制好的基础型钢框架放在预留位置上，用水准仪或水平尺找正、找平。在找平过程中，需用垫片的地方最多不能超过三片。然后，将基础型钢框架和预埋铁件及垫片用电焊焊牢。一般基础钢框架顶部宜高出土建地坪100mm，手车柜的基础型钢框架顶面与土建地面相平（铺胶垫时）。基础型钢安装允许偏差见表2－12。

表2－12　基础型钢安装允许偏差

项目	允许偏差（mm）	
平面度	每m	1
	全长	5
平行度	每m	1
	全长	5

③基础型钢与地线连接：基础型钢安装完毕后，需可靠接地，可将配电室内接地线（－25×4镀锌扁钢）与基础型钢焊接，不少于两处，焊接面为扁钢宽度的两倍，然后将基础型钢刷两遍灰漆。

（5）开关柜、配电柜安装。应按施工图纸的布置，按顺序将柜体放在基础型钢上。单个柜体找柜面和侧面的垂直度。成排柜的各台就位后，先找正两端的柜体，然后从柜体下向上三分之二高的位置绷上钢丝，逐台找正，柜体不标准以柜面为准。然后按柜体的固定螺孔尺寸，在基础型钢架上用电钻钻孔，一般无要求时，低压柜钻φ12.5孔，高压柜钻φ16.5孔，分别用M12、M16镀锌螺栓固定，允许偏差见表2－13。

表2－13　开关柜安装允许偏差

项目		允许偏差（mm）
垂直度	每m	1.5
平行度	相邻两柜顶部	2
	成列柜顶部	5
平面度	相邻两柜面	1
	成列柜面	5
柜间缝隙		2

开关柜就位找正、找平后，柜体与基础型钢框架固定，柜体与柜体、柜体与侧板均用镀锌螺栓连接。

开关柜接地：每台柜的接地端子用 $16mm^2$ 铜线与基础型钢框架连接。

（6）二次线路敷设连接。按原理图逐台检查，柜中的全部电器元件是否相符，其额定电压和控制、操作电源电压必须一致。按接线图敷设柜与柜之间的控制电缆，然后连接导线。

控制电缆线路校对后，将控制线连接在每个端子板上。端子板一般一个端子接一根线，最多不能超过两根，多股线应搪锡，不准有断股。

（7）开关柜试验调整。

①高压试验应由当地供电部门许可的试验单位进行。试验标准符合国家规范、当地供电部门的规定及产品技术要求。

②试验器件有高压柜框架、母线、避雷器、高压瓷瓶、电压互感器、电流互感器、高压开关等。

③调整内容有过电流继电器调整、时间继电器、信号继电器调整以及机械连锁调整等。

④二次控制线路的调整及模拟试验。

⑤将所有接接线端子螺栓再紧一次。

⑥用 500V 兆欧表在端子板处测试每个回路的电阻，电阻必须大于 0.5MΩ。

⑦二次回路的电子元件，该部位的检查不准使用 500V 兆欧表测试，应使用万用表测试回路是否接通。

（8）送电试运行验收。

①送电前的准备工作。一般应由建设单位备齐试验合格的验电器、绝缘靴、绝缘手套、临时接地线、绝缘胶垫、粉沫灭火器等。明确试运行指挥者、操作者和监护人。

彻底清扫全部设备及变配电室、控制室的灰尘，用吸尘器清扫电器仪表元件。室内除送电需用的设备用具外，其他物品不得堆放。检查母线及设备上有无遗留下的工具、金属材料及其他物件。

安装作业全部完毕，质量检查部门检查全部合格。试验项目全部合格，并有试验报告单。继电保护动作灵敏可靠，控制、连锁、信号等动作准确无误。

②送电。

a. 由供电部门检查合格后，将电源送进室内，经过验电、校相无误。

b. 由安装单位合进线柜开关，检查柜上电压表电压是否正常。

c. 合变压器柜开关，检查变压器是否有电。

d. 合低压柜进线开关，查看电压表电压是否正常。

e. 按上述 b～d 项，送其他配电柜的电源。

f. 在低压联络柜内，在开关的主下侧（开关未合状态）进行相位校核。用电压表或万用表电压检查，无读数表示为同一相，用同样方法，检查其他两相。

（9）验收。送电空载运行 24h，无异常现象，办理验收手续，交建设单位使用。同时提交变更洽商记录、产品合格证说明书、试验报告单等技术资料。

3. 三相电力变压器安装

（1）主要机具及工具。

①搬运吊装机具：汽车吊、汽车、卷扬机、吊链、道木、钢丝绳、滚杠等。

②安装机具：台钻、砂轮、电焊机、气焊工具、电锤、台虎钳、活扳头、套丝器等。

（2）作业条件。施工图及技术资料齐全无误，土建工程基本施工完毕，标高、尺寸、结构及预埋件焊接强度均符合设计要求。变压器轨道安装完毕，并符合设计要求，墙面、屋顶无漏水，门窗及玻璃安装完好。室内地面工程结束，场地清理干净，道路畅通。

（3）施工顺序：设备开箱检查→变压器二次搬运→变压器稳装→附件安装→变压器吊芯检查（中、大型油浸式变压器才有）→交接试验→送电前检查→送电运行验收。

（4）设备开箱检查。

①设备开箱检查应由安装单位、供货单位、监理单位、建设单位代表共同进行，并做好记录。

②变压器应装有铭牌，铭牌上应注明制造厂名，额定容量，一、二次额定电压，电流，阻抗电压%及联接组别等技术数据。变压器的容量、规格及型号必须符合设计要求，附件、备件齐全，并有出厂合格证及技术文件。

③变压器本体外观检查无损伤及变形，油漆完好无损伤。绝缘瓷件及环氧树脂铸件无损伤、缺陷及裂纹。检查油箱密封良好，无渗油现象。

（5）变压器二次搬运。

①变压器二次搬运应由起重工作业，电工配合。最好采用汽车吊吊装，也可采用吊链吊装；距离较长最好用汽车运输，运输时必须用钢丝绳固定牢固，并应行车平稳，尽量减少震动；距离较短且道路良好时，可用卷扬机、滚杠滑移系统二次搬运。

②油浸变压器吊装时，索具必须检查合格，钢丝绳必须挂在铁箱的吊钩上，上盘的吊环仅作吊芯用，不得用此吊环装整台变压器。

③变压器搬动时，应注意保护瓷瓶，最好用木箱或纸箱装高低压瓷瓶罩住，使高低压瓷瓶不受损伤。

④变压器搬运过程中，不应有冲击或严重震动的情况，得用机械牵引时，牵引的着力点应在变压器中心以下，以防倾斜，运输倾斜角不得超过15°，防止内部结构变形。

⑤用千斤顶顶升变压器时，应将千斤顶放置在铁箱专门部位。

⑥变压器在搬运时，应核对高低压侧方向，以免安装时调换方向发生困难。

（6）变压器稳装。

①变压器就位可用汽车吊，直接吊进变压器室内，或用滚杠滑移系统，或用吊链将变压器吊装至合适位置。具体要看变压器的安装位置。

②变压器就位时，应注意其方位和距离尺寸与图纸相符，允许误差为±25mm，图纸无标注时，纵向按轨道定位，横向定位，变压器在1 000kVA以上时，距墙不得小于800mm，距门不得小于1 000mm；1 000kVA及以下时，距墙不得小于600mm，距门不得小于800mm。

（7）附件安装。

①油浸变压器：气体继电器、防潮呼吸器、温度计、分接开关等。

②干式变压器：温度计、分接开关、散热器。

（8）交接试验。

①变压器的交接试验应当由当地供电部门许可的试验单位进行。试验标准应符合规范要求，当地供电部门规定及产品技术资料的要求。

②变压器交接试验的内容。测量线圈连同套管一起的直流电阻；检查所有分接头的变压比；检查三相变压器的连接组别；测量线圈同套管一起的绝缘电阻；线圈连同套管一起做交流耐压试验。

（9）送电前检查。

①变压器试运行前做全面检查，确认符合试运行条件时方可投入运行。

②变压器试运行前，必须有质量监督部门检查合格。

③变压器试运行前的检查内容：

a. 各种交接试验单据齐全，数据符合要求；

b. 变压器应清理、擦拭干净，顶盖上无遗留杂物，本体及附件无缺损，且不渗油；

c. 变压器一、二次引线相应正确，绝缘良好；接地线良好；

d. 通风设施安装完毕，工作正常，消防设备齐备；

e. 油浸变压器的电压切换装置及干式变压器的分接开关位置放置正常电压档位；

f. 保护装置整定值符合规定要求；操作及联动试验正常；

g. 各种标志牌挂好，门装锁。

（10）变压器送电运行验收。

①送电试运行。变压器第一次投入时，可全压冲击合闸，冲击合闸时一般可由高压侧投入；变压器第一次受电后，持续时间不应小于10min，无异常情况。

变压器应进行3~5次全压冲击合闸，并无异常情况，励磁涌流不应引起保护装置误动作；变压器试运行要注意冲击电流，空载电流，一、二次电压，温度，并做好记录。

变压器并列运行前，应核对好相位；变压器空载运行24h，无异常情况，方可投入负荷运行。

②验收。变压器通电后24h无异常情况，应办理手续验收时，应移交下列资料：竣工图、交工验收单、变更洽谈记录、产品合格证、说明书、测试记录、运行记录等。

4. 母线安装

配电柜内及柜间的母线一般由制造厂配套供应，安装时应核对母线相位排列，保证不同功能的配电柜母线拼装的正确。

母排连接时应在接触面涂电力复合脂，螺栓用力矩扳手紧固，其紧固值应符合规范规定。

5. 二次线路敷设连接

（1）按图施工、接线正确。依照设计图纸对控制电缆及其线芯分别每一回路进行编号。

（2）二次线排列整齐，固定牢靠，与电气元器件或接线端子排连接紧密；每个接线端子的一侧接线不得超过两根，备用线芯长度应留有足够余量。

（3）完成接线后分回路对各系统进行绝缘测量，二次线路绝缘电阻应不低于1MΩ。

（4）变电所弱电系统各回路绝缘电阻测量时，应有防止损坏弱电设备的安全措施。将相关的弱电设备或电子器件与被测量回路分开，将电容器短接，接插件拔下，待测量绝缘后应逐个进行恢复，不得遗漏。

（5）弱电系统屏蔽电缆，其屏蔽层应单端接地。

6. 配电系统接地

成排低压柜内的零排必须与工作零线 N 连通。所有的设备外露可导电部分都应与保护接地线 PE 连接；一般规定 PE 线不允许断线和进入开关。

7. 安装质量检查及标准

对施工安装的质量检查，要求在施工的全过程贯彻、落实自检、互检，在各道安装工序中根据规范要求测量记录各类技术数据，与施工同步填写好各种安装检查记录表，发现不符合要求及时整改，确保工程质量。

GB50150《电气装置安装工程　电气设备交接试验标准》，GB50169《电气装置安装工程　接地装置施工及验收规范》，GB50171《电气装置安装工程　盘、柜及二次回路结线施工及验收规范》，GBJ147《电气装置安装工程　高压电器施工及验收规范》，GBJ148《电气装置安装工程　电力变压器、油浸电抗器、互感器施工及验收规范》，JGJ46－2005《施工现场临时用电安全技术规程》。

8. 试运行

（1）变电所安装、调试完工经验收合格后，可投入试运行。从调试工作结束至试运行，其间隔时间不宜超过三个月。

（2）投入试运行前应对变电所内环境和所有设备进行全面检查，清扫干净；检查进、出变电所的封闭式母线槽、电缆桥架等的墙洞是否已封堵好，确认无隐患存在。

（3）复测各设备线路的绝缘电阻应合格，同时准备好各种安全用具及各类警告牌。

（4）送电倒闸操作应严格遵守电业安全工作规程的有关规定，操作人员必须持有效合格操作证方可上岗。送电前要开好操作票，送电时按操作票内容逐条执行，操作人员严格执行唱票、监票制度。

（5）受送电按下列步骤进行：

①变电所正式送电前应将所有高、低压开关置于备用状态，等候外线路电源入户。

②接到上一级电网操作完毕通知，电源已送至本站后，需进行验电，完成此项工作可进入正式送电顺序。

③按照变电所的配电系统顺序投入高压进线开关，使高压母线带电，并检查高压三相电压正常。

④对变压器作额定电压的冲击合闸试验，新装变压器投入运行应冲击合闸5次，间

隔时间宜为5分钟。

⑤如变电所有二路进线的，应在二路高压全部受电操作完成后，在母联柜处对二路电源进行核相。

⑥通常情况下变压器空载24小时后方可对下一级各负荷送电。

⑦检查低压侧（0.4kV）三相电压正常后合上低压进线开关，使低压母线带电，可依次向负载供电，记录好各回路的电压及负载电流。

9. 竣工验收

整理施工过程中各种原始资料及各类设备材料合格证、质保书等；整理安装和调试记录，应填写正确项目齐全，符合规范要求。

全面审定竣工工程，工程施工应达到设计要求，工程质量符合国家规范。将编制完成的各类竣工资料移交用户进行工程竣工验收。

10. 质量标准

（1）施工项目质量标准。

①主要设备材料的型号、规格等技术参数应符合设计图纸规定。

②施工过程中做好设备及产品保护，设备开箱前后都应按要求妥善保管。

③设备搬运时，要做好安全保护措施，防止损坏。

④金属支架、基础型钢都应按要求做好防腐底漆和面漆。

⑤母线槽安装时，拆除外包装后要注意保持端部的清洁和防潮。

⑥高、低压电缆敷设和电缆头制作前，都应先用兆欧表检查绝缘。

⑦所有的电气设备与电缆，母排应连接可靠，接线端面按要求处理干净，没有污渍和锈蚀。

（2）质量记录。

①与施工同步填写好各类安装质量工序控制表及安装检查记录表。

②质量保证资料：设备或产品质保书、合格证、说明书等。设备的出厂试验证明，和主要材料的现场检验验收记录。

③施工记录：自检互检记录；工程分项质量检验评定记录；隐蔽工程验收记录，单位工程验收记录。

11. 职业健康安全措施

（1）职业健康。

①身体健康状况不适者，不得参与现场的施工作业。

②进行电焊、气割操作时，注意做好防火措施，保持周围的环境空气流通。

（2）安全措施。

①施工前进行施工安全技术交底，使参加施工的作业人员了解施工方案内容，现场作业条件，明确各自的岗位职责和操作要领。

②进入施工现场必须戴好安全帽，扣好帽扣，并正确使用个人劳动防护用品。

③使用的人字梯应有橡胶皮包脚，梯子应放稳，两梯间的安全挂钩应牢靠。

④施工中应对安全用具和设施做经常性检查，发现缺陷要及时整改，当有严重安全隐患时，必须停止施工。

⑤变压器和配电柜等设备在吊装前，应根据施工技术要求和施工现场的实际情况编制作业方案。起重吊装时，应严格遵守安全规章制度和操作规程，明确现场作业指挥人员，施工单位安全负责人应到场监督。

⑥脚手架必须经过验收，合格后方可使用，不得随意拆除脚手架上的任何部件；当因施工时需要对脚手架做拆除或改动时，应有专业持证人员进行操作。

（3）施工临时用电。

①严格执行 JGJ46－2005《施工现场临时用电安全技术规程》，安装和拆除临时配电箱必须由专职保养电工操作，漏电开关须经动作测试合格后，才可投入使用。

②电气设备、电动工具的金属外壳必须按临时用电制式与专用保护接地线（PE）连接。手持式电动工具应有专人负责定期检查和维修，使用时电源必须经漏电开关保护，符合一机一闸一插座的规定。

（4）防火安全措施。严格执行国家消防法，遵循地方和企业的相关消防安全管理条例。在进行焊接和切割等明火作业时，应按防火规定开具动火证，在作业区域配置灭火器材，有专人监护。

12. 绿色施工

（1）遵守环境保护的要求和规定，减少和避免因施工造成的对周围环境破坏。变压器、配电柜等电器设备进场驳运或吊装时，应不妨碍其他车辆和人员的进出。

（2）正确处理施工废料，及时清理开箱包装物和作业产生的垃圾。变压器油、油漆、稀释剂等化学品的存储保管，应有专设库房，由专人负责管理和发放；严禁将使用多余的变压器油、油漆、稀释剂等化学品倒入下水道或河流中。

（3）用砂轮切割机落料，或气割、电焊作业时，要采取适当有效的防护措施，减少施工中产生的噪音、粉尘、电弧光等对周围环境的不良影响。

2.3.7 架空线路施工工艺

1. 架空线路施工工艺流程

施工准备→测量定位→挖坑→横担组装→立杆→拉线制作安装→放线→紧线→绝缘子绑轧→搭接跳线→试运行。

2. 施工准备

（1）技术准备。熟悉施工图纸资料，掌握工艺要点及质量要求。有针对性地编制施工方案，并在施工前做好安全技术的书面交底工作。

（2）材料准备。所采用的器材、材料均应符合国家现行技术标准规定，并应有产品合格证。

①钢筋混凝土电杆应无纵向裂缝，横向裂缝宽度不应超过0.1mm；杆身弯曲不应超过杆长的1/1 000。

②导线的型号、规格应符合设计规定；导线不应有松股、交叉、折叠、断股及破损等缺陷。裸铝绞线不应有严重腐蚀现象；绝缘导线表面应平整、光滑、色泽均匀，绝缘厚度应符合规定；钢绞线不应有松股、扭绞、硬弯、断裂及磨损等缺陷，镀锌良好，无锈蚀现象。

③预制混凝土底盘，卡盘表面不应有蜂窝、露筋、裂缝等缺陷，强度应满足规范规定。

④瓷件与铁件组合无歪斜现象，且组合处压接紧密牢固，铁件镀锌完整良好；绝缘子瓷釉光滑，无裂纹、缺釉斑点、烧痕、气泡或瓷釉烧坏等缺陷。

⑤横担、U型抱箍等金具表面应光洁，无裂纹、毛刺、飞边、砂眼、气泡等缺陷；铁件应热镀锌，且镀锌良好，无镀锌皮剥落，锈蚀现象。

（3）机具准备。安装过程中所需的机具。

3. 测量定位

架空线路的杆坑位置，应根据设计施工线路图已定的线路中心线和规定线路杆位进行测量放线定位。按先确定耐张杆、转角杆、终端杆等位置，最后确定直线杆位置。

基坑定位中心桩位置确定后，应按中心桩的标定位置设辅助桩，作为施工控制点，即为基坑定位的依据。

采用经纬仪和标杆测量法、目测法测量定位；用皮尺丈量杆间档距，逐点定出杆位；标定主、辅标桩，编号。具体杆位的确定应综合考虑施工难易和地形、地质条件及地下埋设情况（管线、电缆等）等要素。

4. 挖坑

挖坑应呈上宽下窄形状。当采用人力立杆时，坑的一面应挖出坡道。核实杆位及坑的深度达到要求后，应平整坑底并夯实。

电杆埋设深度应符合设计规定，当设计无规定时，应符合表2-14的规定。

表2-14　电杆埋设深度

杆长（m）	8.0	9.0	10.0	11.0	12.0	13.0	15.0
埋深（m）	1.5	1.6	1.7	1.8	1.9	2.0	2.3

底盘就位时宜用麻绳栓好底盘，立好滑板，将底盘滑入坑内。用线垂找出杆位中心，将底盘放平、找正。然后用墨斗在底盘弹出杆位+字线。

5. 横担组装

（1）用支架垫起杆身的上部，测量横担安装位置，套上抱箍，穿好垫铁及横担，垫好平光垫圈、弹簧垫圈，紧固螺母。紧固时应找平、找正，横担应与电杆垂直。再安装连板、杆顶支座抱箍、拉线等，抱箍的大小应与横担安装在电杆的部位尺寸相匹配。

（2）当线路为多层排列时，自上而下的顺序应按高压、动力、照明、路灯排列；且上层横担距杆顶不宜小于200mm。

（3）直线杆的单横担应装于受电侧，90°转角杆及终端杆应装于拉线侧。

（4）横担安装应水平，且与线路垂直，端部上下歪斜及左右扭斜不应大于20mm；双杆横担：横担与电杆连接处的高差不应大于连接距离的5/1 000；左右扭斜不应大于横担总长度的1/100。

（5）螺栓穿入方向应按水平顺线路方向，由送电侧穿入；垂直方向，由下向上穿入；开口销钉应从上向下穿入的原则进行。

（6）使用螺栓紧固时，均应装垫圈、弹簧垫圈，且每端的垫圈不应多于2个；螺母紧固后，螺杆外露不应少于2扣，且最长不宜大于30mm，双螺母可平扣。

6. 立杆

（1）宜采用汽车吊就位，在电杆的适当部位挂上有防滑措施的钢丝绳，吊索上拴好缆风绳，挂好吊钩，在专人指挥下起吊就位。当电杆顶部离地面1m左右时，应停止起吊，检查各部件、绳扣等应可靠安全，确认无误后再继续起吊。电杆竖起后，应调整好杆位回填土至卡盘安装部位，回填土时应将土块打碎，每回填300mm应夯实一次，然后校正好杆身垂直度及横担方向（纵向可用经纬仪，横向可用线垂），最后撤去吊钩、钢丝绳及缆风绳。

（2）电杆位置、杆身垂直度应符合下列要求：

①直线杆的横向位移不应大于50mm。直线杆杆梢的位移不应大于杆梢直径的1/2。

②转角杆的横向位移不应大于50mm。转角杆应向外角预偏，紧线后应向外角倾斜。

③终端杆应向拉线侧预偏，紧线后杆身不得向受力侧倾斜。

（3）卡盘安装应符合下列规定：

①将卡盘分散运至杆位，核实卡盘埋设位置。

②卡盘上口距地面不应小于350mm。

③直线杆卡盘应与线路平行，并应在电杆左右侧交替埋设；终端杆卡盘应埋设在受力侧；转角杆应分上下二层埋设在受力侧。

④将卡盘放入坑内穿上抱箍，垫好垫圈，用螺母紧固。检查无误后再填土。回填土时应将土块打碎，每回填300mm应夯实一次，并设高出地面300mm的沉降土台。

7. 拉线制作安装

（1）采用电镀锌低碳钢丝制作。

①应根据规范和设计要求确定拉线的组合方式，拉线上、中、底把的长度及股数。每把电镀锌低碳钢丝合成的股数应不少于三股，底把股数应比上、中把多两股。

②应将电镀锌低碳钢丝绞成合股。绞合时，应使每股电镀锌低碳钢丝受力一致，绞

合均匀。

③上、中、底把连接处应采用与拉线负荷匹配的索具套环（三角圈），安装拉线绝缘子采用缠绕制作。一般混凝土电杆的拉线可不装设拉线绝缘子，但穿越导线的拉线及水平拉线应设绝缘子。拉线绝缘子距地面不应小于2.5m。

（2）采用钢索制作。

①当采用钢索拉线时宜使用钢丝绳轧头、UT型线夹或楔型线夹固定。

②当使用钢丝绳轧头固定时，每个连接端处不得少于2个钢丝绳轧头。中把的下端不应单独使用钢丝绳轧头固定，且应用电镀锌低碳钢丝缠绕固定。

③当使用UT型线夹、楔型线夹时，线夹舌板与拉线接触应紧密，受力后应无滑动现象。拉线断头处与拉线主线应可靠固定（可使用电镀锌低碳钢丝缠绕）。

④UT型线夹或花篮螺栓的螺杆应露扣，并应有不小于1/2螺栓丝扣长度可供调节，调整后UT型线夹的双螺母应并紧，花篮螺栓应封固（可使用电镀锌低碳钢丝缠绕）。

⑤拉线棒与拉线盘连接后，其圆环开口处应焊接；当拉线棒与拉线纸盘的连接使用螺杆时，应垫方型垫圈，并用双螺母固定。拉线棒露出地面长度宜为500m～700mm。

⑥拉线两端应装有索具套环。

（3）拉线安装。将已安装好底把的拉线盘滑入坑内，找正后，分层填土夯实。用拉线抱箍将拉线上端固定在电杆上。

①拉线与电杆的夹角不宜小于45°。受到环境限制时，不宜小于30°。水平拉线的拉桩垂线与拉桩杆夹角不应小于30°。

②终端杆及耐张杆承力拉线应对准线路方向；转角拉线应平衡对准线路转角方向的张力；防风拉线应与线路方向垂直。

③拉线盘的埋设深度不应小于1.3m，且应符合设计规定。

④水平拉线的拉桩杆的埋设深度不应小于杆长的1/6，拉线距路面中心的垂直距离不应小于6m，拉线杆应向张力反方向倾斜10°～20°，垂线上端距杆顶应为250mm；水平拉线对通车路面边缘的垂直距离不应小于5m。

⑤当水平拉线位于交通要道或人易接触的地方时，应加装绝缘套管保护。绝缘套管上端垂直距地面不应小于1.8m，并涂有明显标志（红、白相间的油漆）。

⑥撑杆的安装，撑杆埋深不宜小于0.5m，并设有防沉降措施。撑杆与主杆之间夹角应为30°，允许偏差为±5°。

⑦收紧拉线时，宜使用紧线器，当拉线装有花篮螺栓时，可用花篮螺栓调节，并使终端杆及转角杆向拉线侧倾斜，且应使紧线后的终端杆及转角杆向拉线侧的倾斜不大于一个电杆的梢径；水平拉线的拉桩杆向张力反方向倾斜15°～20°。

8. 放线

（1）应使用放线架进行放线，放线架应放置在线路终端杆处（紧线位置）。

（2）宜将导线沿电杆根部放开后，再将导线吊上电杆，或在横担上装好开口滑轮，一边放线一边逐档将导线吊放在滑轮内前进，当架空线路较短且导线截面较小时，可将导线直接放在横担上，逐根电杆往前拉。

（3）放线过程中，应对导线进行外观检查，不应发生磨伤、断股、扭曲、断头等现象。

（4）导线宜避免接头，当不可避免时，接头应符合下列规定：

①在同一档距内，同一根导线上的接头不应超过一个。导线接头位置与导线固定处的距离应大于0.5m，当有防震装置时，应在防震装置以外。

②不同金属、不同规格、不同绞制方向的导线严禁在档距内连接。

③当导线采用缠绕方法连接时，连接部分的线股应缠绕良好，不应有断股、松股等缺陷。

④当导线采用钳压管连接时，应清除导线表面和管内壁的污垢。连接部位的铝质接触面应涂电力复合脂，用细钢丝刷清除表面氧化膜后进行压接。压口数、压口位置及深度等应符合规范规定。

⑤1kV以下线路，当采用绝缘线架设时，放线过程中不应损伤导线的绝缘层及出现扭、弯等现象。

9. 紧线

（1）在线路末端应将导线卡固在耐张线夹上或绑回头挂在蝶式绝缘子上。

（2）裸铝导线在线夹上或在蝶式绝缘子上固定时，应缠包铝带，缠绕方向应与导线外层绞股方向一致，缠绕长度应超出接触部分30mm。

（3）绑扎用的绑线，应选择与导线同金属的单股线，其直径不应小于2mm。

（4）在首端杆上，紧线器应挂在横担或耐张线夹专用环上。先将两边导线用人力初步拉紧，然后将紧线器松开沿导线尽可能推向远处，收紧紧线钳紧线，应对横担两侧的导线交替进行紧线，当紧线一定程度后，应进行导线初伸长，目测导线弛度达到要求后，将导线卡固在耐张线夹上或套在蝶式绝缘子上绑回头（裸铝导线应缠包铝带），最后，平衡其他导线，注意调整好各导线的弛度，并找平。

（5）导线架设后，导线对地及交叉跨越距离，应符合设计要求。

（6）紧线后，弧垂的误差不应超过设计弧垂的±5%。且同档内各相导线的弧垂宜一致。

10. 绝缘子绑扎

（1）直线杆的导线应置于绝缘子外侧槽内固定绑扎，且应先从中间杆开始，然后逐个向两端进行。

（2）高压线路直线杆的导线应绑扎在针式绝缘子顶部的槽内，且采用双十字绑扎法。

（3）低压线路直线杆的导线应绑扎在蝶式绝缘子外侧的槽内，可采用单十字绑扎法。

（4）转角杆的导线应固定绑扎在导线张力反方向的绝缘子外侧槽内，且采用双十字绑扎法。

11. 搭接跳线及引下线

（1）跳线应呈均匀弧度、无硬弯；必要时应加装绝缘子。

（2）搭接跳线、引下线应与线路主导线连接，不应与绝缘子回头线连接；铝导线间的连接应采用并沟线夹，当导线截面在 70mm² 及以下时可采用绑扎连接。

（3）铜、铝导线的连接应使用铜铝过渡线夹，或有可靠的过渡措施。

（4）10kV 架空线路采用并沟线夹连接过渡跳线时，线夹数量不应少于 2 个；连接面应平整、光洁，导线及并沟线夹槽内应清除氧化膜，涂电力复合脂。

（5）10kV 架空线路每相跳线、引下线与邻相的跳线、引下线或导线之间，安装后的净空距离不应小于 300mm；1kV 以下线路不应小于 150mm。

（6）1～10kV 架空线路的导线与拉线、电杆或构架之间安装后的净空距离不应小于 200mm，1kV 以下时，不应小于 100mm。

（7）1kV 以下架空线路采用绝缘导线时，导线连接应符合现行国家规范规定，且应进行绝缘包扎处理。

（8）杆上引下电缆敷设应符合下列规定：

①电缆在距地 2m 处应有金属保护管，且保护管与电杆采用抱箍固定；

②电缆距地 2m 以上部分应采用抱箍与电杆固定，固定间距应不大于 500mm；

③所有的抱箍与保护管应与接地装置可靠连接。

12. 试运行

（1）试运行前应对线路进行完整性检查，线路、跳线、引下线、拉线、杆上设备等安装应无遗漏，沿线杆上废弃物应清理干净。

（2）高、低压线路及设备绝缘测试电阻值应符合国家规范的要求；电气设备按设计或标准要求调试并提出调试报告。

（3）高压电气设备的试验调整参数必须符合设计或规范标准的规定。

（4）送电应按先送高压配电线路，再送低压配电线路，最后送路灯照明线路试亮的顺序进行。

13. 质量标准

《电气装置安装工程 35kV 及以下架空电力线路施工及验收规范》GB 50173，《建筑电气工程施工质量验收规范》GB 50303。

14. 竣工资料

钢筋混凝土电杆、横担、绝缘子、导线、耐张线夹、并沟线夹、钳压管、各种挂板等主要材料出厂质量合格证明等技术文件。空线路及杆上电气设备安装施工检查记录（架空线路）。设计变更洽商记录、按变更设计后实际情况绘制的竣工图。

15. 职业健康安全措施

（1）职业健康。登杆作业者应身体健康，无从事高空作业的疾病和生理缺陷。在太阳光直射的野外作业时，作业人员应戴好防紫外线眼镜。

（2）安全措施。

①施工前应对施工班组进行针对性安全技术教育及交底，并应有签证记录。落实安全技术措施和劳动防护用品，未经落实时不得进行施工。电工必须经专业培训，考核合格后持证上岗。

②登杆作业必须戴好保险带，下杆时严禁滑下。雷雨及大风天气严禁登杆作业，高温天气登杆作业时应有防暑降温措施。严禁带电作业，杆下应有人监护和配合吊装材料。使用竹梯时，竹梯脚应有防滑措施且放置稳固，夹角应符合安全操作规程要求。

③设备吊装前应检查吊环、吊索等符合安全要求，吊装物下方严禁站人。在有行人和车辆通行的地方作业时，应设置好隔离带，且应有专人看护。

④安装完毕，应严格按受、送电的各项规定进行检查，当确认全部符合受、送电的条件或规定后，方可组织受、送电。

16. 绿色施工

固体废弃物应定点放置、定时清运处理。做好落手清工作。在交通道路附近施工时，应安排好作业时间，以减少对车辆和行人通行的影响。

2.4 建筑管道施工技术

2.4.1 建筑给排水系统

1. 建筑给水系统

高层建筑给水方式确定以后，可根据建筑的平面设计和供水要求，进行室内给水管道的布置，给水管道的布置与建筑物的性质、结构情况、用水要求及给水系统的给水方式等有关，一般应遵循下列原则和要求。

（1）确保供水安全，力求经济合理。室内给水管道应在满足水量、水压要求的前提下，使管线布置得最短，尽可能呈直线走向。配水点分散的建筑宜多设立管，以减少水平管路的穿越。引入管、主干管、立管应尽量敷设在用水量最大的配水点附近，可降低室内管网所需压力、节约管材。

为保证高层建筑安全供水，应从不同侧的室外管网设两条或两条以上的引入管，并与室内管道连成环状，进行双向供水。如条件不具备，也可由室外管网同侧引入，但两根引入管间距不得小于10m，并在两接入点间设置阀门，或采取设贮水池等措施以保证供水安全。

（2）保证管道不受损坏，防止水质污染。

①给水埋地管应避免布置在可能受重物压坏处，管道不得穿越生产设备基础。

②给水管道不得敷设在排水沟内。给水管道不得穿过大小便槽，当立管位于小便槽端部0.5 m以内时，在小便槽端部应有建筑隔断措施，以防管道腐蚀。

（3）给水管道不宜穿过伸缩缝、沉降缝，否则应采取如下保护措施：

①软性接头法：即用橡胶软管或金属波纹管连接沉降缝、伸缩缝两边的管道。

②丝扣弯头法：在建筑物沉降过程中，两边的沉降差可由丝扣弯头的旋转来补偿，此法适用于小口径给水管道。

（4）生活饮用水管道不得与非饮用水管道连接。饮用水管与大便器（槽）冲洗水管连接时，应采取防止非饮用水倒流污染的措施。

（5）不影响生产安全和建筑空间使用。给水管道的位置不得妨碍建筑物的使用。管道不得布置在遇水易燃、易爆和易损坏的原料、产品和设备上面。管道不宜穿过橱窗、壁柜和木质装修。

（6）便于管道安装、维修。

①明装管道应尽量沿墙、梁、柱平行敷设。

②暗装管道横干管除直接埋地外，宜敷设在地下室、吊顶或管沟内，立管可敷设在管井中，给水管与其他管道同沟或共架敷设时，宜设在排水管、冷冻管上面，热水管或蒸汽管下面，给水管不宜与输送易燃、可燃或有害的液体、气体的管道同沟敷设。

③给水管穿过地下室外墙或地下构筑物的墙壁处时，应采取防水措施。穿过承重墙或基础处应预留洞口，且管顶上部净空不得小于建筑物沉降量，一般不小于0.1m。

2. 中水系统

（1）中水系统的特点。中水系统是指以生活污废水和雨水作为水源，经过适当处理后回用于建筑物或居住小区，作为杂用水的供水系统，其水质指标低于生活饮用水水质标准。中水可用于冲厕、道路清洗、消防、城市绿化、车辆冲洗和建筑施工之杂用。

（2）建筑中水系统的布置。

①中水管道严禁与饮用水给水管道连接。必须连接时，要在生活饮用水给水管道上装倒流止回阀组。

②中水管道不宜暗装于墙体和楼面内，以免改建时误接。

用水补水管出水口与中水贮存池内最高水位间应有不小于2.5倍管径的距离。

③中水管道与给水管道、排水管道平行埋设时，其水平间距不小于0.5m；交叉埋设时，中水管道应位于给水管道之下、排水管道之上，其净间距不小于0.15m。

④中水贮存池设置的溢流管、泄水管，均应采取间接排水方式。溢流管应设隔网。

⑤中水管道应采取防止误接、误用、误饮的措施；中水管道外壁涂色做标志（规范要求涂浅绿色）；中水池、阀门及水表均应有明显的“中水”字样标志；公共场所及绿化的中水取水口应设带锁装置；工程验收时应逐段检查，防止误接。

3. 排水系统

（1）排水系统分类。

①生活排水系统。生活排水系统用于排除生活的盥洗、洗涤和冲洗便器等污废水。也可进一步分为生活污水排水系统和生活废水排水系统。

②雨水排水系统。用于收集排除建筑屋面雨雪水的排水系统。

(2) 排水系统的组成。卫生器具、存水弯、排水管、通气管、清通设备、污水处理设备。

(3) 高层建筑排水系统。

①大便污水立管应靠近大便器，大便器排水支管尽可能直接接入。

②污废水分流，且污废水立管共用一根专用通气管时，共用的专用通气立管应布置在两者之间，并应考虑各管道的安装间距。

③高层建筑排水管道系统，应考虑分区排出，首层的排水应单独设置排水出户管（排水横干管），一般按坡度要求埋设于地下。没有地下室或地下设备层时，排水横干管可敷设在设备层内或地下室顶板下。

④2层以上的排水另行分区，根据建筑条件确定系统的形式，单独设立出户排水管。

⑤地下室以下的排水无法直接排入室外下水道时，应设置地下排水泵房，由污水泵提升排出。

⑥对布置在高层建筑管井内的排水立管，必须每层设置支撑架。

⑦高层建筑排水出户管应考虑采取防沉陷措施，即将出墙至第一个排水检查井的排水管段，并用弹性支架支撑。对有些高层建筑，采取待主体结构完成相当时间后，再与室外的排水管连接的方法。

⑧两根及两根以上的污水管同时与一根通气立管相连时，应按最大一根污水立管确定通气立管管径，且其管径不宜小于其余任何一根污水立管管径。

⑨排水的水平支管一般布置在卫生间的吊顶内。

2.4.2 建筑给水管道施工技术

1. 施工准备

(1) 施工技术准备。

①认真熟悉审阅图纸、深刻理解设计意图及设计要求，检查设计图纸和资料内容是否符合有关施工规范；设计图纸是否齐全，图纸本身及相互之间有无矛盾和错误、图纸与设计说明是否一致，将所发现的问题在图纸会审时提出，和业主、监理、设计等共同商定解决，形成纪要。

②按施工要求积极配备各类管理资料、技术资料、施工规范、操作规程、施工工艺、验评标准等。

③编制施工组织设计；编制项目的质量计划；及时编制专业施工方案。

④施工员对进场工人进行技术交底，让工人明白设计意图、施工要求、质量目标、安全事项、进度计划、文明施工要求等。

（2）施工机具准备。

①根据施工组织设计中施工机械设备、仪表仪器一览表所列，按施工进度要求组织进场。

②所有仪器、仪表要经过国家认可的检测机构进行检测，且在有效使用期内。

③各种工具、仪器、仪表经校核后运输到施工现场，并按质量管理体系进行登记、保管。定期对计量器具进行测试和校验，保证使用的准确。

④对于小型施工机械设备，根据工程实际需要合理配置。

（3）劳动队伍准备。在劳务队伍的选择上，挑选施工经验丰富、吃苦耐劳的优秀施工队伍参加工程施工，对特殊及技术工种均保证持有操作作业证及技术等级证书。

2. 给水管道材料的选用

（1）热镀锌焊接钢管。低压流体输送热镀锌焊接钢管表面采用热浸镀锌，其纵向焊缝用炉焊法或高频焊法焊成。民用建筑生活用水系统基本都采用内衬（涂）塑镀锌焊接钢管。

（2）给水硬聚氯乙烯管。给水硬聚氯乙烯管具有无毒、卫生和重量轻、耐腐蚀、不结垢、阻力小、耐压强度较高、安装方便等优点。塑料管按壁厚不同分为公称压力0.60MPa、0.80MPa、1.00MPa、1.25MPa和1.60MPa五个等级，使用温度不超过45℃。

（3）给水聚丙烯管。给水聚丙烯管具有重量轻、耐热性能好、耐腐蚀、导热性低、管道阻力小等优点。按壁厚的不同分为公称压力1.0MPa、1.25MPa、1.6MPa、2.0MPa、2.5MPa和3.2MPa六个等级，冷水管最小压力等级为1.0MPa，热水管最小压力等级为2.0MPa。适用于系统工作压力不大于0.6MPa，工作水温不大于70℃。

（4）给水铸铁管。给水铸铁管具有耐腐蚀、寿命长的特点，用于埋地铺设的给水管道。

（5）薄壁铜管。建筑给水铜管一般采用TP2牌号的硬铜管，管径小于等于25mm时可采用半硬铜管。

（6）不锈钢管。建筑工程常用不锈钢管有无缝管和焊接管两种。奥氏体不锈钢有0Cr18Ni9、1Cr18Ni9、2Cr18Ni9、0Cr18Ni9Ti、1Cr18Ni9Ti等材质组成的管道。

3. 阀门选用和安装

民用建筑常用阀门的选用大致如下：

（1）给水系统。管径≥65mm时，一般采用铜质法兰闸阀、止回阀和过滤器、铸钢阀体的减压阀、止回阀等阀门；管径≤50mm时，一般采用铜丝口闸阀或球阀、减压阀、止回阀和过滤器等阀门。

（2）排水系统。一般采用灰铸铁或可锻铸铁闸阀、止回阀等阀门。

（3）消防系统。一般采用铸钢闸阀、减压阀、止回阀、法兰蝶阀、截止阀和过滤器等阀门。小口径阀门一般也采用铜丝口闸阀或球阀。

（4）空调水系统。系统压力较低时，一般采用灰铸铁或可锻铸铁闸阀、止回阀等阀门、法兰蝶阀、截止阀和过滤器等阀门；系统压力较高时，采用铸钢闸阀、止回阀等阀门。小口径阀门也采用铜质丝口闸阀、球阀和过滤器。

4. 管道施工

（1）预留预埋。按设计施工图所标管道的坐标位置、管道口径、类别与规范要求，及时复验管道在穿越结构基础、沉降缝、墙板和楼板的预埋套管或预留孔、洞的坐标位置和结构预埋件位置。

（2）坐标及标高测量和管道尺寸测量。按设计施工图所规定的管道坐标、走向，根据已有建筑物和设备位置、室内标高基准线，用测量工具测量出管道及管道支架的现场安装的坐标位置、标高位置，并绘制出管道单线加工预制图及支架加工预制图。

（3）支架预制。支架型式选用合理，支架预制依据实际尺寸加工，画线下料、定位钻孔到焊接成型，并做好油漆防腐工作（底漆二度、面漆一度，管道安装完毕后再刷面漆一度）。

（4）支架安装。

①支架安装平整牢固，排列整齐统一。管道与支架的接触紧密，支架与固定支架的设置位置、构造形式，应符合设计要求和施工验收规范规定。

②钢管立管支架安装，楼层高度小于或等于5m时，每层必须安装1个。楼层高度大于5m时，每层不得少于2个。

③弹簧支、吊架的弹簧安装高度，应按照设计要求调整，并且做出记录。弹簧的临时固定件，应待系统安装、试压和绝热完成后方可拆除。

（5）管道预制加工。根据实测数据绘制加工单线图，并考虑到预制管段的运输、现场管道连接位置的可操作性。在预制单线加工图上和施工蓝图上标注先后顺序的编号及方向。再根据预制单线加工图上和施工蓝图，预制管段并编号。管口临时封堵，运达施工现场。

（6）管道安装一般施工原则。管道安装工程应根据各工程特点，结合现场具体条件，合理安排施工顺序。一般应先安装地下，后安装地上；先安装大口径管道，后安装小管道；先安装支架、吊架，后安装管道。

各类管道在交叉安装中相碰时，应按下列原则避让：小口径管道让大口径管道；有压力管道让无压力管道；低压管道让高压管道；支管道让主管道。

（7）管道的连接方法。

①螺纹连接。通过管螺纹将管子与带螺纹的管配件、阀件和设备连接。

②焊接连接。在施工现场焊接碳素钢管道，常用的是气焊、手工电弧焊、手工氩弧焊、埋弧自动焊、埋弧半自动焊、接触焊等方法。

③铜及铜合金管道钎焊焊接。

④法兰连接。法兰连接是将垫片放入一对固定在两个管口上的法兰的中间，用螺栓拉紧使其紧密接合起来的一种可以拆卸的接头。主要用于管子与带法兰的配件（如阀门）或设备的连接，以及管子需经常拆卸的部件的连接。

⑤承插连接。柔性铸铁排水管的承插连接就是采用法兰压盖和橡胶圈压紧在铸铁管承口的连接方式。

⑥节套式连接。将不锈钢节套内的橡胶圈套入管道和管件，同时将不锈钢节套接箍置于橡胶圈上，然后用专用扳手将紧固带抽紧。

⑦沟槽式连接。沟槽连接就是在管口加工成环形沟槽，用橡胶密封圈和卡箍件紧固的连接方式。

⑧卡压式连接。不锈钢卡压式管件的端部U型槽内装有O型密封圈，安装时将不锈钢管插入管件中，用专用的压钳在管件端部卡压，使不锈钢管和管件的端部同时收缩（外小里大，剖面形成六角形状），从而达到连接强度，并形成可靠的密封（工作压力最大1.6MPa）。

⑨卡凸式连接。卡凸式连接是以专用扩管工具在薄壁不锈钢管端的适当位置，由内壁向外（径向）辊压使管子形成一道凸缘环，然后将带锥台形及密封圈的管端插进带有承插口的管件中，靠凸缘环推进压缩密封圈而起密封作用。

⑩粘接连接。硬聚氯乙烯管（承插粘接连接）、ABS管（承插粘接连接）。

⑪热熔（电熔）连接。PPR给水管（热熔承插）、HDPE管（热熔对接）、HDPE管（电熔连接）。

5. 阀门安装

（1）阀门安装要求。

①阀门在安装前，必须按照国家有关验收规范要求和本企业标准《阀门（组件）试验工艺》要求，进行阀门的检验与试验。

阀门的外观无损伤，阀杆与阀芯的连接应灵活可靠。阀芯与阀座的结合应良好，无缺陷。阀杆无弯曲、锈蚀，阀杆与填料盖配合良好。阀体的连接法兰盘和螺纹，完好无缺陷。

②阀门进场后按设计要求，检查其种类、规格、型号及质量，阀杆不得弯曲，按规定对阀门进行试压，检验是否泄漏。阀门进场后先随机抽取10%做阀门打压试验，如全部合格则其余免检，否则应扩大试验面，当不合格率达到50%以上时，阀门全部退货。

③阀门在安装前，必须根据设计要求核对阀门的型号、规格、材质和压力等级等是否符合要求。并且按照介质流向，确定阀门的安装方向。

④法兰连接或螺纹连接的阀门，应在阀门关闭状态下安装，在安装前，应检查阀门的填料，其压盖螺栓必须有足够的调节余量。

⑤水平管道上安装的阀门，其阀杆一般应安装在管道的水平中心线以上半周范围内，不得朝下安装。阀门的操作机构和传动装置，必须启闭灵活、指示明确。

⑥阀门的安装位置，不应妨碍设备、管道和阀门本身的拆装、检修和操作。并排布置的阀门，其手轮之间的净距离不得小于100mm，为了减小管道布置间距，并排布置的阀门宜错开安装。

（2）安全阀安装。

①安全阀，必须经专业检测单位检测、调整、重做铅封后，才能安装。并且应有检测单位，检测校验合格证明。

②安全阀应垂直安装，安全阀的进口管道直径最小应等于安全阀进口直径；安全阀的出口管道直径，不应小于安全阀出口直径。

③安全阀的开启和回座压力，应符合设计要求；安全阀经检测调整合格后，在工作压力下不得有泄漏现象。

（3）减压阀安装。

①减压阀组，应设置在振动较小、周围较宽敞的地方。不得安装在靠近设备及容易受冲击的地方，并且应考虑到检修操作的便利。

②减压阀的前后应设置压力表，对压力稳定要求较高的管道系统上的减压阀组，应加装安全阀保护。

（4）疏水器安装。

①疏水器应设置在蒸汽加热设备的最低点。按照设计要求在管道翻高敷设管段前和较长水平敷设管道，也应设置疏水装置。

②疏水器的前后，应设置隔断阀（一般采用截止阀），疏水器的前应加装过滤器。当疏水器组设置旁通管时，旁通管与阀组水平平行敷设或在阀组上面安装，旁通阀不得有漏气现象。

6. 管道试压和冲洗

（1）管道试压和冲洗准备。

①管道试压和冲洗前，管道施工技术人员必须熟悉设计说明要求、工艺流程、压力和输送介质、温度等技术参数。根据各管道系统的情况，编制管道试压和冲洗方案，来指导施工全过程。

②依据施工图纸和修改调整单、设计变更等文件对系统进行完整检查，确认已按施工图全部完成，并达到设计和规范要求。

③成立试压与吹洗、清洗工作小组，明确各自的工作职责和检查范围，统一联络、统一指挥调动，加强巡回检查，确保试压与清洗工作顺利完成。

（2）管道压力试验。管道试压前，应拆除不能连在一起试压的阀门和仪表等。应加的临时短管、盲板、塞头等。

①试压用的压力表不少于2只，精度不低于1.5级。量程为试验压力的1.5～2倍。一只设在管网的最低点，另一个设在系统最高处。

②强度试压应符合设计与规范的要求，如设计无要求按工作压力的1.5倍进行，试验时间为10min。目测管网应无泄漏和变形，且压降不大于0.05Mpa为合格，以管网最低点的压力表读数为准。

③试压时，向系统注水时应将系统内空气放尽，升压过程应缓慢。严密性试验应在强度试验合格后进行。严密性试验压力为工作压力，且稳压30min，无泄漏为合格。

④水压试验宜在环境温度5℃以上进行，当环境温度低于5℃时，需采取防冻措施。试验时应测量试验温度，严禁材料试验温度接近脆性转变温度。

（3）管道的冲洗和吹扫。

①水冲洗采用干净自来水，冲洗的流速不得低于1.5m/s。不锈钢管道的水冲洗其

水中氯离子含量不得超过25PPM。

②气体吹扫采用压缩空气，其流速一般不小于20m/s。空气吹扫在排出口设置贴白布或涂白漆的木制靶板检验，5min内靶板上无铁锈、尘土、杂物为合格。

③管网冲洗应先室外后室内，先地下后地上，室内部分应按配水干管，配水管，配水支管的顺序进行。

④水冲洗的验收以出口处水的颜色与进口处水的颜色基本一致为合格。

⑤冲洗后复位，拆除所有的临时管件和支架加强物，并恢复拆除的阀件等。

7. 管道保温

（1）保温材料的强度、密度、导热系数、耐热性能、吸水率及品种、规格均应符合设计要求。并有制造商提供的产品合格证书，对进场的产品进行检验，检查合格后方可使用。

（2）管道保温工作应在管道水压验收合格，管道表面已经刷好第二度防锈漆后进行。一般应按先绝热层、后防潮层、再保护层的顺序施工。

（3）保温结构的各层间粘贴应紧密、平整、压缝及圆弧均匀，无环形断裂与保温纵向裂口和破损，伸缩缝位置正确。采用成型制品或者缠制品时，应将连接缝错开，嵌缝饱满。采用松散或浇注材料时，填充应密实、均匀。

（4）保温保护层采用卷材时，应紧贴保温层。保护层的表面无折皱、裂缝。采用镀锌板时应采用压边搭接，搭缝的设置应避开雨水冲刷方向，搭缝应紧密牢固。

（5）阀门、法兰及可拆卸部件的二侧保温层，应留有空隙，但断面应封闭严密。支托架处的保温层不得影响管道活动面的自由伸缩，与垫木支架接触紧密，管道托架内及套管内的保温，应充填饱满。

8. 室内给水管道安装

（1）埋地引入管铺设。

①每条引入管上应装设阀门和水表。当生活和消防共用给水系统，且只有一条引入管时，应绕水表设旁通管，旁通管上装设阀门。

②两条或两条以上引入管在室内连通时，每条引入管上应装设止回阀。

③给水引入管与污水排出管管外壁的水平净距不宜小于1.0m。

④给水管与排水管平行埋设或交叉埋设的管外壁最小允许距离，应分别为0.5m和0.15m。交叉埋设时，给水管宜在排水管的上面；如给水管必须铺在排水管下面时，应加设套管，其长度不小于排水管径的3倍。

⑤给水管道穿过承重墙或基础时，应预留洞口，且管顶上部净空不得小于建筑物的沉降量，一般不宜小于0.1m。

⑥给水管道穿过地下室或地下构筑物外墙时，应采取防水措施，对有严格防水要求的，采用柔性防水套管，一般可采用刚性防水套管。

（2）干管敷设。

①给水管道不得敷设在烟道、风道内，不宜穿过橱窗、壁柜的木装修。不得穿过大

便槽、小便槽和配电间。当给水立管距小便槽端部小于等于0.5m时，应采取建筑隔断措施。

②给水管道不宜穿过伸缩缝、沉降缝，如必须穿过时，可在墙中或墙的两侧安装金属软管或用弯头盘过沉降缝，此时管道支架的安装应能保证管子的位移。

③给水横干管宜敷设在地下室、技术层、吊顶内，立管可敷设在管道井内。

④给水管道与其他管道共架敷设时，宜敷设在排水管、冷冻管的上面或热水管、蒸汽管的下面。

⑤给水立管和装有3个或3个以上配水点的支管始端，应装设阀门和活接头。

⑥给水横管宜设0.002～0.005的坡度，坡向泄水装置。

（3）支管敷设。

①冷、热水管上下并行安装时，热水管在冷水管的上面；垂直并行安装时，热水管在冷水管的左侧。

②在卫生器具上安装冷、热水龙头时，热水龙头在冷水龙头的左侧。

③安装螺翼式水表，表前与阀门应有8～10倍水表直径的直线管段，其他水表的前后应有不小于300mm的直线管段。

④明装在室内的分户水表，表外壳距墙表面不得大于30mm，表前后直线管段长度大于300mm时，其超出管段应煨弯沿墙敷设。

⑤支管应有不小于0.002的坡度，坡向立管。

⑥支管配水点应根据卫生器具的型号和位置来确定安装座标。

⑦给水管道穿越墙、楼板、屋面时，必须设置钢套管。墙面的套管与墙两面相平；楼板的套管下与楼板平，上高出楼板装饰面20mm。在卫生间、厨房、屋面套管高出装饰面50mm。在套管与管道之间空隙内用阻燃密实材料和防水油膏填实。

⑧水箱的进出水管、排污管，自水箱至阀门间的管道不得采用塑料管，

（4）给水管道的阀门设置。

①给水管网的阀门选用要求：

a. 管径小于或等于50mm时，宜采用截止阀；管径大于50mm时，宜采用闸阀或蝶阀。

b. 在双向流动的管段上，应采用闸阀或蝶阀。

c. 在经常启闭的管段上，宜采用截止阀。

d. 不经常启闭而又需快速启闭的阀门，应采用快开阀门，但配水点处不宜采用旋塞。

②用于分区给水的减压阀设置要求。减压阀宜设置两组，其中一组备用，减压阀前后应装设阀门、宜装设压力表，减压阀前应装过滤器，并应便于排污，当减压阀阀前压力超过阀后给水分区允许工作压力时，不得绕减压阀设旁通管。

（5）管道的水压试验和冲洗、消毒。

①给水管道水压试验和冲洗的要求同上。

②饮用水管道在使用前用每升水中含20～30mg的游离氯的水灌满管道进行消毒，含氯水在管中应留置24h以上。如果是不锈钢管道就不得采用这种消毒方式。

③消毒完后再用饮用水冲洗，并经有关部门取样检验，符合国家《生活饮用水标准》方可使用。

2.4.3 排水系统

1. 室内排水管道安装

（1）排出管敷设。

①排出管一般铺设在地下或地下室。排出管穿过地下室外墙或地下构筑物的墙壁时应设置防水套管；穿过承重墙或基础处应预留洞口，且管顶上部净空不得小于建筑物的沉降量，一般不宜小于0.15m。

②与室外排水管道连接时，排出管管顶标高不得低于室外排水管的管顶标高。其连接处的水流转角不得小于90度，当有跌落差不大于0.3m时，可不受角度的限制。

③排出管与排水立管连接时，其端部宜采用两个45度弯头或弯曲半径不小于4倍管径的90度弯头。

（2）排水立管敷设。

①排水立管一般在墙角明装，当建筑物有特殊要求时，可在管槽、管井暗装，考虑到安装和检修方便，在检查口处设检修门。

②排水立管应设在靠近最脏、杂质最多的排水点处。

③生活污水立管不得穿越卧室、病房等对卫生、安静要求较高的房间，不宜靠近与卧室相邻的内墙。

④排水立管应避免轴线偏置，当受条件限制时，宜用乙字管或两个45度弯头连接。

⑤排水铸铁管立管的管卡间距不得大于3m。当建筑物层高小于或等于4m时，排水铸铁管立管可每层只安装1个管卡，立管底部的弯管处应设支墩或采取牢固的固定措施。建筑排水硬聚氯乙烯管立管的支承件间距，当立管外径为50mm时不大于1.2m，外径为75mm及以上时不大于2m。

（3）排水横支管敷设。

①排水横支管一般应地下埋设或地面上楼板下明设，如建筑或工艺有特殊要求时，可在管槽、管井、管沟或吊顶内暗设，但应便于安装和检修。

②排水管道不得布置在遇水引起燃烧、爆炸或损坏的原料、产品和设备的上面，不得敷设在食品和贵重商品仓库、通风小室和变配电间内。

③排水管道不得穿过沉降缝、烟道和风道，并不得穿过伸缩缝。当受条件限制必须穿过时，应采取相应的技术措施。如穿越伸缩缝时，可在管道上设置伸缩器或可挠式接头。

④卫生器具排水管与排水横支管连接时，宜采用90度斜三通。

⑤排水管道的横管与横管、横管与立管的连接，宜采用45度三通、45度四通、90度斜三通、90度斜四通。

⑥靠近排水立管底部的排水支管连接，应符合下列要求：

● 排水立管仅设置伸顶通气管时，最低排水横支管与立管连接处距排水立管管底垂直距离，不得小于规范的规定。

● 排水支管连接在排出管或排水横支管上时，连接点距立管底部水平距离不宜小于3.0m。

● 当靠近排水立管底部的排水支管的连接不能满足上述两条款的要求时，则排水支管应单独排出室外。

⑦生活污水管道的坡度，宜按规范要求确定。

（4）排水系统设置要求。

①排水检查口设置要求。检查口为可清通的管道维修口，立管上检查口之间的距离不宜大于10m，但在建筑物最底层和设有卫生器具的二层以上坡顶建筑物的最高层，必须设置检查口，平顶建筑可用通气管顶口代替检查口。当立管上有乙字管时，在该层乙字管的上部设置检查口。检查口的设置高度，从地面至检查口中心宜为1m，并应高于该层卫生器具上边缘150mm。

②排水清扫口设置要求。在连接2个及2个以上大便器或3个及3个以上卫生器具的污水横管上，宜设置清扫口。

清扫口应设置在楼板或地坪上与地面相平，污水管起点的清扫口与污水横管相垂直的墙面的距离，不得小于150mm。若污水管起点设置堵头代替清扫口时，堵头与墙面距离不得小于400mm。

③排水检查口或清扫口设置要求。在水流转角小于135度的污水横管上，应设置检查口或清扫口；污水横管的直线管段，按表下规定的距离设置检查口或清扫口；污水横管的直线管段上检查口或清扫口之间的最大距离；埋设在地下或地板下的排水管道的检查口，应设置地板式检查口。

管径小于100mm的排水管道上设置清扫口，其尺寸与管道同径；管径等于或大于100mm的排水管道上设置清扫口，其尺寸采用100mm。

④检查井的设置要求。检查井为检查和清除排水管堵塞的装置，排出管与室外排水管道连接处，应设置检查井。检查井中心至建筑物外墙的距离，不宜小于3.0m。

生活污水管道不宜在建筑物内设置检查井。当必须设置时，应采取密闭措施。

检查井的内径根据所连接的管道管径、数量和埋设深度确定。井深小于或等于1.0m时，井内径可小于0.7m；井深大于1.0m时，其内径不宜小于0.7m。检查井为方形时，其内边长即为内径。

⑤地漏设置要求。地漏用于排泄卫生间、盥洗室等室内的地面积水，形式有钟罩式、筒式、浮球式等。厕所、盥洗室、卫生间及其他房间需经常从地面排水时，应设置地漏。地漏设置在易溅水的器具附近及地面的最低处，地漏的顶面标高应低于地面5mm～10mm，地漏水封深度不得小于50mm。

建筑物的管道技术层内宜设置地漏，以排除可能的漏水或检修时的漏水。

淋浴室内地漏的直径，可按规范确定。当采用排水沟排水时，8个淋浴器可设置一个直径为100mm的地漏。

⑥水封装置。水封装置的作用是防止室外排水管道中的臭气和其他有害、易燃气体

及虫类通过卫生器具侵入室内，常用的水封装置有存水弯和水封井。存水弯的形式有管式、筒式、碗式、瓶式等，存水弯的设置要求：

a. 卫生器具与生活污水管道连接时，应在排水口下设置存水弯（卫生器具构造内已有存水弯除外），存水弯的水封深度不得小于50mm。

b. 卫生器具不便安装存水弯时，应在排水支管上设水封井或水封盒。水封井的水封深度不得小于0.1m，水封盒的水封深度不得小于0.05m。

c. 污水盆、洗涤盆、洗脸盆和小便器的存水弯，应有清扫装置（如外方管堵、活盖、拆卸接口等）。

d. 排水设备的水封与排水支管尽量设置在地面上。

e. 设置在同一房间内的成组洗脸盆，其数量不超过6个时，可共用一个管径为50mm的存水弯。医院建筑内门诊、病房、医疗部门等的卫生器具不得共用存水弯。

f. 在生活污水管上设置存水弯或水封井时，应设在水平排水支管上，不得设在通向室外检查井的污水排出管上，以免阻断室内外排水管网的通气。

⑦雨水斗的设置要求。雨水斗的作用是汇集屋面雨水，使其通过雨水管道排放。常用的雨水斗有65型、79型、87型等。

a. 屋面排水采用内排水时，在天沟进入雨水排水管道入口处设置雨水斗。设在阳台、花台、供人们活动的屋面和窗井处的雨水斗，可采用平篦式雨水斗。

b. 布置雨水斗时，以伸缩缝或沉降缝作为天沟排水分水线，否则应在该缝两侧各设一个雨水斗。当两个雨水斗连接在同一根立管或悬吊管上时，采用伸缩接头并保证密封。

c. 防火墙处设置雨水斗时，在防火墙的两侧各设一个。

d. 寒冷地区，雨水斗应布置在受室内温度影响的屋面及雪水易融化范围的天沟内。

f. 接入同一立管的雨水斗，其安装高度宜在同一标高层。当雨水立管的设计流量小于最大设计泄流量时，可将不同高度的雨水斗接入同一立管或悬吊管。

⑧通气管。生活污水管道应设置伸顶通气管。当无条件设置伸顶通气管时，可设置不通气立管，不通气立管的排水能力应符合规范或标准的规定。

生活污水立管所承担的卫生器具排水设计流量，超过无专用通气立管的排水立管最大排水能力时，应设专用通气立管。

连接4个及4个以上卫生器具并与立管的距离大于12m的污水横支管和连接6个及6个以上大便器的污水横支管应设环形通气管。环形通气管在横支管上最始端的两个卫生器具间接出，并在排水支管中心线以上与排水支管呈垂直或45°连接。

对卫生、安静要求标准较高的排水系统，如高级宾馆等，生活污水管道宜设置器具通气管，器具通气管设在存水弯出口端。

器具通气管、环形通气管应在卫生器具上边缘以上不少于0.15m处接出，并按不小于0.01的上升坡度与通气立管相连。

专用通气立管每隔2层、主通气立管每隔8~10层设结合通气管与排水立管连接。结合通气管下端宜在污水横支管以下与排水立管以斜三通连接；上端可在卫生器具上边缘以上不小于0.15m处与通气立管以斜三通连接。

专用通气立管和主通气立管的上端可在最高层卫生器具上边缘或检查口以上与排水立管通气部分以斜三通连接，下端应在最低排水横支管以下与排水立管以斜三通连接。

通气管的管径应根据排水管排水能力、管道长度确定，不宜小于排水管管径的1/2，其最小管径应符合国家施工及验收规范要求。

结合通气管管径不宜小于通气立管管径。

当两根或两根以上污水立管的通气管汇合连接时，汇合通气管的断面积应为最大一根通气管的断面积加其余通气管断面积之和的 0.25 倍。

伸顶通气管高出屋面不得小于 0.3m，且必须大于最大积雪厚度。在通气管口周围 4m 以内有门窗时，通气管口应高出窗顶 0.6m 或引向无门窗一侧。在经常有人停留的平屋面上，通气管口应高出屋面 2.0m 并根据防雷要求考虑防雷装置。

污水立管上部的伸顶通气管管径可与污水管相同，但在最冷月平均气温低于 -13℃ 的地区，应在室内平顶或吊顶以下 0.3m 处将管径放大一级。

高层建筑内明敷管道，当设计要求采取防止火灾贯穿措施时，应符合下列规定：

立管管径大于或等于 110mm 时，在楼板贯穿部位应设置阻火圈或长度不小于 500mm 的防火套管，且在防火套管周围筑厚度不小于 20mm、宽度不小于 30mm 的阻水圈。

管道不得穿越烟道、沉降缝和抗震缝。管道不宜穿越伸缩缝；当需要穿越时，应设置伸缩节。埋地管穿越地下室时，应采取防水措施。

2. 雨水管道安装

（1）立管敷设。

①雨水系统根据建筑物结构形式、气候条件等因素，分为外排水系统和内排水系统。

②当高层建筑（建筑高度不超过 100m）应采用建筑排水用硬聚氯乙烯管作为雨水管。

③雨水管道应按雨水能以最短距离就近排至室外的原则进行布置。立管宜沿墙、柱明装，寒冷地区的雨水立管应布置在室内。

④雨水的排水系统，宜采用单斗排水。多斗排水的雨水斗，宜对立管作对称布置，其排水连接管应接至悬吊管上，不得在立管顶端设置雨水斗。雨水斗的排水连接管管径不得小于 100mm（阳台的雨水连接管除外）。

⑤单斗和对立管对称布置的双斗系统，立管的管径应与雨水斗规格一致。

⑥立管的管径不得小于悬吊管的管径，立管连接两根或两根以上悬吊管时，其管径不得小于其中最大一根悬吊管管径。

⑦雨水立管上应设检查口，检查口中心距地面 1.0m。

（2）悬吊管敷设。

①悬吊管一般沿屋架下弦或梁敷设，坡度不得小于 0.005，管径不得小于雨水斗连接管的管径。

②采用多斗排水时，悬吊管上设置的雨水斗不得多于 4 个。悬吊管管径不得大

于300mm。

③与雨水立管连接的悬吊管，不宜多于两根。

④雨水斗对称布置的内排水系统，悬吊管与立管的连接应采用45°三通或45°四通和90°斜三通或90°斜四通。雨水斗的排水连接管与悬吊管的连接应采用45°三通。

⑤长度大于15m的雨水悬吊管，应在靠近柱、墙处设置检查口或带法兰盘的三通管，检查口或三通管的间距不得大于20m。

（3）埋地管铺设。

①埋地雨水管可采用非金属管，但立管至检查井的管段宜采用铸铁管。

②管道的最小埋设深度（地面至管顶的距离），应按国家施工及验收规范的规定执行。

③接入检查井的雨水排出管，其出口与下游排水管宜采用管顶平接法，且水流转角不得小于135°。

④埋地雨水横管的管径，不得小于与之连接的雨水立管管径。

⑤雨水密闭系统埋地管在靠近立管处，应设水平检查口。

（4）雨水斗安装。

①建筑排水硬聚氯乙烯管在屋面雨水立管和悬吊管每层均应设置承口橡胶圈接口，其接口宜在楼板下不大于250mm的位置；室内雨水立管和悬吊管（或横管）上设置防火套管的要求与高层建筑的用于排水的硬聚氯乙烯管安装要求相同。设置伸缩节的要求同建筑的用于排水的硬聚氯乙烯管。

屋面雨水斗安装：

②雨水斗水平高差应不大于5.0mm。设置在阳台的雨水斗，其上口距阳台板底为180～400mm。

③雨水管伸入雨水斗上口深度30mm～40mm，且雨水管口距雨水斗内壁不小于20mm。

④雨水斗应单独固定。排水口与雨水管连接处，雨水管上端面应留有6mm～10mm的伸缩余量。

⑤阳台地漏应设置在雨水斗附近，地漏排水不得与立管直接连接。地漏排水管伸入雨水斗上口深度为30mm～40mm。

（5）排水系统灌水试验和通球试验。

①地面以上楼层管道灌水试验时，采用充气胶囊封堵立管，然后向管内灌水，将排水横管灌满，灌水高度不超过8m，然后仔细检查各个接口有无渗漏。埋地排水管道，在隐蔽前也必须做灌水试验，其灌水高度应不低于底层地面高度。满水15分钟后，再灌满延续5分钟，以液面不下降为合格。

②排水立管需做通球试验，通球的球径为管径的2/3倍（可选用橡皮球或塑料材质的圆球）将球从立管顶端投入，以球能顺利从底部通出为合格）。通球后系统逐层进行灌水试验。

3. 卫生器具安装技术要求

（1）卫生器具的材料与种类。制造卫生器具的材料主要有陶瓷、搪瓷铸铁、水磨石和塑料等，其中陶瓷多用于大便器、小便器、洗脸盆、卫生盆、化验盆等，搪瓷铸铁和玻璃钢等多用于浴盆，水磨石用于污水盆。

（2）卫生间的布置。

①卫生间的面积一般根据当地气候条件、生活习惯和卫生器具设置的数量确定，住宅卫生间的面积不宜小于2.5～3.5m^2，公寓及旅馆卫生间的面积不宜小于3.5～4.5m^2。

②卫生器具应根据其规格、尺寸和数量合理布置，并综合考虑排水立管的位置。对于污、废水分流的排水系统，排除生活废水的器具或设备如浴盆、洗脸盆、洗衣机、地漏等应尽量靠近，有利于管道的布置和敷设。

③卫生间内卫生器具的布置间距。

a. 坐便器到对墙面最小应有400mm的净距。坐便器中心线离边墙的净距至少为380mm。当墙角设有排污立管时，净距至少为500mm。

b. 坐便器与洗脸盆并列时，从坐便器中心线到洗脸盆的边缘至少应相距350mm。洗脸盆放在浴盆或坐便器对面时，洗脸盆与坐便器的净距至少为760mm。

c. 洗脸盆边缘至对墙面最小应有460mm的净距，若使用者身材较魁梧，则应有560mm的净距。洗脸盆上边缘与镜子底部的间距为200mm。

（3）卫生器具的安装。

①器具的固定及支托架安装。

a. 水箱、挂式小便器及面盆支托架安装在混凝土墙或实心砖砖墙上时，可采用膨胀螺栓进行固定。

b. 水箱、挂式小便器和面盆支托架安装在多孔砖砖墙上时，可采用预埋木砖或砖墙上钻孔栽入螺栓的方法进行固定。预埋的木砖应用沥青浸过，预埋时凹进净墙面10mm。砖墙上钻孔栽螺栓时，钻孔直径不宜过大，并应将孔内清理干净，用水浇湿。栽入孔内的螺栓长度不得小于120mm，尾部应开脚。螺栓栽入后，用1份水泥2份黄砂的水泥砂浆和适量的石子堵塞。

c. 水箱、挂式小便器和面盆支托架安装在石膏板等墙工时，应采用双头螺栓、扁钢进行对夹的形式固定。必要时在墙的背面采用型钢支架进行固定。

d. 水箱、大便器、小便器等瓷器具固定时，固定螺栓上应垫以铅垫圈或胶圈，螺栓拧紧时应松紧适度。面盆支托架应按尺寸安装，符合面盆的安装标高要求。预埋的木砖和螺栓的位置应正确，安装平整牢固。

②浴盆安装。

a. 浴盆就位。浴盆应在土建粉刷前进行就位，然后交土建铺贴磁砖。铺贴磁砖时，应将浴盆边缘镶进磁砖10mm～15mm。

按浴盆的实际尺寸，在浴盆两条底筋处用红砖、水泥砂浆砌筑支座墩子，用水平尺找平。墩子的高度应符合浴盆安装高度为480mm的要求。

浴盆在支座墩子达到强度后就位安装。安装时先用水泥砂浆铺平在支座墩于上，然后将浴盆就位，用水平尺纵向、横向找平，稳固好。浴盆与支座墩子的缝隙用水泥砂浆填充抹平。

b. 排水安装。浴盆排水管径为50mm，排水管中心距墙（下水口一侧）110mm，高出地面20mm~30mm（带有螺纹），距另一毛墙380mm。

在溢水与落水圆盘下涂抹油灰，在溢水与落水孔背面加垫3mm厚橡胶圈，分别拧紧溢水管与落水管的根母，擦净油灰。

在排水三通的下口装好铜管，加垫涂以厚白漆的麻丝圈后将格林拧紧，将铜管与三通和预留排水管连接起来。三通的水平端套在浴盆的落水横管上，缠绕涂以厚白漆的麻丝圈后，用格林装紧。

在浴盆溢水立管上套上格林，缠绕涂以厚白漆的麻丝圈后插入排水三通上口，用格林装紧。

浴盆排水安装后应灌水检查铜管及溢水孔、落水孔有无渗漏现象，然后用牛皮纸或两层旧报纸糊好浴盆面，以免损坏搪瓷或堵塞排水口。

c. 给水安装。浴盆冷热水管一般为嵌墙暗敷，管径为DN15mm或DN20mm热水在左、冷水在右，冷热水管中心距等于混合龙头中心距（一般为150mm）。暗敷的冷热水管中心距光墙面40mm，与龙头连接后，龙头中心距浴盆为150mm，龙头伸进浴盆内50mm。

安装混合龙头时，先找平、找正预留的冷、热水管口，复测冷、热水管的进墙尺寸，然后进行龙头的安装。龙头格林拧紧时，应加垫橡胶圈。龙头安装后，龙头压盖应紧贴磁砖面，孔隙用白水泥嵌塞。带软管混合龙头的莲蓬头固定墙卡安装高度为1 500mm，位于浴盆边的墙上。

③蹲式大便器安装。

a. 大便器安装。蹲式大便器在厕所踏步平台砌筑、内粉刷完成后安装。

大便器安装在砖砌坑内，砌砖距大便器边应大于40mm。在底层安装大便器时，应夯实土层，以混凝土做底座。

安装大便器时，四周以黄砂填实，在污水管承口内抹上油灰，然后将大便器排水口插入污水管承口内压实，抹光油灰，用水平尺放在大便器上沿进行纵、横向找平、拨正，用临时封堵封好大便器排水口。

安装后的大便器中心线应与墙面垂直，上边缘高出踏步粉光面5mm~15mm。大便器污水管口中心距光墙面的距离，高水箱蹲便器为前落水时为640mm，后落水时为360mm；低水箱蹲便器为前落水时为760mm。预留污水管承口应高出地面75mm，大便器一个踏步高度为200mm。

b. 水箱安装。以大便器中心线为准，在墙上用线锤定出水箱安装的中心线，并画在墙上。从踏步面向上量出水箱进水阀及水箱的安装高度（指水箱底），然后根据水箱固定螺栓孔的位置在墙上画出十字线，用螺栓固定。

水箱的安装高度（自踏步面至水箱底），高水箱为1 800mm，低水箱为900mm。

c. 给水、冲洗管安装。高水箱的给水横管距踏步面2 300mm，从水箱上面越过，给水阀高度距踏步面为2 040mm，阀偏水箱中心左或右400mm。低水箱给水横管一般采用墙内暗敷，其高度与给水阀相同，距踏步面为600mm，阀偏污水管中心左165mm。

给水阀与给水横管的连接采用螺纹连接，与水箱的连接采用铜管，在铜管上缠绕涂以厚白漆的麻丝圈，用格林装紧。

水箱冲洗管采用铜管或塑料管，冲洗管上部乙字弯和底部90°弯头的制作，铜管采用氧—乙炔焰加热煨弯，塑料管则通过热甘油加热煨弯。高水箱冲洗管管径为32mm，低水箱为50mm。

冲洗管与水箱连接时，用涂以厚白漆的麻丝缠绕在管子上，插入水箱出水口用格林拧紧。冲洗管与大便器的连接采用橡皮碗，将橡皮碗大端套在大便器进水口上，小端套在冲洗管上，用成品喉箍紧固，或用14#铜丝绑扎两道，铜丝拧紧要错位90°左右，然后用油灰填充窝牢接口。对高水箱冲洗管，在距踏步1 000mm处安装管卡固定。

d. 成排安装要求。大便器安装时，应拉线检查预留的污水管口中心是否在一条线上，标高是否一致，并复测相邻污水管口的间距，如有误差应予以调整。

相邻大便器的中心间距为900mm，靠墙有污水立管的大便器，其器具中心距光墙面为600mm。

水箱安装时，先挂两端的水箱，然后拉线安装中间的水箱。

④坐式大便器安装：

a. 大便器安装。坐式大便器在厕所内粉刷铺贴磁砖和土建地面工作完成后安装。

b. 水箱安装。水箱的安装高度，高水箱为1 800mm；低水箱有两种：外露排出管式为510mm，虹吸喷射式为470mm。

c. 给水、冲洗管安装。高水箱的给水管、阀的安装要求同蹲式大便器。低水箱的阀门距地面高度，里S、外S和低P式为250mm，高P式为300mm，均偏污水管中心左或右165mm左右。

给水阀与给水横管的连接采用螺纹连接，与水箱的连接采用铜管，在铜管上缠绕涂以厚白漆的麻丝圈，用格林装紧。

冲洗管与水箱连接时，用涂以厚白漆的麻丝缠绕在管子上，插入水箱出水口用格林拧紧。冲洗管与大便器的连接，里S式直接用马桶卡，以涂厚白漆的麻丝圈为垫料；外S、高P、低P式采用橡皮碗，用14#铜丝绑扎两道，其中低P式大便器的进水口为凹进平口式时，采用橡皮塞头连接。

⑤小便器安装。

a. 挂式小便器安装。按给水管中心画一条垂线，由地坪向上量出小便器安装的高度并画一水平线。根据小便器固定孔眼的水平、垂直距离，在墙上由中心垂线向两侧画出固定孔眼的十字线。用螺栓固定小便器，小便器与墙面的缝隙嵌入白水泥，补齐抹光。

b. 立式小便器安装。检查给、排水预留管口是否在一条垂线上，清理排水预留管周围地坪，在排水预留管承口内填入油灰或纸筋水泥，在小便器下铺垫纸筋水泥。

将立式小便器排水口对准排水管口插下去压紧，并找正、找平。小便器与墙面、地面缝隙嵌入白水泥抹平、抹光。

c. 水箱安装。瓷质水箱底距地面2 100mm，用三个木螺钉加铅垫固定在墙上。

⑥洗脸盆安装。

托架式洗脸盆的托架安装好后，将脸盆用螺栓固定在托架上，用水平尺找平、找正。如洗脸盆安装在台板上，应复核台板的高度、水平度，在盆与板的接缝处打入密封胶。

⑦给水安装。给水阀与预留给水管连接时，按实际尺寸配好短管，采用螺纹连接。如为暗装管道，先将压盖套在短管上，连接后压盖紧贴墙面，孔隙用白水泥嵌塞。

给水阀与水嘴连接时，按实际尺寸配好铜管，在两端缠绕涂以厚白漆的麻丝圈，分别插入阀门和水嘴内，拧紧上、下格林装紧。

洗脸盆冷水管中心距地面350mm，热水管中心距地面525mm，冷热水阀门距地面450mm，用镀铬铜管与洗脸盆连接。

⑧排水安装。立式洗脸盆排水管应暗装，采用P式存水弯。托架式洗脸盆如装P式存水弯，排水管应暗敷于墙内，管中心距地面400mm，管口（带螺纹）伸出光墙面10mm~15mm，与落水铜管连接时，用内填涂以厚白漆麻丝圈的格林装紧，再将压盖盖住。如装S式存水弯，排水管为明装，管口套好螺纹，伸出地面250mm，与落水铜管连接方法同上。

洗脸盆采用P式存水弯时，排水管中心即为脸盆安装中心；采用S式存水弯时，排水管中心应偏脸盆中心左或右85mm。

安装脸盆排水栓时，在脸盆排水孔上垫上油灰，将排水栓插入孔内，在反面套上垫有油灰的橡胶圈，带上根母并拧紧。排水栓中的溢水口应对准脸盆排水孔中的溢水口孔。

⑨淋浴器安装。

a. 单管淋浴器冷水管中心距光地面1 000mm，阀门距地面1 150mm。

b. 双管淋浴器的冷水管中心距地面900mm，热水管在冷水管上方，两管中心间距100mm。明阀中心距地面1 150mm，两阀中心间距150mm，冷水阀门在右面，热水阀门在左面，冷水管上装三通并与水平面成60°角，用元宝弯绕过热水横管。

c. 淋浴器上部横管中心距地面2 240mm，莲蓬头底面距地面2 100mm。冷热水管中心距墙面40mm，莲蓬头连接横管长370mm。

d. 淋浴器下面安装水龙头时，龙头中心距地面600mm。

⑩卫生器具盛水试验。

a. 盆、化验盆盛水时，水应放至溢水孔处；蹲式大便器盛水量放至大便器边沿以下5mm处；水泥洗涤池、拖布盆盛水量不少于池深的2/3；大、小便槽盛水量不少于槽深的1/2；坐、蹲式大便器的水箱和大便槽冲洗水箱的盛水量放至控制水位。

b. 盛水试验的时间为24h，以不漏不渗为合格，试验结束后应做好试验记录。

2.4.4 建筑消防系统

1. 消火栓系统的布置

（1）室内消火栓超过10个且室内消防用水量大于15L/s时，室内消防给水管道中至少应有2条进水管与室外环状管网连接，并将室内管道连成环状或与室外管道连成环状。

（2）对超过6层通廊式住宅、超过5层或体积大于10 000m^3的民用建筑，室内消防立管不少于2路，并2根竖管连组成环状。

（3）消火栓给水管网应与自动喷水灭火管网分别设置。

2. 自动喷水系统的布置

自动喷水系统管网的布置，应根据建筑平面的具体情况而定。一般情况每根支管上设置的喷头不能多于8只。一个报警阀所控制的喷头，湿式系统、预作用系统不宜超过800只；干式系统不宜超过500只。

3. 水泵接合器的布置

水泵接合器的数量按室内消防用水量计算确定，每个水泵接合器进入流量可达到10～15L/s，一般不少于2个。

水泵接合器应设在消防车易于到达的地方，同时还应考虑在其附近15～40m范围内有供消防车取水的室外消火栓。水泵接合器的数量按室内消防用水量计算确定，每个水泵接合器进入流量可达到10～15L/s，一般不少于2个。

4. 高层建筑消防系统

（1）消防给水系统布置。

①消防总体布置。高层建筑室内消防给水管道应布置成环状。需要由环状管道上引出枝状管道时，枝状管道上的消火栓数不宜超过一个。

室内环状管道的进水管不应少于两条，且宜从建筑物的不同方向引入。若在不同方向引入有困难时，直接至竖管的两侧。

设有两台或两台以上消防泵的泵站，应有两条或两条以上的消防泵出水管直接与室内的消防管网连接，不允许几个消防泵共用一条总的出水管，再在总出水管上设支管与室内管网连接。

②消防立管布置。在建筑物走廊端头，应设消防主管。走廊的立管数量，应保证单口消火栓在同层相邻立管上的水枪充实水柱同时到达室内任何部位的要求，其间距由计算决定，但消防立管的最大间距不宜大于30m。

消防立管的直径应按室内消防用水量由计算决定。计算出来的消防立管直径小于100mm时，应考虑消防车通过水泵接合器往室内管网送水的可能性，仍应采用100mm。

③高层建筑消火栓系统布置。室内消火栓应设在易于发现、易于取用的地点，严禁伪装消火栓，消防电梯前室应设消火栓。消火栓的间距应能保证同层相邻两个消火栓的水枪充实水柱同时到达室内任何一点。

高层建筑的屋顶应设高位水箱。消防水箱的贮水量应按建筑物内10min消防用水量进行计算。当建筑物内只设有消火栓时，其消防水箱的贮存量应符合下列要求：

一类建筑（住宅除外）不应小于18m^3；二类建筑（住宅除外）和一类建筑的住宅不应小于12m^3；二类建筑的住宅不应小于6m^3。

（2）高层建筑喷淋系统布置。直立型、下垂型喷头的布置，包括同一根配水支管上喷头的距离及相邻配水支管的间距，应根据系统的喷水强调，喷头的流量系数和工作压力确定。

（3）同一根配水支管上喷头的间距及相邻配水支管的间距。吊顶型喷头及吊顶下安装的喷头外，直立型、下垂型标准喷头，其溅水盘与顶板的距离，不应小于75mm，且不应大于150mm。吊顶净空高度大于800mm的闷顶和技术夹层内有可燃物时，应设喷头。装设通透吊顶的场所，喷头应布置在顶板下。顶板或吊顶为斜面时，喷头应垂直于斜面，并应按斜面距离确定喷头间距。

3 建设工程施工现场施工员管理实务

3.1 施工技术管理

3.1.1 施工组织设计与施工方案

工程项目开工前，都应编制施工组织设计和施工方案，以指导施工的全过程，优化配置各项施工资源。

1. 施工组织设计编制

（1）施工组织设计编制准备工作。了解设计意图，掌握工程概况和特点，熟悉生产工艺及其使用要求。了解工程项目所在地及施工现场条件。熟悉图纸并参加图纸会审。确定参加编制施工组织设计和施工方案人员的分工，明确施工组织设计的执笔人和完成日期。

（2）施工组织设计编制依据。

①工程名称、地点，建设单位及各有关参建单位：如设计单位、监理单位、安装单位、建筑单位等。

②合同文件、设计文件、法律法规、标准规范。

③安装工程范围，主要工程项目内容、实物工程量、工期进度要求，施工周期、开竣工日期、总平面布置图、设备安装图、主要施工方法和主要机具。

④工程特点、施工环境、施工条件、施工高峰劳动力计划等。

（3）施工组织设计编制内容。

① 编制说明

②工程概况

③主要实物量及货币工作量

④施工组织部署及施工（总）进度计划

⑤主要施工方法及技术措施

⑥保证工程质量的措施

⑦保证施工、健康安全及环境的措施

⑧施工准备工作计划

⑨劳动力需用计划及峰值图

⑩主要材料、施工机具、计量器具需用计划

⑪施工用大型临时设施及施工总平面图

（4）施工组织设计的分阶段编制。为了及时编制安装工程施工组织设计指导施工，可根据工程实际情况分阶段进行编制施工组织设计，在确保配合土建施工阶段，应先编制配合土建施工阶段的施工组织设计或施工方案，确保配合阶段的施工进度、安全和质量。

施工图纸和技术资料尚不完整，难以一次按本规定要求编制的工程项目，应编制阶段性的施工指导性文件，可先将组织设计的工程项目施工、安全生产、质量保证、管理、组织体系等通用性内容和章节先编制完成，以满足工程施工现场需要。

（5）施工组织设计的变更及核定程序。施工组织设计等施工指导性文件，经审批下达后，如施工条件变化，使原拟定的安装工艺、机具配置等有重大变更时，应按规定填报《施工组织设计变更审批表》，经审批后方可变更实施。

2. 施工方案编制

（1）施工方案的编制依据。

①工程设计文件；

②施工现场地质资料、气象资料以及施工环境；

③施工人员技术素质；

④施工设备技术资料；

⑤工期要求与经济指标；

⑥有关的施工规范和操作工艺。

例如，编制吊装施工方案时，应核实被吊设备的实际重量，合理设置设备的吊点，正确选用吊索具。吊装方案应有吊装计算书，计算公式和选用的参数应注明出处。使用外来起重机械，应要求供方提供详细的吊机使用性能表、吊机基础要求等资料，编制人员应严格按照供方提供的书面资料编制吊装方案。

例如，施工脚手架的搭设和拆除，应编制专项施工方案，并报送审批、备案。脚手架的搭设和拆除施工方案编写技术要求，应遵照《建筑施工扣件式钢管脚手架安全技术规范》的规定执行。

（2）施工方案审批和备案。

①施工方案编制完成后，应及时送审和报批。施工方案送审和报批时应附有完整的施工要求和相关的依据性文件资料。

②施工方案应按规定审批，相关部门的审批人员应仔细审核，及时填写审核意见

后，返回技术部门或项目工程师。

③对施工方案的审核意见，方案编制人员应及时修改，修改完毕后及时反馈。

④施工方案经审核批准后，应在吊装前报上一级技术部门备案。

（3）施工方案变更。施工方案一经批准，不得随意变更。如有特殊原因做较大变更时，应由施工方案编制人员填报“施工方案变更审批表”，按原审批程序进行审批。

（4）施工方案实施。

①施工方案未经审批，严禁实施。

②项目经理应全面负责施工方案实施的组织工作，施工方案编制人员即为施工作业现场的技术负责人，主管施工员的具体负责实施，其他相关管理人员分工负责，紧密配合。

③施工方案实施前，方案编制人员应向有关施工作业人员进行详细的技术和安全交底。

④施工员必须吃透施工方案的精神，严格执行施工方案，合理进行岗位分工，明确岗位职责，做好施工操作技术交底。

⑤施工方案实施时，应强化过程控制和隐蔽工程的验收确认工作，并及时将记录收集和归档，严禁实施过程的随意性。

⑥施工方案实施过程中，发现问题应及时与方案编制人员协商解决，未经同意，不得擅自处理。

3. 施工技术交底

（1）施工指导性文件编制完成并审查批准后，由编制单位的技术负责人组织编写人员向有关施工单位或项目部的施工管理和施工技术人员进行交底。

（2）施工班组接受施工任务后，在项目开工之前，由负责该项目的施工技术员，向参加施工的主要工种的班组全体人员和配合工种的班组长，将施工图和施工指导性文件做全面的施工技术、质量、安全和施工管理交底。

（3）施工交底的主要内容：施工交底必须针对不同项目的规模、施工工期、技术难度等特点，做好深浅详简适度的施工技术、质量、安全和施工管理交底。

一般应包括如下内容：

①工程概况、现场环境和施工条件，承建项目的性质、规模和工程实物量。

②工艺流程、施工范围和施工进度。

③施工图纸内容和修改情况交底，要使施工人员了解设计意图、特点及施工要求，以便按图施工。

④施工组织设计交底。即工程特点、难点、主要施工工艺及施工顺序、施工方法、进度安排、组织机构设置与分工，本工种与其他工种之间、上下工序之间的交叉配合关系以及各项主要管理措施。

⑤作业指导书交底。这是施工组织设计交底的延伸和细化，主要介绍单项工程的施工工艺、操作方法和要领、质量控制、安全措施等，以便施工操作人员能按作业指导书规定的施工工艺、工法和施工方法进行作业。

⑥土建单位的施工进度和施工配合要求。

⑦为保证关键过程和特殊过程的质量要求质量控制点、检测方法所采取的各项控制措施。

⑧施工应遵循的技术标准、施工图册、施工质量验收规范和施工工艺标准。

⑨安全和消防技术措施。

⑩施工预算的编制情况和定额指标。

⑪设备、材料、加工件、施工机具的准备情况和使用要求。

⑫施工临时设施和适宜的工作环境的准备情况和使用要求。

⑬施工过程中应做好的各项原始数据和质量记录。

⑭节约原材料及降低成本的措施。

⑮实施项目质量计划、班（组）管理等其他问题。

（4）施工技术交底的要求。

①施工员向施工班组进行交底时，可采用书面和口述两种交底方式结合进行。一般由施工员根据工程施工进度，结合“施工任务书”签发，分阶段向施工班组交底，并将交底的内容填写“施工交底记录”，由施工交底者和施工班组长（或接受交底的班组负责人）确认签证，作为施工的依据。

②施工技术交底应根据项目的情况，有重点、分主次地交底清楚。

③项目部委托的加工件，均应在加工图上详细注明技术和质量要求，必要时应由委托单位的施工技术员按要求向加工单位交底，并填写《施工交底记录》。

④施工班组接受施工交底后，班组长应立即组织班组人员认真讨论，明确交底要求，确保全面完成施工任务。

3.1.2 质量计划

质量计划是指导项目施工的纲领性文件，是企业质量手册在工程项目的具体化。它是根据合同的要求，从质量体系要素活动出发，对项目或合同达到质量目标而规定采取的质量措施、资源和活动顺序的文件。项目质量计划也是指导项目质量管理的文件，为此质量计划要具有系统性、协调性、可操作性。

1. 质量计划的编制

质量计划是质量管理体系文件的一个重要组成部分。根据质量管理体系实施的要求，可以分为质量管理工作计划和产品（项目）质量计划。质量管理工作计划是为实施质量管理体系的工作安排所形成的计划。而产品（项目）质量计划是针对具体的产品、项目或合同而编制的质量计划。

（1）质量计划编制的时机。可以在合同签订前编制质量计划，作为质量保证要求的一部分参加投标。

根据建筑安装工程特点，每个承建项目都要在合同签订后，正式施工前，根据合同要求，编制项目质量计划。

（2）质量计划的编制内容。

①工程项目概况。合同名称及合同编号：工程名称、位置、占地面积、建筑面积或规模、主要结构形式。计划开、竣工日期。工程特点：主要施工内容及实物量等。

②确定质量目标。这段主要是确定合同所定的质量目标。除了单位工程的质量目标以外，还应有分部分项工程、检验批的质量目标和相互之间的关系，可以在质量目标计划中加以具体确定。

③项目组织机构与职责分配。

④对施工各类资源的配备和管理。

- 人力资源，要规定应培训的人员名单及培训计划安排等。
- 规定现场安装施工机械、施工作业、休息场所、料具堆放场所的管理及责任者。
- 明确采购物资的范围、实施采购的责任；材料检验的项目、标准、检验方法及责任。
- 对合格分包方的评定、管理要求；保存分包方人员的资格复印件和记录。
- 对施工中各类影响质量因素的质量控制。主要是对影响质量的人、机、料、法、环的因素加以控制，规定质量控制措施，明确责任者。

2. 质量计划的管理

（1）质量计划的编制、评审和批准。项目部有关人员参加编写《质量计划》；《质量计划》编写完后，由主任工程师组织评审，由项目部等人员参加评审，填写《质量计划审查意见表》；主任工程师在《质量计划审批表》上签名，审定认可后送工程管理部；工程管理部组织复审后，由总工程师批准，并在《质量计划审批表》上签名、实施。

（2）质量计划的修订。质量计划实施过程中，如合同条件发生了重大变化，不能按原计划执行时，应及时修订质量计划。

3.1.3 项目施工技术管理

1. 项目施工技术管理的主要内容

（1）施工图的审查和会审；贯彻技术规范规程。

（2）编制施工组织设计、施工技术方案；质量计划。

（3）编制关键和特殊工序作业指导书。

（4）编制安全技术措施；组织技术、质量、安全交底；监督执行技术措施和安全技术措施；处理现场施工技术问题及设计变更。

（5）开展新技术、新工艺、新材料、新设备的试验、推广和研究开发工作。

（6）编写工程项目施工技术总结、整理技术资料和技术信息，做好技术交流和技术档案工作。

（7）提出技术培训计划，协助作好技术培训；制定技术岗位责任制。

2. 施工技术管理的目的

（1）保证施工质量符合设计和相应的技术标准，并不断提高工程质量。

（2）合理配置资源，减少消耗，提高劳动生产率，降低施工成本，增加经济效益。

（3）依靠先进的施工技术和管理，保证工程质量，保证安全生产，提高市场竞争能力。

（4）推广和应用新技术、新工艺、新材料、新机具，促进施工水平的不断提高。

（5）解决施工技术问题，指导施工，满足工程合同要求，确保项目施工符合规定要求。

3. 技术管理制度

（1）图纸会审制度。施工图纸是施工人员进行施工的依据。图纸会审的目的是通过熟悉和掌握图纸的内容，领会设计意图，明确技术和质量要求，对发现图纸中的错、漏及不便于施工的设计内容，及时提出或解决图纸中存在的问题。

①组织有关人员学习和掌握图纸，注意发现设计中的问题及与施工之间的矛盾。

②组织施工图纸的内部审核，将内部审核意见整理成书面意见，并参加业主组织的图纸会审。

③图纸会审形成的书面记录和资料，应作为工程技术资料妥善保存。

（2）技术交底制度。施工技术交底主要包括施工图交底和施工指导性文件交底两部分内容，项目开工之前，均应进行施工技术交底。

施工技术交底由工程项目施工主管技术人员在项目开工以前向有关施工管理人员和施工作业人员作技术交底，介绍工程概况和特点、设计意图、采用的施工工艺和操作方法、技术及安全保证措施、施工所遵循的标准规范等。

①技术交底应分层次展开，直至交底到施工操作人员。

②技术交底前应做好准备，并有书面技术交底资料。

③起重、高空、地下作业或大型设备的试运行以及其他高风险的项目还应进行专项安全技术交底。

④技术交底应作记录，这也是履行质量职能的凭据。交底人应认真填写表格并在表格上签名。接受交底的主要施工人员也应在交底记录上签字。

（3）技术审核制度。在施工过程中为避免发生重大差错和质量事故，对重要技术文件和技术标准进行复核、审批，以达到及时发现问题、及时纠正之目的。

①应进行复核和审批的文件：

a. 施工组织设计、施工技术方案、专项技术措施；

b. 安全技术措施、安全工作计划；

c. 技术核定单及其他由项目部施工技术人员编制的变更、代用、修改单；

d. 资源需用计划；质量、安全事故调查处理报告；

e. 合理化建议、技术革新方案；

f. 其他有必要进行审核和审批的技术文件资料。

②仅进行复核的技术文件资料：

a. 对外技术性联系文件；

b. 质量检查验收记录；

c. 基础复测记录；

d. 其他有必要进行审核的技术文件资料。

③技术复核和审批人。项目部项目工程师为项目技术文件的复核人，项目总工程师或公司总工程师（主任工程师）为项目技术文件的审批人。

（4）工程技术文件管理制度。从施工技术准备起，贯穿整个施工过程，应及时积累以下资料：

①工程开竣工报告。

②项目质量计划、施工组织设计、施工方案。

③设计技术交底记录、施工技术交底记录和安全技术交底记录。

④原材料、零部件、外协件等的质量合格证和试验报告。

⑤土建工程交付安装交接检验记录，施工定位放线和复核记录。

⑥隐蔽工程施工检测记录，验收签证记录。

⑦设备开箱记录和装箱单；电气、仪表、管线、设备出厂合格证。

⑧设备安装、调试及运转记录。

⑨电气、仪表、管道、阀门、容器试压，电动机干燥绝缘，照明、动力、电信等线路检查记录及系统调试鉴定记录等。

⑩设计变更文件、技术核定单、材料代用通知单等。

⑪工程质量事故检查、原因分析、技术处理及效果等记录。

⑫工程质量检验评定表，施工图纸、施工日志。

⑬交工验收工程一览表、设备清单及未完工程明细表。

⑭交工验收证书，工程质量评定证书。

⑮环境保护、职业安全卫生、消防等设施竣工验收合格证书及验收资料。

⑯竣工图。

⑰工程财务结算凭证。

⑱工程质量保证管理体系、安全生产管理保证体系、主要施工技术力量情况表。

⑲用户质量回访记录及处理记录。

⑳其他记录或文件。

（5）施工技术管理责任制。建立施工技术管理责任制的目的，是使各级管理部门及施工技术管理人员发挥应有的作用，以保证技术活动和技术管理工作的正常开展。

施工员在项目部项目工程师直接领导下，负责各分项的施工技术工作。

①参加项目施工组织设计的编制。

②指导施工，负责解决工艺技术问题。

③为实现质量、安全、进度及成本控制等项目管理目标，提出最佳技术措施。

④熟悉、领会、审查施工图，提出书面审查意见。

⑤编制材料、零部件、机工具需用计划和加工件及外协件计划。

⑥指导、配合施工队（组）推广应用新技术、新工艺、新机具、新材料。

⑦制定保证工程、质量安全的技术措施，检查处理施工质量、安全问题，对施工质量、安全负技术责任。

⑧收集、整理工程技术文件和施工及验收资料。

3.1.4 施工图纸会审

项目在开工之前，组织施工图会审，然后开始施工。

特大型项目和特殊项目，由公司主管经理主持，工程管理部项目部或公司主管、经营部等有关部门和项目部参加。大型项目由项目部或公司主管经理主持，工程主任工程师、经营等有关人员参加。

各级施工技术人员收到施工图后，应先熟悉本专业施工图，再核对与本专业有关的其他专业施工图，同时应调查设备、机具、材料、加工、土建等有关情况，然后将发现的问题填写在“图纸会审设计交底记录”。

施工图会审后，及时约请设计单位和建设单位召开图纸设计交底会议，将施工图会审时发现的问题，提请有关单位商讨确定，然后将议定的事项由施工图交底的主持单位写成“会议纪要”，经有关单位会签后，作为施工质量验收的依据。

1. 图纸会审应注重以下几点

（1）会审的主要图纸：设计单位提供的建筑、结构、给排水、采暖、通风、工艺、设备、电气、仪表、筑炉及非标等各专业施工图、说明书和设计预算书（概算）等；设备制造单位提供的零部件图、装配图和安装使用说明书等设备技术文件。

（2）施工图会审的内容。未经审查机构审查或审查不合格的施工图不得采用。根据项目的特点或设备类别检查施工图的设计资格、审批手续和设计内容是否符合有关规定的要求。

核对各专业施工图及施工说明是否齐全配套，有否缺图。例如，锅炉、压力容器等专业设备，必须附有《监察规程》规定的全部图纸和技术文件。

（3）检查施工图的正确性。核对本专业和各专业之间在平面布置、轴线、标高、预留孔洞、预埋件等是否一致，有否矛盾和错误。

核对工艺流程与工艺布置是否合理，质量要求与现行的施工质量验收规范有无抵触。

（4）检查按图施工的可行性。施工图纸的设计与现场条件是否符合，是否便于设备、管线的安装工作。土建结构和基础施工与安装之间有无矛盾，预留孔、洞及预埋件有无错、漏、碰、缺。图纸设计是否能保证工程质量和施工安全要求。

2. 施工图会审的要求

（1）施工图不全、深度不够和图面错误等问题，应请设计单位确认并及时修改补充，如遗漏了与安装有关的预留孔、洞或预埋件，请设计单位及时补图并通知土建单位预留和预埋。

（2）施工图由于设计方面的错误或施工合理化建议或受实际施工条件的限制等因素，必须修改原设计时，其修改方案应经设计、监理、业主和安装等多方统一意见，请设计单位另发设计变更通知和修改图。

（3）工程项目施工应按施工图或合同和施工组织设计、施工方案规定的各专业施工质量验收规范进行施工、验收，如某种原因不能执行时，应由设计、监理、业主和安装等多方共同协商相应的施工质量验收规定，并写入“设计变更通知”和“会议纪要”中，作为施工质量验收的依据。

（4）根据工程项目施工的特点或需要，还应明确安装单位与土建、机施、装饰等相关施工单位在施工顺序上的交叉配合关系。

对发现的问题，设计单位应在施工前做出解释、澄清、修改并办理相应的书面签证。

3. 施工图核定程序

施工图的变更，因设计单位原因不能及时签发设计变更修改通知时，由项目部负责施工员提出，填报《施工技术核定单》。

3.1.5 施工过程中的管理工作

1. 施工员的管理责任

（1）施工员应深入现场指导工人施工，严格依据施工图、施工技术方案和有关技术规范规程进行施工作业，纠正违章，制止不遵守工艺纪律的行为，及时处理施工技术问题。

（2）对施工中发现的设计问题或其他需要修改、变更的技术问题，要及时提出技术核定并请设计单位签字确认，经确认后方可重新施工。设计变更均应按规定办理手续，并保存好签证文件。

（3）针对施工环境或其他客观条件变化，及时修订原施工技术方案，经审批后方可实施。

（4）指导新技术的应用工作，处理应用中的技术问题。

（5）制订调试及试运转方案，做好调试运行的技术交底，落实各项安全技术措施。

（6）参加质量事故、安全事故的处理，分析事故原因，提出技术改进和处理意见。

（7）及时收集、汇总和整理工程技术资料，绘制竣工图。

2. 做好施工记录

施工记录应由施工员或专业技术人员填写，主要是对施工中发生的技术、质量和安全有关的事项，按一定的格式进行记录。

（1）项目开、竣工日期，包括分项分部工程的开、竣工日期。

（2）重要技术文件、施工图纸、主要内容和存在问题及其处理。
（3）分部分项工程验收记录；重要会议记录。
（4）工程监理或第三方质量监督机构对有关技术质量的意见或建议。
（5）质量、安全事故情况，事故分析处理情况记录。
（6）其他需要记录的重要事项。

3.1.6 施工技术资料的管理与归档

1. 工程施工技术总结

（1）对工程的组织、设计和施工方案、施工工艺应用进行总结，如：有什么改进，遇到什么技术问题，是如何解决的；出了什么质量事故，是如何处理的，等等。

（2）在施工中的体会和经验，如：如何提高安装施工中的技术含量，如何提高现场装配化水平，如何提高安装工业化水平，对今后技术工作改进的意见，等等。

（3）新技术、新工艺、新机具和新材料推广应用情况及今后发展方向。

2. 技术文件资料

施工技术文件资料是指从事项目施工所依据的文件资料，以及在施工过程中形成的各种文件资料、记录、总结等。

（1）工程技术资料。交工验收准备并提供给建设单位的技术资料。它反映了施工全过程的实际情况，对该工程项目的使用、管理、维修，改扩建提供依据，具体包括：

①开、竣工报告，工程项目一览表，设备清单或明细表；

②竣工图、图纸会审记录，设计修改通知单，技术核定单；

③材质证明，检验报告，所安装机电设备及器材开箱记录及质量合格证，产品说明书；

④隐蔽工程记录，工程质量评定记录，质量事故分析、处理报告，竣工验收证明；

⑤设备调试、管线阀门试压、焊缝检查、探伤记录、生产装置试运行记录。

（2）施工技术资料。

①项目质量计划、施工组织设计及项目施工总结；

②重大质量、安全事故情况分析和处理、施工技术总结重要技术决定，施工记录；

③新技术推广应用及经验总结；

④其他应收集的技术文件资料。

（3）技术标准、技术规程及国家颁布的有关法令、法规。

①施工技术标准。施工及验收规范中规定了分部、分项工程的施工技术要求、施工质量标准和检验方法。还规定了重要的安装材料或半成品的质量标准及检验方法。

分部、分项工程的施工质量检验及评定，应按施工及验收规范要求进行，根据检验的结果，评定工程项目的等级标准。

②操作技术规程。操作技术规程规定了施工人员在使用施工设备时的操作方法和注

意事项。是依据施工设备的使用说明书编制，是保证施工过程中施工人员的安全和设备安全所做的规定。

③有关法律、法规。主要包括国家有关部门对施工企业和对有特殊要求的工程项目（如锅炉、压力容器、电梯、起重机械等）所颁布的法律、法规和管理办法。

3.2 施工现场及资源管理

3.2.1 施工现场技术管理

1. 施工前技术准备工作

（1）质量体系有关文件。如程序文件、作业指导书、各种质量记录和表格。

（2）施工图纸、有关设计文件、设备说明书、主要材料和有特殊要求的其他材料的材质证明及质量合格证。

（3）合同规定或工程需要的技术标准、施工质量验收规范、质量评定标准、标准图册等。

（4）有特殊要求的工程，如锅炉、压力容器、电梯等，要收集上级颁发的有关法令、法规管理办法及相应的技术资料。

（5）国内外同类工程的施工技术总结、施工总结及有关施工的新技术、新工艺、新机具、新材料应用的技术资料。

2. 施工现场的技术准备

（1）施工道路、作业场地、设备、材料堆放场地、仓库要符合环境保护、交通安全、防潮、防尘、防火等规定。

（2）施工用电源、水源等能否满足施工需要，是否符合有关安全规定。

（3）设备基础及设备、管线安装所直接依托的建筑物检查复验和交接验收。

3.2.2 施工现场协调管理

1. 外部协调

（1）加强和建筑装饰施工单位的协调。安装施工期处在工程项目整个工期的中间位置，在房屋建筑施工中，后面衔接的是装饰装修工程。

安装施工员要了解一些房屋建筑结构和装饰装修工程的施工步骤，便于安装施工过程中能处理好安装工艺步骤和进度。例如：配合结构预埋、配合墙身预埋、基准线、吊顶、面砖等。

在施工过程中及时了解结构和装饰的进度，加强沟通，减少不必要的返工，避免矛盾。还要和一些专业公司协调。例如：幕墙、地暖、厨房设备等加强沟通，掌握各方进度计划安排，便于自身施工的开展。

（2）加强和业主、监理、设计、勘察等各方的协调。及时了解各方对工程变更的要求，有利于减少返工，降低成本，合理安排工作。同时做好各方沟通的记录，为竣工结算打下良好的基础。

（3）加强和政府职能部门的沟通。取得政府职能部门的支持，为工程的顺利开展和竣工验收打下良好的基础。

2. 内部协调

（1）安装施工单位之间协调。一个项目上有多个安装施工单位在施工，需要密切配合。设立安装工程项目部，负责安装承包管理，各分包单位要服从指挥。

（2）各工种之间的协调。

①安装工程涉及多个专业，一般分为管道、电气、通风和设备等。

②各专业施工时，按照施工步骤：先大后小、先总后支；通风管道、电气母线等优先。

③各专业施工员要事先沟通，合理布置空间，安排先后顺序，避免专业布置空间不合理，避免返工。

3.2.3 资源管理

1. 项目施工所需的资源

（1）施工的主要材料和辅助材料。

（2）施工设备，如各式起重机、运输车辆、金属切削机床、成型剪切设备、焊接设备等。

（3）施工用机工具，包括个人使用的工具和各工种使用的小型机具、电动工具。

（4）检测用仪器具，包括各专业（工种）使用的检验、测量、调试用仪器具和设备。

（5）安全生产和劳动保护用器具，如安全帽、安全带、安全网等用于保证施工安全和保护作业人员生命及健康的专用器具。

2. 项目施工资源的特点

（1）项目施工资源复杂。项目施工资源品种数量多，规格型号复杂，某些资源需要量特别大，而某些资源需要量很少，但却不能缺少或用其他资源替代。

（2）对资源的质量要求高。建筑安装施工的产品是永久性、复杂性和具有特定的使用功能。因而要求在施工中直接用于工程的主要材料、辅助材料必须达到规定的质量要求，而用于施工生产的设备，如机具、检测用仪器具和安全生产及劳动保护用器具，都直接关系到施工质量、施工安全和施工效率，故其本身的质量和性能也应达到规定的要求。

（3）施工资源对施工影响大。项目施工离不开施工资源供应。由于施工周期一般较长，而且多专业多工种互相配合、互相制约、互为依托，极有可能因为某些施工资源不能及时到位或不符合规定要求而造成施工的停滞或中断以致返工，严重的还可能造成无法弥补的损失。

（4）项目施工对资源的需求有不均衡性和变动性。建筑安装施工由于本身的诸多特点，整个施工是波浪式的推进，既有施工高峰，也有低谷，难以做到均衡施工，因而对施工资源的需求也可能是不均衡的。此外，施工中受各种环境条件的影响，设计变更、技术核定、施工方法（方案）的改变，都往往能造成施工资源的变动。

3. 资源需用计划的分类

（1）施工材料需用计划；

（2）施工设备需用计划；

（3）施工机具需用计划；

（4）检测仪器具需用计划；

（5）安全用品需用计划。

4. 资源计划的编制

（1）资源计划内容。资源名称、规格、型号（牌号）、单位、数量、使用时间。注明技术要求、质量要求，生产厂家或可供选择的生产厂家及其他需要说明的注意事项。

（2）资源需用计划的编制依据。

①施工图、施工设计说明书、施工图会审记录等施工设计文件；

②施工所规定采用的标准图、通用图，产品手册、产品说明书等；

③施工及验收规范、规程、设计规定技术标准；

④施工组织设计、施工技术方案、作业指导书、工法等施工技术文件；

⑤设计变更通知、材料代用通知、技术核定单等技术变更性文件；

⑥工程预算定额、施工图预算书。

（3）资源计划的审核与审批。

①资源计划应经项目工程师审核，审核人应了解计划编制的依据、资源的性能、特点，必要时，应进行核对和询问，力求发现计划中误漏，以及不合理和不准确之处，并进行纠正。

②资源需求计划在项目工程师审核签字后，应送交项目负责人审批，审批人应从项目施工全局和施工进度情况出发，把握项目施工资源的总需求量和主要、重要资源的供应要求、特点，对资源需用计划进行最后的审定，以便资源供应部门进行订货、采购或调配。

3.2.4 项目劳动力管理

1. 劳动力计划

编制施工预算，确定工程量；根据工作内容、工程量确定工种、劳动力数量，编制劳动力计划。

劳动力计划表：用图表表达施工周期内的各工种劳动力的投入量。一般横轴表示施工周期，纵轴表示劳动力数量。

2. 劳动力来源

劳动力来源主要有两个方面：一是企业内部自有职工；二是分包单位劳动力。

分包单位劳动力进入项目施工前，要办理手续：根据项目合同确定分包合同性质（专业分包或劳务分包），挑选满足合同条件及资质要求的分包方。

3. 劳动力管理

（1）劳动力进入现场，项目部要进行管理，对每个劳动力进行安全交底。

（2）施工员安排劳动力施工时，要对每个劳动力的施工作业内容、施工工艺、质量标准要求、工期、材料、施工机械设备、安全防护要求、作业环境危险源识别等进行安全、技术综合交底并签字。

4. 项目施工人员管理

有资质要求的人员应持证上岗：

（1）项目经理、施工技术人员、质检及安全监督人员、财务及预算人员（资格证、上岗证）；

（2）焊工、电工、起重工、吊车司机（特殊工种上岗操作证）；

（3）锅炉压力容器焊工（合格证）；

（4）无损检测及理化试验人员（资格证）。

所有进入现场的施工人员均应接受三级安全教育。实施新技术、新工艺、新机具、新材料应用的人员，应经过学习、培训合格认可后，方可进入实施阶段。

3.2.5 施工设备管理

1. 施工设备计划

编制施工预算，确定工程量；根据工作内容、工程量确定需要的施工设备种类和数量，编制施工设备计划。

2. 施工设备来源

施工设备来源：企业自有施工设备、分包单位的施工设备、租赁的施工设备。

3. 施工设备管理

施工员在施工前，要检查施工设备是否能满足施工工艺、进度、质量、安全需要。施工设备完好（特别是分包方的施工设备），施工员才能准予使用。需要持证操作的施工设备，操作人必须持证上岗，专人操作。施工过程中，施工设备保持完好。

3.2.6 设备、材料管理

1. 工程设备、材料计划

（1）施工员应了解编制施工材料计划的依据和要求，编制施工材料计划，向材料供应部门提出材料申请，及时订货采购供应到施工现场，以确保建设工程施工的顺利进行。

（2）施工员首先应按施工设计图纸和技术要求编制施工预算，然后根据施工预算有关工程所需的材料设备，再结合项目部统一安排的各专业施工进度以及现场施工条件，提前向材料供应部门提出材料计划。

（3）工程设备由于涉及功能与技术参数，施工现场的安装条件等因素，一般应在施工准备阶段就要提出计划，以便给设备采购、主管设备的人员、施工人员留有足够时间，进行前期的技术洽谈。尤其是需要从国外进口的材料、设备更需要提前申报，因为海运等变化因素较多，要留有足够时间备料。大型项目施工，由于材料数量多，图纸设计跟不上，按正常的情况一个月申报一次材料计划与一次申报材料计划无法满足工程施工需要，可实行按旬申报或按周申报材料计划。

（4）编制材料计划时应将材料设备名称、型号、规格、执行的技术标准要求、压力等级、使用部位都要填写清楚。常用材料数量较多，可一次申报，分阶段进料，也可隔月申报，需要多少报多少。非标或需加工生产的材料，有的还应提供生产加工图纸或实样，要求与数量应仔细核对清楚再申报，弄错的话就会造成多了积压浪费，少了不够影响施工，再加工生产会影响工程施工节点。工程设备计划申报应根据业主和工程合同有关品牌的要求和承诺，提出采购品牌及生产产地、技术参数等要求，还要提出设备到货的时间要求。按上述要求编制材料设备材料计划后，如发生设计变更，应及时编制材料设备调整计划，让材料设备部门进行相应调整。

（5）在施工准备阶段熟悉施工图纸和要求中，如遇到施工中将有特殊的化学危险品材料时，施工人员应及时与项目经理提出施工现场存放要求，便于项目部设立相应的危险品仓库。化学性能相悖的物资应提醒材料人员不能存放在同一仓库内。

2. 材料控制

施工过程中为搞好实物量控制，施工员应根据施工预算对施工班组开领料小票，材料设备部门凭领料小票规定数量供应，进行领料控制。一般领料小票只许开三天施工要用的材料给施工班组，由施工班组掌握使用，用完再开，防止施工预算不准确，边施工边控制，及时调整施工预算。如将施工预算数量全部交给施工班组自己掌握控制，可能造成施工班组随意领用，容易造成浪费或遗失、被偷窃。施工过程中由于设计变更修改，造成材料设备的增加，施工人员还应及时与业主指定授权的人员办理“技术核定单”签证，并保管好作为今后工程实物量增加账结算凭证。

工程竣工验收阶段，施工人员还应参与材料人员对施工过程中所消耗掉的材料设备进行盘点，将实际消耗情况与施工预算材料进行核对，分析原来编制的施工预算准确性，为今后编制准确的施工预算提供经验。同时也为编制竣工图提供可靠的依据，防止遗漏。

3.3 建设工程施工进度管理

3.3.1 施工进度控制概述

施工项目进度控制是保证施工项目按期完成、合理安排资源供应、节约工程成本的重要措施。

施工项目进度控制是指在既定的工期内，编制出最优的施工进度计划，在执行该计划的施工中，经常检查施工实际进度情况，并将其与计划进度相比较，若出现偏差，便分析产生的原因和对工期的影响程度，找出调整措施，修改原计划，不断循环，直至工程竣工验收。

施工进度控制的总目标是确保既定目标工期，或者在保证施工质量和不因此而增加施工实际成本的条件下，适当缩短施工工期。

1. 施工进度控制方法

（1）确定施工项目总进度控制目标和分进度控制目标，并编制其进度计划。

（2）在施工实施的全过程中，进行施工实际进度与施工计划进度的比较，出现偏差及时采取措施调整。

（3）协调与施工进度有关的单位、部门和作业组之间的进度关系。

2. 施工进度控制的措施

施工项目进度控制采取的主要措施有组织措施、技术措施、合同措施、经济措施等。

（1）组织措施主要是指落实各层次的进度控制的人员、具体任务和工作任务，建立进度控制的组织系统；按照施工项目的结构、进展的阶段或合同内容等进行分解，确定其进度目标，建立控制目标体系；确定进度控制工作制度，如检查时间、方法、协调会议时间、参加人员等对影响进度的因素分析和预测。

（2）技术措施主要是采取加快施工进度的技术方法。

（3）合同措施是指对分包单位签订施工合同工期与有关进度计划目标的协调。

（4）经济措施是指实现进度计划的资金保证措施。

3. 施工进度控制的任务

施工项目进度控制的主要任务是编制施工总进度计划并控制其执行，按期完成整个施工项目的任务。

（1）编制单位工程施工进度计划并控制其执行，按期完成单位工程的施工任务。

（2）编制分部分项工程施工进度计划，并控制其执行，按期完成分部分项工程的施工任务。

（3）编制季度、月（旬）作业计划，并控制其执行，完成规定的目标等。

4. 影响施工进度的因素

由于工程项目的施工特点，尤其是较大和复杂的施工项目、工期较长，影响进度因素较多。编制计划和执行控制施工进度计划时必须充分认识和估计这些因素，才能克服其影响，使施工进度尽可能按计划进行，当出现偏差时，应考虑有关影响因素，分析产生的原因。其主要影响因素如下。

（1）相关单位的影响。建设项目的主要施工单位对施工进度起决定性作用，但是建设单位（业主），设计单位，银行信贷单位，材料设备供应单位，运输单位，水、电供应部门及政府的有关主管部门都可能给施工某些方面造成困难而影响施工进度。其中设计单位图纸不及时和有错误以及有关部门或业主对设计方案的变动是经常发生和影响最大的因素。材料和设备不能按期供应，或质量、规格不符合要求，都将使施工停顿。资金不能保证也会使施工进度中断或速度减慢等。

（2）施工条件的变化。工程地质条件和水文地质条件与勘查设计的不符，如地质断层、溶洞、地下障碍物、软弱地基以及恶劣的气候、暴雨、高温和洪水等都对施工进度产生影响，造成临时停工或破坏。

（3）技术措施失误。施工单位采用技术措施不当，施工中发生技术事故。应用新技术、新材料、新结构缺乏经验，不能保证质量等都要影响施工进度。

（4）施工组织管理不利。流水施工组织不合理、劳动力和施工机械调配不当、施工平面布置不合理等都会影响施工进度计划的执行。

（5）意外事件的出现。施工中如果出现意外的事件，如战争、严重自然灾害、火灾、重大工程事故、工人罢工等都会影响施工进度计划。

3.3.2 施工进度计划编制方法

1. 建设工程施工进度的编制方法

（1）横道图。较为广泛采用的一种编制进度计划的方法。特点是简洁明了、编制简便、使用直观。缺点是不能反映工作与工作之间的逻辑关系，不能得到更多的信息。

（2）网络计划图。有多种网络计划图，常用的有双代号网络图、单代号网络图等。其优点是能反映工作之间的逻辑关系，能找到关键工作和关键线路，能计算出合理的工期，能计算出每项工作的时间参数：最早开始时间、最早完成时间、最晚开始时间、最晚完成时间、总时差和自由时差。缺点是编制的时候比横道图困难。

2. 合理工期选择应考虑的因素

（1）合同工期，即业主需要的工期；

（2）考虑进度的同时要顾及对项目质量、安全、成本等方面的影响，选择影响小的进度计划来实施；

（3）计划编制尽可能细、小、短，计划细、小、短能使误差积累小，保证小进度来确保大进度；

（4）尽可能缩短检查的周期，及时发现计划偏差，便于及时纠正。

3.3.3 施工进度控制原理

1. 动态控制原理

施工项目进度控制是一个不断循环的动态控制过程。当实际进度与计划进度不一致时，便产生超前或落后的偏差。分析偏差的原因，采取相应的措施，调整原来计划，使两者在新的起点上重合，继续按其进行施工活动。但是在新的干扰因素作用下，又会产生新的偏差。施工进度计划控制就是这种动态循环的控制。

2. 系统控制原理

对施工项目实行进度控制，首先应编制施工项目的各种进度计划。其中有建设项目总进度计划，单位工程进度计划，分部分项工程进度计划，季、月、旬作业进度计划，这些计划组成一个建设项目进度计划系统。进度计划的编制由大到小，进度计划内容从粗到细。编制时从总体计划到局部计划，逐层进行控制目标分解，以保证计划控制目标落实。执行计划时，从月（旬）作业计划开始实施，逐级目标控制，从而达到对建设项目整体进度目标控制。

3. 信息反馈原理

信息反馈是施工项目进度控制的主要环节，施工的实际进度通过信息反馈给施工进度控制的施工人员，整理各方面的信息，经比较分析做出决策，调整进度计划，使其符合预定工期目标。

4. 弹性控制原理

施工进度计划工期长、影响进度的原因多，根据统计及经验，估计出影响的程度和出现的可能性，在确定进度目标时，进行实现目标的风险分析，编制施工进度计划时留有余地，使施工进度计划具有弹性。在进行施工进度控制时，可以利用这些弹性，缩短有关工作时间，或者改变它们之间的搭接关系，达到预期的计划目标。

5. 封闭循环原理

项目的进度计划控制的全过程是计划、实施、检查、比较分析、确定调整措施、再计划。从编制项目施工进度计划开始，经过实施过程中的跟踪检查，收集有关实际进度的信息，比较和分析实际进度与施工计划进度之间的偏差，找出产生原因和解决办法，确定调整措施，再修改原进度计划，形成一个封闭的循环系统。

6. 网络计划技术原理

在施工项目进度的控制中利用网络计划技术原理编制进度计划，根据收集的实际进度信息，比较和分析进度计划，又利用网络计划的工期优化、工期与成本优化和资源优化的理论调整计划。网络计划技术原理是施工项目进度控制的完整的计划管理和分析计算理论基础。

3.3.4 施工进度分析与调整

1. 分析进度偏差的影响

通过前述的进度比较方法，当判断出现进度偏差时，应当分析该偏差对后续工作和对总工期的影响。

（1）分析进度偏差的工作是否为关键工作。若出现偏差的工作为关键工作，则无论偏差大小，都对后续工作及总工期产生影响，必须采取相应的调整措施，若出现偏差的工作不为关键工作，需要根据偏差值与总时差和自由时差的大小关系，确定对后续工作和总工期的影响程度。

（2）分析进度偏差是否大于总时差。若工作的进度偏差大于该工作的总时差，说明此偏差必将影响后续工作和总工期，必须采取相应的调整措施；若工作的进度偏差小于或等于该工作的总时差，说明此偏差对总工期无影响，但它对后续工作的影响程度，需要根据比较偏差与自由时差的情况来确定。

（3）分析进度偏差是否大于自由时差。若工作的进度偏差大于该工作的自由时差，说明此偏差对后续工作产生影响，应根据后续工作允许影响的程度而定；若工作的进度偏差小于或等于该工作的自由时差，则说明此偏差对后续工作无影响，因此，原进度计划可以不做调整。

2. 施工项目进度计划的调整方法

在对实施的进度计划分析的基础上，应确定调整原计划的方法，一般主要有以下两种。

（1）改变某些工作间的逻辑关系。若检查的实际施工进度产生的偏差影响了总工期，在工作之间的逻辑关系允许改变的条件下，改变关键线路和超过计划工期的非关键线路上的有关工作之间的逻辑关系，达到缩短工期的目的。用这种方法调整的效果是很显著的，如把依次进行的工作改变为平行或互相搭接的，或分成几个施工段进行流水施工的，都可以达到缩短工期的目的。

（2）缩短某些工作的持续时间。这种方法是不改变工作之间的逻辑关系，而是缩短某些工作的持续时间，而使施工进度加快，并保证实现计划工期的方法。这些被压缩持续时间的工作是位于由于实际施工进度的拖延而引起总工期增长的关键线路和某些非关键线路上的工作。同时，这些工作又是可压缩持续时间的工作。这种方法实际上就是网络计划优化中的工期优化方法和工期与成本优化的方法。

3.4 建设工程施工安全管理

3.4.1 施工安全策划

1. 施工现场安全保证计划编制与修订

施工现场安全保证体系是工程项目部为达到预定的安全文明施工行为和事故预防必不可少的依据。

施工安全保证计划是依据施工现场安全施工保证体系规范要求，围绕项目部的安全目标，经过安全策划采取的控制措施，是向相关方证实项目部的安全管理能力。

（1）安全施工保证计划的编制。安全施工保证计划应在施工前编制完成。编制安全施工保证计划时，应确定适用的安全文件。安全施工保证计划要体现各施工要素，提出的具体实施方案，从总体上满足施工现场安全和有关法律法规要求，在实施方法上和具体控制措施上符合本施工企业、项目部及施工现场的实际，突出对危险源和环境因素的控制，特别是重大危险源和重大环境因素的控制，并以此为主线编制建设工程施工安全保证体系。

（2）安全施工保证计划的修订。当工程设计或施工条件发生变化时，会引起危险源和环境因素的变化，项目部在这些变化可能涉及危险源和环境因素时应进行补充识别、评价，对原计划是否需要修订做出评审，必要时进行修订，以确保安全施工保证计划的持续适宜性。经更改修订后的安全生产保证计划，应重新进行审批。

2. 安全施工保证计划的内容

（1）工程概况；

（2）安全管理目标；

（3）安全施工文件，适用的安全支持性文件；安全施工保证计划的适用范围和管理要求；

（4）安全保证措施。

①管理组织控制；项目部技术、管理人员名册；特种作业和中小型机械操作人员、监护人员名册。

②安全教育和培训的职责和权限；对员工进行安全教育和培训，培训从业人员上岗前必须具备的安全知识和技能，分析施工中存在的危险源和环境因素，违章指挥和冒险作业可能产生的不良后果。并确保在作业前和作业中由分包方对其从业人员实施必要的安全教育和培训。

③文件控制，项目部对收发文的收发记录控制的要求；明确收发文责任人和对文件处理的要求。

④物资控制，安全物资采购和进场验证的岗位职责和权限；内部调拨安全物资的控制要求；对分包商采购或自带安全物资的控制要求；对安全物资进行验收、标识、检查和防护的要求。

⑤分包控制，审核批准分包方编制的专项施工方案，包括安全技术措施。对分包方进行物资、工具、设施、设备安全控制。确认分包方进场的从业人员的资格，根据施工特点和内容进行针对性的安全教育、培训和施工交底，形成双方责任人确认的记录。

⑥施工过程控制，针对施工过程中需控制的活动，制订或确认必要的施工组织设计、专项施工方案、专项安全措施、安全程序、规章制度或作业指导书，并组织实施。

a. 将采购和分包活动中需实施控制的有关要求通知供应商和分包商，并按要求对其服务全过程进行控制；

b. 对从业的管理人员和操作人员进行针对性的资格能力鉴定、安全教育和培训、安全交底，及时提供必需的劳动防护用品；

c. 对施工设施、设备及安全防护设施的搭设和拆除进行交底与过程防护、监控，在使用前进行验收、检测、标识，在使用中进行检查、维护和保养，并及时调整和完善；

d. 对重点防火部位、活动和物资进行标识、防护，配置消防器材和实行动火审批；

e. 保护道路管线和周边环境，减少并有效处理废水、废气、粉尘、噪音、振动和固体废弃物，组织好施工期间的道路交通；

f. 对重大危险源和重大环境因素有关的重点部位、过程和活动，组织专人监控；

g. 对施工现场危险源、环境因素及安全生产的有关信息，与从业人员及相关方进行交流与沟通，对涉及重大危险源和重大环境因素的问题及时做出处理，并形成记录和回复。

⑦事故的应急救援。项目部针对可能发生的事故制订相应的应急救援预案，准备应急救援物资，并在事故发生时组织实施，防止事故扩大，以减少与之有关的伤害和环境影响。项目部应配合事故的调查、分析，并制订和实施纠正措施和预防措施。

⑧安全检查的控制。对安全检查中发现的不符合规定要求和存在隐患的设施、设备、过程、行为，定人、定时间、定措施进行整改处置，并跟踪复查。

对安全检查和整改处置活动进行记录，并通过汇总分析，寻找薄弱环节，确定需要改进的问题及采取纠正措施或预防措施的要求。

对用于检查的检测设备进行校正和维护，并保存校正和维护的记录。

⑨纠正措施和预防措施。项目部应对严重的或经常会发生的事故，提出的问题、隐患及整改要求，进行调查和原因分析，针对原因制订并实施相应的纠正措施或预防措施，以防止其再次发生。

所拟定的措施应在实施前通过安全风险和环境因素评价，要规定实施职责和进度计划，跟踪确认实施结果和有效性。

（5）安全评估。

①安全目标的完成情况和重大危险源和环境因素的控制状况；

②施工现场安全保证体系的自我完善机制的运行情况；

③从业人员遵纪守法和安全意识的提高情况；

④建立、实施和改进施工现场安全生产保证体系的经验和做法；为确保施工现场安全生产保证体系持续的适宜性、充分性和有效性，需要对安全目标以及安保体系进行改进的要求和措施。

（6）安全记录。本项目需建立的安全记录清单；如何、从哪里获得安全记录；安全记录的填写和保管要求。

3.4.2 危险源和环境因素辨识、评价和控制策划

危险源和环境因素是导致事故的根源，是施工现场安全生产保证体系的核心问题。辨识出施工现场相关的所有的危险源和环境因素，评价出重大危险源和环境因素，并以此为基础，制订出针对性的控制措施和管理方案，明确危险源和环境因素辨识、评价和控制活动与安全生产保证体系其他各要素之间的联系，对其实施进行控制，这是施工现场安全施工管理的基本思路，它体现的是系统的、主动的事故预防思想。

1. 危险源和环境因素辨识、评价和控制策划的步骤

（1）作业活动和管理业务活动的划分。施工区域、辅助生产区域、办公区的划分，可根据建筑给水、排水及采暖，建筑电气，智能建筑，通风与空调，电梯等几个分部进行作业活动的划分。

（2）危险源的分类。按事故发生过程中的作用分类，可分为第一类危险源和第二类危险源。第一类危险源是指施工过程中存在的、可能发生意外的能量（能源或能量

载体）或有害物质。第二类危险源主要包括物的故障、人的失误和环境因素三种类型。

（3）环境因素的分类。

①按环境因素的污染物分类：噪音、废水、粉尘、废气、废弃物、振动。

②按环境因素的影响分类：向水体的排放，向大气的排放、土地污染、废弃物处置、当地环境和社区问题。

（4）危险源与环境因素的辨识。危险源和环境因素的辨识方法很多的，如现场调查、工作危险性分析、安全检查表、危险与可操作性分析、事件树分析、故障树分析等。

（5）施工现场调查的形式。

①询问、交谈，对于项目部的某项工作和作业有经验的人往往能指出其工作和作业中的危险源和环境因素，从中初步分析出该项工作和作业中存在的各类危险源和环境因素。

②现场观察，通过对施工现场作业环境的现场观察，可发现存在的危险源和环境因素，但要求从事现场观察的人员具有安全、环保技术知识、掌握职业健康安全与环境的法律法规、标准规范。

③查阅有关记录，查阅企业的事故、职业病记录，可从中发现存在的危险源和环境因素。

④获取外部信息，从类似企业、类似项目、文献资料、专家咨询等方面获取有关危险源和环境因素信息，加以分析研究有助于辨识本项目施工现场有关的危险源和环境因素。

2. 施工现场进行系统的安全环境检查

对施工现场进行系统的安全环境检查，可以识别出存在的危险源和环境因素。分析人员依据现场观察、阅读系统文件、与操作人员交谈，以及个人的理解，通过回答安全检查表所列的问题，分析系统的设计和操作等各个方面与法律法规、标准、规定不符而产生的偏差。

3. 危险源和环境因素辨识的注意事项

（1）应充分考虑危险源和环境因素的分布。

①从范围上讲，应包括施工现场内受到影响的全部人员、活动与场所，以及受到影响的社区、排水系统等。包括可施加影响的供应商和分包商等相关方的人员、活动和场所。

②从状态上讲要考虑三种状态：正常、异常、紧急。

③从时态上讲要考虑三种时态：过去、现在、将来。

④从内容上讲应包括涉及所有可能的伤害和影响。包括人为失误、物料与设备过期、老化、性能下降造成的问题。

（2）弄清危险源和环境因素伤害与影响的方式或途径。确认危险源和环境因素伤害与影响的范围。要特别关注重大危险源和环境因素，防止遗漏。对危险源和环境因素保持高度警觉，持续动态辨识。充分发挥所有员工对危险源和环境因素识别的作用，广泛听取每个员工，包括供应商、分包商的意见和建议，同时征求上级单位、设计、监理和政府部门的意见。

4. 安全风险和环境影响的评价

安全风险的评价方法很多，如专家评价法、作业条件危险性评价法（LEC）、安全检查表法、头脑风暴法等等，每一种方法都有一定的局限性。一般来说，通过定量和定性相结合的方法进行危险源评价。环境影响的评价方法有专家评价法、打分法等。

（1）专家评价法。由项目部组织有丰富知识，特别是有系统安全工程知识、熟悉本项目施工工艺的技术和管理人员组成评价组，通过专家的经验和判断能力，对管理、人员、工艺、设备、设施、环境等方面已辨识的危险源和环境因素，评价出对本项目施工安全有重大影响的重大危险源和环境因素，必要时可以求助企业和社会的帮助。

（2）安全检查表。把过程加以展开，列出各层次的不安全因素，然后确定检查项目，以提问的方式把检查项目按过程的组成顺序编制成表，按检查项目进行检查和评审。结合所识别的危害事件发生的可能性及后果的严重性，决定其风险的大小。

5. 危险源和环境因素的控制

（1）项目部对评价出的重大危险源进行有效控制。对重大危险源和重大环境因素的控制采用以下方法：

制订目标、指标和管理方案；制订管理程序；培训与教育；制订应急预案；加强现场监督检查；保持现有措施。

（2）危险源的评审更新。当发生下列情况时，应按上述程序及时进行危险源辨识与评价工作：相关法律、法规发生变化时；施工活动内容或工艺发生重大变化时；职业健康安全与环境方针及目标发生重大变更时。

（3）当生产工艺及材料发生重大变化时，项目部应重新识别环境因素，并将变化的环境因素通过《环境因素排查表》反馈给工程管理部，由工程管理部核定、评价、更新环境因素，报总工程师审批。对新开工项目，要求项目在开工后编制施工组织设计阶段及时进行危险源辨识与评价工作，填写《危险源辨识与风险排查表》，并结合《重大危险源清单》建立本项目的《重大危险源清单》，通过编制职业健康安全管理计划实施有效控制。

3.4.3 施工安全方案及应急预案的编制要求

1. 施工安全技术方案的编制要求

施工安全技术方案作为施工指导性文件的重要组成部分，应符合参照施工指导性文件管理规定要求进行编制，施工技术方案的编制要求参照施工技术方案的编制要求。

2. 应急救援预案的编制要求

项目部应针对可能发生的事故制订相应的应急救援预案。准备应急救援的物资，并在事故发生时组织实施，防止事故扩大，以减少与之有关的伤害和环境影响。

（1）编制、审核和确认。

①编制要求。应急预案的编制应与施工安全保证计划同步编制，根据对危险源与环境因素的辨识结果，确定可能发生的事故或紧急情况的控制措施失效时所采取的补充措施和抢救行动，以及针对可能随之引发的伤害和其他影响所采取的措施。

应急预案是规定事故应急救援的工作的全过程。应急预案适用于项目部施工现场范围内可能出现的事故或紧急情况的救援处理。

应急预案中应明确：应急救援组织、职责和人员的安排，应急救援器材、设备的准备和平时的维护保养；在作业场所发生事故时，如何组织抢救，保护事故现场的安排，其中应明确如何抢救，使用什么器材、设备；应明确内部和外部联系的方式、渠道，根据事故性质，制订在多少时间内由谁如何向上级单位、政府主管部门和其他有关部门通知，需要通知有关的近邻及消防、救险、医疗等单位的联系方式；工作场所内全体人员如何疏散的要求；应明确应急救援预案，根据实际情况定期和不定期举行应急救援的演练，检验应急准备工作的能力。

②审核和确认。由项目部所属上级单位的有关部门，对应急预案的适宜性进行审核和确认。

（2）应急预案的内容：目的，适用的范围，引用的相关文件，应急准备，组织机构、应急救援指挥流程图、急救工具、器材，应急响应。

（3）事故的应急响应。

①一般事故的应急响应。当事故或紧急情况发生后，应明确由谁向谁汇报，同时采取什么措施事态扩大。现场领导如何组织处理，在多少时间内向公司领导或主管部门汇报。

②重大事故的应急响应。重大事故发生后，由谁最短时间内向项目部领导汇报，如何组织抢救，由谁指挥、配合对伤员、财务的急救处理，防止事故扩大。项目部立即汇报：向内汇报多少时间、报告哪个部门、报告的内容。向外部报告：什么事故，可以由项目部直接向外报警。

（4）演练和预案的评价及修改。项目部还应规定定期演练的要求和具体项目，演练或事故发生后，对应急救援预案的实际效果进行评价和修改预案的要求。

3.4.4 施工安全技术交底、作业指导书的编制要求

1. 安全技术交底

安全技术交底作为施工交底中的重要组成部分，是确保施工现场作业人员的安全作业的一个重要措施。编制安全技术交底注意的内容。

（1）安全技术交底的措施必须具有针对性。安全技术交底的措施的制定，首先要明确施工交底中施工作业活动的内容，根据作业活动采用作业活动危险性分析辨识存在的危险源和环境因素。根据辨识出来的危险源和环境因素评价出风险度，再根据风险度的大小制定出相应的安全技术措施来控制危险源和环境因素的影响。这样的安全技术措施才是具有针对性，具有可操作性的。

（2）安全技术交底措施制订必须要落实责任人。安全技术措施制定后关键的是落实责任人进行措施的实施，根据安全生产责任制的不同，把安全技术交底措施的内容落实到相应的项目经理、施工员、安全员、班组长等人员，并订好有关的责任考核，督促落实安全技术措施的落实。

（3）安全技术交底措施的制订落实相应的防护措施。施工员在制订安全技术交底措施时，必须要对作业施工人员提供合格有效的安全防护措施，如合格的登高设施、良好的用电设备及机具、合格的漏电保护装置等。确保施工作业人员在施工作业时有合格的防护设施，保证施工生产的安全。

（4）安全技术交底措施制订时必须考虑到重大危险源和重大环境因素。针对重大危险源和环境因素，施工员在制订措施时一定要重点进行交底，并告知重大危险源和环境因素的内容和防护要求。对极其危险的作业，必须要制订专项安全防护措施方案，要求进行审核及审批，施工员应到现场直接进行作业指导和交底，并制订作业指导书进行交底。

（5）安全技术交底措施制订中必须明确施工作业时的安全专职监控员。根据施工内容的危险程度和对环境影响的大小，要专门派出专职的安全监控人员进行现在监控，保证施工生产的顺利进行。

2. 作业指导书的编制要求

（1）作业指导书的内容。作业指导书有施工作业内容、如何进行安全操作和注意事项、发现安全隐患如何进行处理。

（2）作业指导书的编制具体要求。

①应明确施工作业的全班内容、工作的范围、部位、数量、负责的部门或负责人。

②根据具体的作业内容如何结合工种的安全操作技术规程，对操作规程进行增或减，特别是有安全技术参数控制更应交待清楚。主要使作业指导书具有针对性、适用性，使作业人员明确该如何进行操作。

③要让作业人员清楚知道，在作业环境中的重大危险源、一般危险源和重大环境因素。项目部采取的控制措施及安全防护设施，作业人员应明确知道如何进行防护，加强作业人员的责任心，防止无意识的损坏各类安全防护设施。

对在作业过程中发现的安全隐患或碰到的可能存在的问题，在作业指导书中要有明确的描述。安全作业指导书在编制过程中，关键是上述三个内容不能有缺项，并应履行双方签字确认手续。

3.4.5 安全、环境检查的方法

安全、环境检查是保证安全生产的必要措施，在检查中发现的安全隐患和环境影响在没有造成事故前就能进行弥补。

1. 安全检查方法和内容

安全检查的方法有很多，如现场巡视、安全记录检查、安全检查表等方法。这些方法要求检查人员掌握一定的法律法规、施工技术、安全管理等方面的要求。所以一般项目部检查时必须组成安全检查小组，人员由项目经理、施工员、安全员、机具员等人员组成。同时要求安全检查必须有制度，明确检查的周期、人员和内容。

（1）现场巡视。现场巡视是最基本的安全检查方法，也是最普遍使用的安全检查方法。它的特点是简单、实效，但有些安全技术方面的隐患不容易发现。

项目部进行安全现场巡视时根据安全检查制度的要求由项目经理带队组成安全检查小组，对现场进行抽查，检查时要具有针对性，特别是上次检查下来的安全隐患的落实情况，存在重大危险源的场所和施工内容是检查的重点。检查完毕后要进行相应的记录，并填写到安全检查记录表中进行备案。

（2）安全记录检查。安全记录检查就是针对在施工过程中各类管理人员、作业人员填写的安全记录的内容进行检查，发现其中存在的不符合。一般项目部的安全记录检查由项目工程师（安全工程师）组织安全员、施工员、机具员等互相进行检查，特别是要检查相应的施工方案、安全防护措施、安全资金的保障、安全技术交底、作业指导书、安全检查记录、纠正与预防措施等内容。

（3）安全检查表检查。进行安全检查前需编制好安全检查表，也可参照一些现有的安全检查表的形式，如JGJ59—2011检查表、临时用电检查表等。根据每次检查的内容不同编制和采用不同的安全检查表。安全检查表的内容必须符合要检查的施工作业活动的内容，编制内容时要考虑人的因素、机械设备的因素、施工材料的因素、法律法规的要求和作业环境的影响等五个方面。

2. 环境检查方法

环境检查的方法一般有现场巡视检查、环境监测检查等方法。

环境因素对周围环境、社区、水土、大气等的影响一般都是一些定性的描述，所以对项目部存在的重大环境因素要通过专门的检测设备进行检查，从而确定对环境的影响程度。

监测的内容有：施工噪音、施工粉尘、污水排放、光污染等内容。施工噪音的监测方法参照GB/T 14623《城市区域环境噪音测量方法》进行监测。污水排放的监测方法参照GB8978《污水综合排放标准》进行检测。

3.4.6 安全、环境隐患整改的要求

安全隐患整改原则是：首先，要考虑消除安全隐患风险；其次，考虑降低安全隐患的风险；最后，考虑个体防护措施限定风险。

1. 安全隐患整改的要求

项目部对安全检查出来的安全隐患要进行必要的处理，落实整改，确保安全施工。

一般小隐患可以采用当场改正、事后进行相应的安全教育、安全处罚等措施保证同样的隐患不重复出现。相同类型的小隐患重复出现3次以上，则必须要进行纠正预防措施的制订。

重大的安全隐患必须要立即整改，进行纠正预防措施的制订，整改时要实行“四定”的原则，即定方案、定措施、定责任人、定期限。

（1）定方案：重大隐患的整改方案由项目部组织有关人员编制完善的整改方案，并报公司进行审批，审批后由项目部实施整改。

（2）定措施：落实整改前的预防方法，防止在整改前及整改过程中发生事故。

（3）定责任人：将整改前的责任人具体落实到各个管理人员，并负责跟进整改效果。

（4）定期限：要在规定的时间内，保质保量地完成，整改完毕后上报有关部门检查验收。

2. 环境安全隐患整改的要求

环境安全隐患整改要考虑首先解决重大的环境污染，例如，防止发生火灾，辐射源泄漏等重大环境因素。施工现场主要集中的重大环境污染就是火灾，要消除火险隐患，必须根据《中华人民共和国消防法》、《消防条例》和《消防安全管理规定》进行整改。

其他环境隐患整时一定要制订相应的、能减少环境影响的措施。例如，对施工废弃物必须要有集中回收，集中处理，处理单位要符合相应的资质要求等措施。

3.4.7 安全事故处理的基本要求

工程安全事故处理必须及时、全面、细致、准确、客观地反映原始面貌，调查组成立后，应立即对事故现场进行勘察。现场勘察是项技术性很强的工作，它涉及广泛的科学技术知识和实践经验。勘察的主要内容如下。

1. 笔录内容

发生事故的时间、地点、气象等；现场勘察起止时间、勘察过程；现场勘察人员的姓名、单位、职务；安全事故所造成的破坏情况、状态、程度；设施设备损坏或异常情况及事故发生前后的位置；事故发生前的劳动组合，现场人员的具体位置和行动；重要

物证的特征、位置及检验情况等。

2. 实物拍照

（1）方位拍照：反映事故现场周围环境中的位置。
（2）全面拍照：反映事故现场各部位之间的联系。
（3）中心拍照：反映事故现场的中心情况。
（4）细目拍照：揭示事故直接原因的痕迹物、致害物等。
（5）人体拍照：反映伤亡者主要受伤和造成伤害的部位。

3. 现场绘图

根据事故的类别和规模以及调查工作的需要，应绘制出建筑物平面图、剖面图；事故发生时人员位置及疏散（活动）图；破坏物立体图或展开图；涉及范围图；设备或工、器具构造图等。

4. 事故调查

（1）通过详细的调查，查明事故发生的经过。弄清事故的各种产生因素，如人、物、生产和技术管理、生产和社会环境、机械设备的状态等方面的问题，经过认真、客观、全面、细致、准确地分析，确定事故的性质和责任。

（2）事故分析时，首先整理和仔细阅读调查材料，对受伤部位、受伤性质、起因物、致害物、伤害方法、不安全行为和不安全状态等7项内容进行分析。

（3）事故原因分析时，应根据调查所确认的事实，从直接原因入手，逐步深入到间接原因。通过对原因的分析，确定出事故的直接责任者和领导责任者，根据在事故发生中的作用找出主要责任者。

（4）确定事故性质。工地发生伤亡事故的性质通常可以分为责任事故、非责任事故和破坏事故。事故的性质确定后，也就可以采取不同的处理方法和手段。

（5）根据事故发生的原因，找出防止发生类似事故的具体措施，并应定人、定时间、定标准，落实措施。

5. 事故调查结论

事故调查组在查明事故情况以后，如果对事故的分析和事故责任者的处理不能取得一致的意见，劳动部门有权提出结论性意见；如仍有不同意见，应当报上级劳动部门或者有关部门；仍不能达成一致意见的，报同级人民政府裁决，但不得超过事故处理工作时限。

事故调查组提出的事故处理意见和防范措施，由发生事故的企业及其主管部门负责处理。

（1）因忽视安全生产、违章指挥、违章作业、玩忽职守或者发现事故隐患、危害情况而不采取有效措施以致造成伤亡事故的，由企业主管部门或者企业按照国家有关规定，对企业负责人和直接责任人员给予行政处分；构成犯罪的，由司法机关依法追究刑事责任。

（2）在伤亡事故发生后隐瞒不报、谎报、故意延迟不报、故意破坏事故现场，或者无正当理由，拒绝接受调查以及拒绝提供有关情况和资料的，由有关部门按照国家有关规定，对有关单位负责人和直接责任人员给予行政处分；构成犯罪的，由司法机关依法追究刑事责任。

（3）在调查、处理伤亡事故中玩忽职守、徇私舞弊或者打击报复的，由其所在单位按照有关规定给予行政处分；构成犯罪的，由司法机关依法追究刑事责任。

伤亡事故处理工作应当在 90 日内结案，特殊情况不得不超过 180 日。伤亡事故处理结案后，应当公开宣布处理结果。

对于特大安全事故，省、自治区、直辖市人民政府应当自调查报告提交之日起 30 日内，对有关责负人做出处理决定；必要时，国务院可以对特大安全事故的有关责任人员做出处理。

6. 建设部对事故的审理和结案的要求

（1）事故调查处理结论报出后，须经当地有关有审批权限的机关审批后方能结案，并要求伤亡事故处理工作在 90 日内结案、特殊情况也不得超过 180 日。

（2）对事故责任者的处理，应根据事故情节轻重、各种损失大小、责任轻重加以区分，予以严肃处理。

（3）清理资料进行专案存档。事故调查和处理资料是用鲜备和教训换来的，是对职工进行教育的宝贵资料，也是伤亡人员和受到处罚人员的历史资料，因此，应完整保存。

（4）存档的主要内容有：职工伤亡事故登记表；职工重伤、死亡事故调查报告书、现场勘察资料记录、图纸、照片等；技术鉴定和实验报告；物证、人证调查材料；医疗部门对伤亡者的诊断及影印件；事故调查组的调查报告；企业或主管部门对其事故所作的结案申请报告；受理人员的检查材料。

3.5 施工质量管理

工程质量的形成是一个系统的过程，是可行性研究阶段、决策阶段、勘测设计阶段、施工阶段、保修阶段质量的综合反映。

施工阶段是根据设计文件和合同的要求，通过施工形成工程实体；是保证工程的安全和使用功能，保证工程使用价值实现的关键阶段。在该阶段中，建设单位、勘察设计单位、施工单位、工程监理单位及工程质量监督机构的质量责任和行为会严重影响了工程质量。因此，施工阶段是工程质量管理和控制的关键阶段。

施工阶段有施工准备、施工过程和竣工验收 3 个阶段。

3.5.1 施工质量策划

1. 质量的基本概念

（1）工程质量。建筑工程实体是一种多专业综合加工的产品。由于建筑工程实体具有“单件、定做”的特点，因此，其实体质量特性除具有一般产品所共有的特性之外，还有其特殊之处。

建设工程为了满足人们日常生活和生产活动的各种需要，就必须具有一定的使用价值和质量要求。建设工程的质量要求：

①可靠性。可靠性是指建设工程具有坚实可靠的能力，足以承担它所负载的人和物的重量，风、雨、雪和地震等自然灾害的侵袭，使人们在其内部空间生产和生活时有一定的安全感。

②安全性。安全性是指工程建成以后保证结构安全，保证人身和环境免受危害的可能性。建设工程交付使用后，必须保证人身财产、工程整体都能免遭工程结构破坏及外来危害的伤害。

③耐久性。耐久性是指工程确保安全，能够正常使用的年限，也是工程竣工以后的合理使用寿命周期。

④经济性。经济性是指工程从规划、勘察、设计、施工到整个产品使用寿命期内的成本和消耗。

⑤观赏性。观赏性是指建设工程质量不仅表现为其使用价值，而且还有观赏价值。

⑥协调性。建设工程与环境的协调性，实际上是指其能否适应可持续发展的要求。建设工程具有明显的社会性，它不仅影响城市的规划，而且将影响社会可持续发展的环境。

（2）工作质量。工作质量是指与工程质量有关的工作，保证工程质量的水平和程度。也就是在施工过程中人和管理部门为保证工程质量，其完成规定的职责、工作的水平和程度。工作质量的特点有：

①全面性：包括施工企业所有部门和人员。其中施工企业最高管理者的工作质量是最主要的，起着决定的作用；

②基础性：是保证工程质量，增加经济效益的所有基础工作。它体现在一切生产、技术、经营活动的基础工作之中，并最终通过工程质量表现出来。

（3）工程质量与工作质量之间的关系。工程质量的好坏是施工过程的各方面工作质量的综合反映，而不是单纯靠质量检验出来的。为此工程质量取决于施工企业各方面的工作质量，是各方面工作质量的综合反映。

工作质量是工程质量的保证，工程质量是工作质量的反映。

2. 工程施工三个阶段

从合同签订到竣工验收保修为止的整个施工过程划分为施工准备阶段、施工过程阶段和验收保修阶段。

（1）施工准备阶段。该阶段就是指项目开工前所进行的一切施工准备工作。由于安装工程牵涉许多专业，各个专业工程施工内容不同，其所需要的物质技术条件、组织要求和现场布置都不同，因此，各个专业工程的施工准备工作可视施工进度不同而不同。有些专业工程的准备工作可以在项目正式施工后，按不同专业施工进度而进行。

（2）施工过程阶段。该阶段就是指项目的全面施工阶段，是按照图纸、技术要求、规范、工艺、标准施工，全面形成工程项目实体的最重要阶段。

（3）验收保修阶段。该阶段就是指对项目进行试车运转、功能安全试验、检查验收，考核项目是否达到合同所规定的要求以及对用户的一些服务性管理工作。

3.5.2 施工现场质量管理体系

1. 施工现场质量管理体系

建立项目质量管理体系主要依靠项目经理根据合同要求和自身条件来组织项目管理部门、确定本项目质量环节、制定项目质量目标、明确质量责任和权限和本项目的质量体系文件。

项目质量管理体系的有效运行也要依靠以项目经理为首的项目管理部进行组织协调、实施质量监督、开展信息反馈以及体系的审核评审来实现。

2. 施工现场质量责任制

施工现场的质量责任制，是其项目质量管理体系的一个重要组成部分，也是项目质量目标得以实现的重要保证。

施工质量是以合同规定的设计文件和相应的技术标准来确定和衡量的。施工单位对施工质量负责，保证工程施工的全过程和工程的实物质量符合设计文件和相应的技术标准的要求。

在建立质量责任制时，必须要建立与项目实际情况相对应的现场质量管理制度。其中包括有工程质量验收评定办法、质量奖惩与罚款制度、质量例会制度、工程资料管理办法、工程质量回访保修办法、工程施工管理办法、材料管理办法和工程计量检测管理办法。

施工员是项目管理部的关键人员，其质量管理意识、专业技能以及完成工作职责的程度对工程质量的保证起到关键作用。

3. 施工准备阶段质量管理内容

施工准备阶段的质量管理（控制）的内容包括技术准备、物质准备、组织准备、现场准备。

（1）技术准备：熟悉项目施工图纸，参加图纸会审与技术交底；项目施工现场自然条件和经济技术条件的调查分析；施工图预算和施工预算；编制施工指导性文件包括质量计划和施工组织设计；制定工期计划、质量目标计划、质量监督（检验）计划、材料采购计划等。

（2）物质准备：材料配件的合格供应方的选择；进货检验；施工机具、工艺设备准备；配备施工所需要的计量测试仪器等。

（3）组织准备：建立项目部组织机构：选择合格施工分包方；组织施工队伍；项目所需特殊工种的人员配备和培训取证工作等。

（4）现场准备：施工现场临时设施准备；水准点和基础测量；组织机具材料进场；编制季节性施工措施；制定现场管理制度等。

4. 图纸会审与技术交底

施工员在参加技术交底以前要有准备，要熟悉施工图纸。参加时必须对设计意图、特殊的工艺要求、各专业施工难点、疑点和容易发生的问题要有充分了解，重点是图纸是否符合标准、规范和工程建设强制性标准的要求，提出和解决施工可能发生的难点、疑点，并要形成会审与技术交底记录，作为今后施工的依据。

5. 编制施工组织设计和质量计划

在施工准备阶段，编制施工组织设计和质量计划是很重要的一项工作，它关系到施工的全面质量控制，施工员必须参与制定和了解。

（1）施工组织设计。施工组织设计是指导项目施工的技术指导性文件，是项目施工的技术总纲。特定项目的施工组织设计是指导该项目施工准备和施工全过程的组织、技术和经济的综合性文件，它是根据该项目工程特点和施工要求来编制的，既有技术要求，又有经济要求，既有技术措施，又有组织措施。

施工组织设计内容：主要实物量及货币工作量，施工准备计划，施工组织部署和施工总进度计划，主要施工方法及技术措施，各项保证质量和安全措施，施工主要材料、机具、计量器具需用计划，施工用临时设施及施工平面图等。

（2）质量计划。项目质量计划也是指导项目施工的纲领性文件，是企业质量手册在工程项目的具体化。它是根据合同的要求，从质量体系要素活动出发，对项目或合同达到质量目标而规定采取的质量措施、资源和活动顺序的文件。质量计划中所规定的各项措施、资源和活动顺序应具有针对性和可操作性，不可脱离实际情况抄录已有的文件。

质量计划内容：已确定的质量体系要素活动的概述，施工过程中对人、机、料、法、环各因素的质量控制措施，质量检验与试验（特别是关键过程、特殊过程、隐蔽过程），各层次质量验收计划以及质量改进措施，质量活动结果见证性资料表式，满足用户提出的质量保证要求的措施等。

施工组织设计和质量计划都是施工指导性文件，但是其指导施工的原理有不同之处。

施工组织设计主要是从技术和经济上，采取各项保证技术、质量、安全的组织措施，保证项目施工达到规定的要求。

质量计划是在建立的项目质量体系的组织结构的基础上，配备合理的资源，使质量体系各要素按规定的程序活动，保证施工过程的输出达到规定的质量目标。

施工组织设计和质量计划的编制质量是施工准备中质量管理和控制的一项非常重要的内容，也是施工技术人员一项重要的职责。

6. 材料设备采购

材料设备质量是工程质量的基础。安装工程项目涉及多种专业，规格品种繁多，技术要求高，管理难度大，其中采购是非常重要的环节，是质量管理和控制的重点。必须对以下内容加以重点控制：

（1）材料采购计划。要注意对规范、图纸和订货单的要求，施工进度的要求，其中特别要注意材料标准的要求，以便向供应方订货时明确质量保证要求。

（2）合格供应方的资质和选择。对于一个施工企业来说，为保证施工项目所需材料的质量，一个稳定的、保证供应的、合格的供应方是非常重要的。对于一个项目来说，应根据质量要求和所需材料质量特性的重要程度选择合格的供应方队伍。

（3）材料的质量保证和检验方法的协议。注意要有明确规定的质量保证要求和材料的检验方法。

（4）进货计划和进货检验。

（5）检验的记录。

7. 施工仪器仪表

在施工准备工作中，按工程质量要求，选择相应的设备，配备必要的仪器仪表。要按施工技术规范、标准和施工进度制定“项目计量器具配备计划及情况表”，便于计量管理人员可按项目施工进度要求配备合格而有效的计量器具。

项目计量器具配备计划及情况表的内容：器具名称型号规格；使用日期、领用日期和检验日期；质量控制的关键是器具的有效日期。

8. 施工现场质量管理检查记录表

在《建筑工程施工质量验收统一标准》GB50300 中，用施工现场质量管理检查记录表来对施工现场的质量行为能力进行综合评价。

（1）施工现场质量管理检查记录表的主要内容为：现场质量管理制度；质量责任制；专业上岗证书；分包资质及分包管理；施工图审查情况；施工组织设计及施工方案审批；施工技术标准；工程质量检验制度；计量设置；材料、设备管理等。

作为一个施工员应该了解该表的主要内容，并以此来检查自己所作的施工准备工作的情况。

落实该表的要求，如实填写，可检查该施工现场施工准备工作的情况，考核是否具备施工质量行为和能力。

（2）施工现场质量管理检查记录表的填写。

①该表填写时间应在开工之前，目的是做好施工准备工作；

②该表由施工单位现场负责人填写以后，并将有关文件的原件或复印件附在后面；

③由总监理工程师（建设单位项目负责人）对施工现场验收核查，核查合格后，将资料返还施工单位，并签字认可。

（3）按照有关要求，填写的常见问题有：

①工程名称栏。填写工程名称的全称，与合同或招投标文件中的工程名称一致。

②现场质量管理制度栏。主要包括工程施工管理办法、施工技术管理规定、工程质量验收评定办法、质量奖惩制度、质量罚款制度、质量例会制度、质量回访保修办法等。

③质量责任制栏。包括项目质量组织机构、项目岗位质量责任制。

④主要专业上岗证书栏。包括项目管理人员任命、项目管理人员岗位证书、主要专业工种操作证书。

⑤分包资质及分包管理栏。包括分包资质证明、工程分包管理办法。

⑥施工图审查情况栏。重点审查施工图审查机构施工图审图章号。

⑦施工组织设计及施工方案栏。重点检查有无针对性的具体措施，并有贯彻执行的措施。如主要施工方法及技术措施（标准、工艺落实，强制性标准的实施）、保证工程质量的措施（按验收规范进行质量评定的条款，功能、安全和检测的落实）等。

⑧施工技术标准栏。包括建筑工程施工质量验收统一标准、本项目施工各专业工程施工质量验收规范、施工现场施工所用的相应标准（施工工艺、工法、操作规程）和检测方法标准。这些标准要有批准程序，由企业技术负责人审查批准。

⑨工程质量检验制度栏。包括工程质量验收评定办法、材料抽样检验规定等。

⑩现场材料设备管理栏。主要是材料管理办法、保护材料、设备质量的措施和场地等。

3.5.3 施工过程质量控制

施工阶段质量控制是按照设计图纸、技术要求、规范、工艺、标准的要求，通过施工形成工程实体的最重要阶段。

施工质量管理和控制是根据设计和工艺技术文件，根据项目施工组织设计（方案）和质量计划、质量目标计划、质量监督计划及各种计划，对影响施工质量的各项因素实施具体控制的活动。这种控制是在加强以自检、互检和专检的基础上，重点控制工序质量，全面控制施工质量。

1. 落实施工现场质量责任制

在施工阶段中关键是落实施工准备阶段所建立的各项管理制度，这些制度包括对人、机、料、法、环等因素控制的质量责任的落实。

落实质量目标计划，建立考核标准，并层层分解到具体的责任单位和责任人，赋予相应的质量责任和权力。通过层层落实质量责任制这一手段，做到事事有人管，人人有职责，保证工程的施工质量。在施工过程中，要对关键施工过程和过程节点实施重点控制。责任人应具备相应的个人从业资格。这些管理制度的核心是质量责任制。

2. 工序质量控制

工序质量是基础，直接影响工程项目的整体质量。特别是影响功能和安全的关键工序质量得到严格的控制，整个工程的质量才能得到保证。要控制工程项目施工过程的质量，首先必须控制工序的质量。

（1）工序质量的控制，就是对工序活动条件的质量控制和工序活动效果的质量控制，据此来达到对整个施工过程的质量控制。

（2）设置工序质量控制点。设置工序质量控制点是工序质量控制的重要内容。工序质量控制点是指为了保证工序质量而需要进行控制的重点或关键部位或薄弱环节，使工序处于良好的控制状态。

在设置工序质量控制点时，一般应以施工方案为基础，以各施工专业的操作工艺为出发点，确定工序质量控制流程。设置工序质量控制点，要对施工的工程对象进行全面分析、比较。质量控制点的涉及面广，根据工程特点，视其重要性、复杂性、精确性、质量标准和要求，可能是结构复杂的某一工程项目，也可能是技术要求高、施工难度大的某一结构构件或分项、分部工程，也可能是影响质量关键的某一环节中的某一工序或若干工序。要分析所设置的质量控制点在施工中可能出现的质量问题，或造成质量隐患的原因，针对隐患的原因，相应地提出对策措施予以控制。

（3）设置质量控制点应遵循的基本原则：

①该安装工程施工的关键工序或关键部位，对工程质量能产生重要影响和作用的工序；

②对下道工序的质量保证将有重要影响的工序；质量不稳定、质量问题较多、不合格率较高的工序，应作为质量控制点来设置；

③新工艺、新技术、新材料的应用，施工操作人员缺乏经验，必须对其工序操作作为质量控制点设置。

（4）工序质量的控制。工序质量着重应该从 3 个方面进行控制：

①材料、设备的进场验收的控制。对工程施工的主要材料、设备（不管是建设单位提供的，还是施工单位自行采购）都要对照产品出厂合格证和订货合同逐项进行检查，检查应有书面记录和专人签字，未经检验或检验达不到规定要求的，不得进入现场。凡是涉及安全、功能的有关产品，都应按相关专业工程质量验收规范的规定进行复验。复验时都应按有关产品标准规定进行。

②实行三点制（控制点、检查点、停止点）的质量控制制度。这三点都是在工序的工艺流程中，按施工技术标准设置的质量控制点，但是其重要程度逐步提高。

a. 控制点是工艺流程中能检查的点，在操作中都达到质量要求。

b. 检查点是比较重要的控制点，控制时，看看其措施是否有效，质量指标的数据是否达到规范规定。检查的数据可以作为班组自检记录，也可以作为专业质量员控制数据记录，以说明控制措施的有效性和控制的结果。

c. 停止点就是对一些重要的控制点和检查点进行全面的控制检查。这种检查可以班组自检后，由专业质量员认可，也可以是质量员自行检查。控制检查时要停止生产或生产告一段落，检查完成后应填写规定的表格，可作为生产过程控制结果的数据，也可能是检验批中检验数据，填入检验批自行检验评定表。

③各工序完成之后或各专业工种之间的交接检验的控制。工序交接检验是指上道工序施工完毕后即将转入下道工序施工时，对交方的工序质量进行的一种检验。这种工序交接检验一般可分为班组之间的交接检验；专业施工和土建、装修施工之间的检验；各专业施工之间的检验；承包单位之间的检验等。前道工序质量给后道工序提供了良好的工作条件，使后道工序的质量得到保证。同时经过后道工序的确认，也给前道工序质量给予认可，促进了前道工序的质量控制。这样施工质量得到了控制，也分清了质量责任。

交接检验控制时应该形成记录，这样既能保证交接工作执行标准、符合规范规定，又便于分清发生质量问题的责任，防止不必要的纠纷。

3. 突出对关键过程、特殊过程、隐蔽工程的质量控制

关键过程、特殊过程，是根据施工设计文件、规范、标准所确定的，对保证整个工程项目达到功能性、安全性和合同质量要求的，非常重要的施工过程。隐蔽工程，是指那些施工完毕后将被下一道工序的继续施工所掩盖的工序。如果不认真做好隐蔽工程的质量控制和检验工作，就容易给工程留下隐患。因此，在施工过程质量控制中，必须突出对关键过程、特殊过程、隐蔽工程的质量控制。这既是工程进度控制的需要，又是质量控制的需要。关键过程、特殊过程、隐蔽工程在施工组织设计、质量计划、质量目标计划和质量监督计划中都应有明确的界定。

对关键过程、特殊过程、隐蔽工程的质量检验的控制都要按程序规定的要求进行。对它们的检验都要在班组自检互检后，由专业质量员检查认可；都要形成规定的验收记录，由责任人员确认后，才可转入下道工序的继续施工。

关键过程中需进行理化试验和无损检测的，都要按规定的要求进行。特殊过程检验时还应对作业人员的持证资格、工艺有效性和检测设备的周期有效性进行检查。隐蔽工程在隐蔽前，施工单位除了要做好检查、检验并做好记录之外，还要及时通知建设单位（监理单位）和建设工程质量监督机构，以接受政府监督和向建设单位提供质量保证。其质量检验要根据《建设工程施工合同文本》中对隐蔽工程验收所作的规定进行，特别要处理好与监理工程师和工程质量监督机构的关系。

做好了对关键过程、特殊过程、隐蔽工程的质量控制工作，就使项目质量得到了保证。

4. 加强对中间验收、检验批、分项工程、分部工程的质量控制

中间验收是已交工的分项工程、分部工程而建设单位需单独先使用的工程。检验批、分项工程、分部工程质量验收是重要的质量层次验收。它们既是工程进度控制的重要节点，又是重要的质量控制点，为此要特别加强对它们的质量控制。

（1）对检验批、分项工程、分部工程和中间交工的验收，必须在自我检查的基础

上进行。工程质量验收首先是班组的自检互检。它是由承担检验批、分项工程的工人和班组，在施工操作过程中和完成后所进行的。自检互检突出了生产过程的质量控制，把质量问题和缺陷解决在施工过程中。这类工程的质量在提交监理单位验收以前，必须要由施工企业自行检查评定合格。对于监理单位的验收来说，这种检查和评定是企业内部质量部门的检查，也是一种施工者的自我检查。

（2）加强对验收程序及组织的质量控制。检验批、分项工程验收是在施工企业自行检查评定合格的基础上，由监理工程师或建设单位项目技术负责人组织施工单位的项目专业技术负责人等进行。分部工程验收也是在施工企业自行检查评定合格的基础上，由总监理工程师或建设单位项目负责人组织施工单位的项目负责人（项目经理）和技术、质量负责人及设计单位的项目负责人等进行。加强对这方面的质量控制，并要形成记录。

5. 设计变更和材料代用

在施工过程中，设计变更和材料代用是经常发生的。设计变更和材料代用关系到工程安全和功能性的要求，关系到工程施工进度和质量。为此要加强对设计变更和材料代用的控制。设计变更要有手续，要有设计变更通知单或技术核定单；材料代用要有记录。签字要齐全，作为施工质量控制和质量验收的依据。

6. 质量保证资料和施工记录

（1）工程质量保证资料。工程质量保证资料是保证工程结构安全及使用功能，保证设备和材料主要性能的技术资料和数据，是工程质量的重要支撑性资料。

工程质量保证资料是否齐全完整和正确的主要作用是：保证工程结构安全，设备主要性能及工程使用功能；便于对工程质量进行系统核查，进行综合测试，加强对工程质量的控制；通过核查来确保与工程施工的同步性、真实反映工程施工质量；参与对分层次质量验收和单位工程质量最终验收评定，是工程质量验收评定的重要依据。

工程质量保证资料内容在《建筑工程施工质量验收统一标准》GB50300、《建筑节能工程施工质量验收规范》GB50411 和《工业安装工程施工质量验收统一标准》GB50252 中都分别有规定的内容。

（2）民用建筑安装工程质量保证资料。民用建筑安装工程质量保证资料主要分 5 个分部工程：建筑给排水及采暖、通风与空调、建筑电气、建筑智能化和电梯工程。由工程质量控制资料和工程安全和功能检验资料及主要功能抽查记录组成。

（3）工业安装工程的质量保证资料。工业安装工程的质量保证资料主要分 7 个分部工程：工业设备安装工程、工业管道工程、电气装置安装工程、自动化仪表安装工程、工业设备与管道防腐蚀工程、工业设备及管道绝热工程、工业炉砌筑工程。

由于工业安装工程涉及专业面较广，对各种专业和特殊要求的工程，可根据各专业验收规范和合同的要求，增加质量保证资料内容。

例如，管道、设备焊接记录，无损检测、热处理记录，清洗、脱脂、清扫记录，绝缘、接地电阻测试记录，强度试验、气密性试验报告等等。

（4）工程质量保证资料的一般要求：

①质量保证资料的是否齐全，内容与标准一致否；

②质量保证资料是否真实可信；

③质量保证资料的抄件和复印件应注明原件存放单位，原件存放单位红色图章并有抄件人、复印人的签名；

④对于施工单位送去检验的材料，应审查检验单位有无权威性；

⑤提供质量保证资料的时间是否与工程进展同步（排除完工后补做试验的可能性）。

7. 加强对质量保证资料和施工记录的质量控制

在施工过程中对质量保证资料和施工记录的质量控制主要是对其真实性、及时性和完整性的控制。

加强施工过程质量控制，必须在施工过程中加强对记录和资料及时性的控制。在施工过程中，要及时记录好数据，做好应该做的测试、检验工作，严禁完工后补做试验。

工程质量保证资料的核查可以在施工过程中起到对工程质量进行系统检查的作用。工程质量保证资料的核查也是分层次质量验收即检验批、分项工程、分部（子分部）工程、单位（子单位）工程质量检验与验收的主要内容。

3.5.4 施工质量检验与验收

1. 质量检验

质量检验是施工过程必不可少的重要环节，也是施工单位控制工程施工质量的重要手段。

（1）质量检验的种类。

①材料设备的检验。对工程施工的材料、设备（不管是建设单位提供的，还是施工单位自行采购）的质量按标准和技术要求进行验收，合格后方可使用。

②工序检验。工序检验是指对施工过程中每道工序所完成的工程项目质量是否符合质量标准的检验。检验合格后才能转入下道工序施工。

工序检验包括自检和互检、专检、工序交接检验、隐蔽工程检验、理化试验和无损检测。

③竣工检验。竣工检验是指工程竣工验收前对工程质量水平的评定，是否符合合同和设计文件要求的一项最终检验。

（2）质量检验的形式。

①施工企业的质量检验。这是施工企业自行对项目施工过程和最终工程产品的质量检验。

②建设单位或工程监理单位的质量检验。这是建设单位或其委托的监理单位对项目施工过程和最终工程产品的质量检验。

③工程质量监督机构的质量抽检。这是工程质量监督机构受政府主管部门委托，站在第三方公正立场对项目施工过程和最终工程产品的质量检验。

（3）质量检验的方法。

①目测法，主要是靠人的直观感觉的感觉性检验，常用方法为看、摸、敲、照。

②实测法，主要是在工具、量具等手段的帮助下，进行实测量度的检验。常用方法为靠、吊、量、套。

③试验测试法，主要是依靠各种仪器、仪表及物理、化学等方法的帮助，进行量度的检验。

2. 自检、互检和专检相结合的质量检验制度

（1）自检、互检和专检相结合是质量检验制度的基础。

①自检就是操作者对自己施工生产的工程产品的质量进行自我检验。

②互检就是操作者之间对相应施工生产的工程产品的质量进行一种制约性的检验。

③专检就是质量监督、检查、检测、试验等专业的人员对工程建设全过程中各环节内容质量进行的检验。

（2）专业检验可分为固定控制点检验和巡回检验。

①固定控制点检验：检查工序质量是否合格，是否可以继续施工。当质量出现异常情况，可以暂停施工，报告有关职能人员。专检人员做好专检记录，定期对工程质量编写报告。

②巡回检验：检查是否执行工艺、规程、制度和工序质量进行抽检。检查不合格品及处理质量自检情况。

3. 对计量和检测的质量控制

计量和检测也是一项重要的检验内容。它是保证工程质量测试结果正确反映工程质量是否满足合同规定质量要求的重要手段。要督促和检查施工人员正确使用计量器具，保护好计量器具。要做好施工记录、禁止不合格计量器具在现场使用。要确保在用的计量器具的周检时间与使用时间相匹配，控制器具的有效日期。

在对项目质量抽检的同时，应对在用计量器具也进行抽检，发现计量器具不合格，立即停止该器具的使用，并将不合格计量器具送交计量部门检定，合格后才能使用。

对用于工艺、质量检测的关键项目的计量器具，项目部要配合计量员每季度按规定的抽检数量进行抽检，保证在用计量器具的有效性。

4. 不合格的控制与纠正

在项目施工时，一旦发现不合格，应立即采取措施。

（1）对不合格的控制与纠正主要方法是：

①对不合格质量或者可能形成不合格质量，应立即由有关人员进行检查、检验，并确定不合格项的原因和纠正，或确定不合格质量的等级，是否返工、返修、降级、报废。

②将质量问题再发生的可能减少到最低限度。

③对已经形成结构、功能不可更改的事故，应与建设、设计、监理、检测机构协调处理。

④查明不合格质量的原因属于系统性（包括潜在的原因），应采取预防性措施

（2）对不合格的监控。对于施工过程中出现的一般工程不合格、严重工程不合格，项目部应及时组织施工员及施工班组长进行分析。处置的意见一般可分为返工返修、让步接收。凡被检查出的工程不合格品，在没有得到纠正和处理前，项目部或施工班组不得进入下一道工序施工。

3.5.5 竣工验收备案

工程项目的竣工验收阶段是施工全过程的最后一道程序，它是建设投资转入生产或使用的标志，也是全面考核投资效益、检验设计和施工质量的重要环节。

1. 竣工验收阶段质量管理

项目竣工验收阶段主要是对项目进行试车运转、功能安全试验、检查验收，考核项目是否达到合同所规定的要求以及对用户的一些服务性管理工作。

该阶段质量管理或质量控制的主要内容：

（1）组织联动试车、工程功能安全试验。

（2）按规定的专业验收规范和质量评定标准对单位（子单位）工程质量进行检验与评定，包括在过程施工中进行的检验批、分项工程、分部（子分部）工程质量进行复检。

（3）准备竣工验收资料。

（4）在报交建设单位竣工验收前，企业质量部门对单位（子单位）工程的预验收。

（5）参加建设单位组织的工程竣工验收。

（6）对交给用户的工程项目，按规定的时间内对用户进行质量跟踪和服务。

2. 单位（子单位）工程质量检验、评定与预验收

（1）施工单位自行的检查与评定。

①单位（子单位）工程的质量检验与评定是一个质量综合评定，也是项目最终质量检验与评定。它可以对该项目工程质量进行全面评价，得到正确的判断，即对工程质量的综合效果的优劣做出评价。

通过质量检验与评定，可以对工程质量起到保证和把关的作用，防止不合格工程交付建设单位使用。

②单位（子单位）工程质量检验与评定是在各专业分部（子分部）工程质量验收合格的基础上进行。实际上，检验方法和要求与分部（子分部）工程质量检验与评定一样的，只不过范围更大而已。

③在项目单位（子单位）工程实物工作量完成以后，项目部应首先进行系统的自检互检。在此基础上，要由项目部进行自评。合格后，开具“项目完工报告”，向公司

质量部门申报。由公司质量部门组织，总工程师支持，公司施工、质量部门和项目部参加，进行单位（子单位）工程最终质量检验与评定。

④单位（子单位）工程检验与评定时，应该对工程质量保证资料进行全面的检查。其重点是检查工程功能安全试验。

⑤对质量控制资料的检查是在检验批、分项工程、分部（子分部）工程验收检查的基础上进行的，因此，这种检查主要是检查质量控制资料的完整性。应该按照“单位（子单位）工程质量控制资料核查记录”的目录内容，检查应该有的项目是否有了；在每个项目中应该有的资料是否有了；在每个资料中应该有的数据是否有了。

⑥对工程安全和功能检验资料主要是对涉及安全和使用功能的分部工程进行复查。不仅要全面检查其完整性（不得有漏检缺项），而且对分部工程验收时补充的见证抽样检验报告也要复核。对检测资料的数量、数据及使用的检测方法标准、检测程序以及有关人员的签证情况等进行核查。核查后将情况填入“单位（子单位）工程安全和功能检验资料核查及主要功能抽查记录”。

⑦对工程主要使用功能必须进行抽查。使用功能的检查是对建筑工程和设备安装工程最终质量的综合检验，也是用户最为关心的内容。

这类抽查检测多数还是复查性的和验证性的。主要功能抽测项目有的是在分部、子分部工程完成后才能检测，有的则需要待单位工程全部完成后进行检测。抽查项目是在检查资料文件的基础上由参加验收的各方人员商定，并用计量、计数的抽样方法确定检查部位。

检查要求按有关专业工程施工质量验收规范的要求进行。主要功能抽测项目，可对照该项目的检测记录逐项核查，可重新做抽测记录表，也可不形成抽测记录，在原检测记录上注明签认。核查后将情况填入“单位（子单位）工程安全和功能检验资料核查及主要功能抽查记录”。

关于观感质量检查。检查的方法、内容、结论等已在分部工程的相应部分中阐述，只是分部、子分部工程的范围小一些而已。

（2）单位（子单位）工程质量检验与评定合格的规定应是：

①单位（子单位）工程所含分部（子分部）工程质量均应验收合格；

②质量控制资料应完整；

③单位（子单位）工程所含分部工程有关安全及功能的检测资料应完整；

④主要功能项目的抽查结果应符合相关专业质量验收规范的规定；

⑤观感质量验收应符合要求。

（3）企业质量部门对单位（子单位）工程的预验收。由于企业质量检验机构负责企业所有项目施工的质量检验、控制和项目的最终单位工程的质量检验、评定，代表企业向监理单位和建设单位申报验收，其保证职能之一就是要确保不合格品不能流转到用户手中。因此，在项目部对单位（子单位）工程进行质量检验与评定合格以后，必须向公司质量部门申报最终质量检验与评定。这种质量检验与评定对于施工单位来说，是最终质量检验，而对于建设单位的正式验收来说，它是企业的自我检查，通常叫预验收，目的是对工程质量起到保证和把关的作用。

在预验收以前，项目的单位（子单位）工程一般要符合以下要求：

①该单位（子单位）工程完成设计和合同约定的各项工作内容；

②项目部和公司按合同、设计图纸、标准规范规定，已自行检验与评定，质量达到合同要求，具备工程管理部门开具的项目完工报告；

③有关施工记录、质量保证资料和验收资料已进行自检、整理成册，符合要求，齐全完整；

④具备申报社会监督机构的手续证明，对施工过程中的政府质量监督机构、业主、总包、监理、企业质量监督部门提出的质量问题已整改完毕，并有消项、复核证明。

这种预验收一般由企业质量部门组织，总工程师主持，施工、质量部门和项目部参加。质量检验评定的方法与前述一样。

预验收检验合格后，企业质量部门代表企业法人填写好工程质量竣工报告（合格证明书），并在“单位（子单位）工程质量竣工验收记录”表上签章，由项目经理交建设单位，提请建设单位组织竣工验收。

建设单位组织的单位（子单位）工程质量验收，应由建设单位负责人或项目负责人组织，设计、施工单位负责人或项目负责人及施工单位的技术、质量负责人和监理单位的总监理工程师参加验收。

3. 工程项目竣工验收备案制

（1）建设单位在工程项目开工前，提交有关文件向指定的质量监督机构办理工程质量监督手续。

（2）质量监督机构对符合要求的工程办理质量监督手续，签发“建设工程质量监督书”。质监机构按质量监督计划对受监工程进行抽查监督，包括首次、过程和竣工质量监督。

（3）建设单位凭“建设工程质量监督书”，向有关部门申领“施工许可证”。

（4）建设单位组织勘察设计、施工、监理等单位，负责实施竣工验收工作。

（5）工程质量监督机构监督建设单位竣工验收工作。

（6）建设单位在受监工程竣工验收工作符合要求后，向备案部门备案。

（7）备案部门验证文件符合要求后，备案完成。

4. 建设工程竣工验收组织实施

建设单位是工程项目的投资方，是工程建设过程和建设效果的负责方，在工程建设各个环节负责综合管理工作，居于主导地位，因此，负责组织实施工程竣工验收工作是建设单位的权利和义务，也是对其投资项目的质量责任。由建设单位负责竣工验收备案工作符合“谁投资谁负责质量”的基本原则。竣工验收备案制的实施，也进一步明确了建设单位对其投资项目的质量责任。

（1）竣工验收条件。

①完成工程设计和合同约定的各项内容，达到竣工标准。主要是指设计文件所确定的，在承包合同“承包人承揽工程项目一览表”中载明的工作范围，包括监理工程师

签发的变更通知单中的工作内容。

②施工单位在工程完工后，对工程质量进行全面检查，确认工程质量符合法律、法规和工程建设强制性标准规定，符合设计文件及合同要求并提供工程质量竣工报告。

③勘察设计单位对勘察设计文件及施工过程中由设计单位参加签署的更改设计的资料进行了检查，确认勘察，设计符合国家规范和标准的要求，施工单位的工程质量达到设计要求，并提供工程质量检查报告。

④对于委托监理的工程项目，监理单位在施工单位自评合格、勘察、设计单位认可的基础上，对竣工工程质量进行了检查并核定合格质量等级，提供工程质量评估报告。

⑤有完整的工程项目全过程竣工档案资料。

⑥建设单位已按合同约定支付工资工程款，有工程款支付证明。

⑦施工单位和建设单位签署了工程质量保修书。

⑧规划行政主管部门对工程是否符合规划设计要求进行了检查，并出具认可文件。

⑨有公安消防、环保等部门出具的认可文件或者准许使用文件。

⑩建设行政主管部门及其委托的建设工程质量监督机构等有关部门要求整改的质量问题全部整改完毕。

（2）竣工验收备案的程序。

①工程完工，建设单位收到施工单位的工程质量竣工报告、勘察、设计单位的工程质量检查报告、监理单位的工程质量评估报告后，对符合竣工验收要求的工程，应组织勘察、设计、施工、监理等单位和其他有关方面的专家组成验收组，制订验收方案。

②建设单位应在工程竣工验收7日前，向建设工程质量监督机构申领“建设工程竣工验收备案表”和“建设工程竣工验收报告”，并同时将竣工验收时间、地点及验收组名单书面通知建设工程质量监督机构。

③建设工程质量监督机构应审查该工程竣工验收十项条件和资料是否符合要求，符合要求的发给“建设工程竣工验收备案表”和“建设工程竣工验收报告”，不符合要求的，通知建设单位整改，并重新确定竣工验收时间。

④建设单位应按下列要求组织竣工验收：

a. 建设、勘察设计、施工、监理单位分别汇报工程合同履约情况和在建设各环节执行法律、法规和工程建设强制性标准的情况；

b. 验收组人员审阅建设、勘察设计、施工、监理单位的工程档案资料；

c. 实地查验工程质量；

d. 对工程勘察设计、施工、监理单位各管理环节和实物质量等方面作出全面评价，形成经验收组人员签署的工程竣工验收意见；

e. 参与竣工验收的建设、勘察设计、施工、监理等各方不能形成一致意见时，应协商解决，等意见一致后，重新组织竣工验收。当不能协商解决，由建设行政主管部门或其委托的工程质量监督机构裁决。

⑤建设工程质量监督机构对建设单位组织的竣工验收实施监督。

对符合竣工验收标准的工程，建设工程质量监督机构应当在工程竣工验收之日起5

日内，向备案部门提交单位工程质量监督报告。

⑥建设单位应当自竣工验收合格后，依照有关规定，向竣工备案部门备案。

⑦备案部门收到建设单位报送的竣工验收备案文件和建设工程质量监督部门签发的“工程质量监督报告”后，验证文件齐全，应当在工程竣工验收备案表上签署备案。

（3）竣工验收组织实施程序。建设单位组织的竣工验收是由建设单位负责人或项目负责人组织。设计、施工单位负责人或项目负责人及施工单位的技术、质量负责人和监理单位的总监理工程师参加验收。

施工单位和项目部要按照要求积极做好准备，参加建设单位组织的竣工验收，并做好整改工作。

承担分包工程的分包单位对所承担的工程项目质量负责，并按规定的程序进行自我检查评定，总包单位应派人参加。分包工程完成后，应将工程的有关资料交总包单位。建设单位进行验收时，总包单位、分包单位的有关人员都应参加验收，以便对不足之处及时进行返修。

建设单位收到备案部门签署同意备案的“建设工程竣工验收备案表”和“建设工程竣工验收报告”，备案才算完成。施工企业和项目部要积极配合建设单位做好备案工作。施工单位和项目部只有在拿到备案完成的“建设工程竣工验收备案表”，才算该项目报交完工。

3.5.6 工程质量保修

1. 建设工程质量保修制度

建设工程质量保修制度是指建设工程在办理竣工验收手续后，在规定的保修期限内，因勘察、设计、施工、材料等原因造成的质量缺陷，应当由施工承包单位负责维修、返工或更换，由责任单位负责赔偿损失。

建设工程质量保修制度，是国家维护建设工程使用者合法权益的一项重要措施，也是落实建设工程质量责任的重要措施。

保修期的起始日是竣工验收合格之日。

工程质量保修的主体是建设工程的承包单位，通常指施工单位；工程质量保修的客体是建设工程；工程质量保修的服务对象是建设单位；工程质量保修的承诺应由施工承包单位在竣工验收时向建设单位出具工程质量保修书这一书面形式来体现。

2. 建设工程质量保修书

建设工程质量保修书是由施工单位和建设单位共同签署的，它是施工合同交付竣工验收的条件之一。建设工程质量保修书是施工合同的附合同。

“建设工程质量保修书”是一项保修合同，因此，它是承包合同所约定双方权利义务的延续，是施工企业对竣工验收的建设工程承担保修责任的法律文本。

建设工程质量保修书的主要内容有：单位工程、施工单位、建设单位名称，竣工日期，质量保修范围，施工单位法人代表、项目经理、保修联系人等签章。其中质量保修范围要明确建设工程设计、合同中载明的工作范围，以及最低保修期限。保修期自竣工验收合格之日起计算。

3. 建设工程的最低保修期限

（1）基础设施工程、房屋建筑的地基基础工程和主体结构工程，为设计文件规定的该工程的合理使用年限。

（2）屋面防水工程、有防水要求的卫生间、房间和外墙面的防渗漏为5年。

（3）供热与供冷系统，为2个采暖期、供冷期。

（4）电气管线、给排水管道、设备安装和装修工程为2年。

其他项目的保修期限由发包方与承包方约定。施工企业在项目竣工验收合格之日起的工程保修期内，要对其在保修范围内的质量问题履行保修义务，承担由施工单位责任所造成的经济责任。

对在保修期限和保修范围内发生质量问题的，一般应当先由建设单位组织勘察、设计、施工等单位分析质量问题的原因，确定保修方案，由施工单位负责保修。但当问题严重时和紧急时，不管是什么原因造成的，均先由施工单位履行保修义务，不得推诿和扯皮。对引起质量问题的原因则实事求是、科学分析、分清责任，按责任大小由责任方承担不同比例的经济赔偿。这里的损失，既包括因工程质量问题造成的直接损失，即用于返修的费用，也包括间接损失，如给使用人或第三人造成的财产或非财产损失等。

4. 施工企业的质量回访保修

（1）工程项目在竣工验收交付顾客使用后，应将“安装工程征求质量意见书”同时提供给顾客，征求顾客对工程质量的意见。

（2）企业或项目部在竣工验收交付顾客使用后，半年内对工程项目实施质量回访和保修服务。由项目经理组织原项目人员，对工程质量的跟踪访问和对因本公司原因造成的质量问题进行维修服务。在合同规定的保修期（2年）内，还应主动进行质量回访，听取用户的意见。

（3）回访保修时要听取用户对工程质量的意见，填写“质量回访记录表”。对属承包方原因造成的质量问题，应及时开出“工程质量保修通知单”，实施保修服务。

（4）保修完工后由项目部自检，确认合格后交付顾客验收，并由顾客在“工程质量保修服务单”上签署意见和盖章确认后报企业工程管理部门。

（5）凡属非承包方原因（如使用等）造成的质量问题，应向顾客说明不属保修范围，如顾客有要求，承包方又力所能及，应协助解决，为用户排扰解难，并办理必要的手续。

（6）项目经理对于回访保修服务发现的质量问题，应组织有关人员进行分析，制定措施，作为进一步改进和提高质量的依据。

3.5.7 竣工资料管理

建筑安装工程质量竣工资料是反映工程质量和工作质量状况的重要依据，是工程质量竣工验收的必备条件，是城建档案的重要组成部分，也是建筑物日后维修、改建、扩建的重要档案材料。本节所讲的竣工资料是工程资料的一部分。它是根据建筑安装工程质量竣工资料的要求，结合企业贯标程序文件所制定的单位工程竣工资料内容的具体要求，系统完整地收集、积累竣工资料，并达到规范、标准、符合归档要求。

1. 工程资料

竣工资料管理的要求：

（1）工程资料应与工程竣工同步，单位工程竣工资料，工程资料记录内容与施工实物相一致的原则，各专业责任人员应按照岗位职责的要求，根据工程施工进度与工程资料管理记录内容和标准要求，及时、准确、真实地收集建筑安装工程质量竣工资料及企业施工管理（检查）记录、竣工图等各类相关资料。

（2）工程资料应遵循逐级管理、逐级负责的原则，项目部及公司形成的工程资料均按照逐级收集、申报，逐级审核的管理顺序，按照建筑安装工程质量竣工资料及贯标程序文件规定的单位工程竣工资料清单内容进行补充和完善，并逐级进行认真审查，以保证工程资料的完整性、及时性、准确性和可追溯性。

（3）工程资料应完整性、真实性和及时性，工程资料涉及到工程项目的诸多相关单位，这些相关单位包括建设单位，勘察、设计单位，监理单位，施工单位和城建档案管理单位等。协同工作，最后才能形成一套完整的工程资料。因此，只有施工单位设立专人负责工程资料的收集、整理与归档，严格执行工程资料档案管理的实施要求，以确保工程资料的完整。

2. 竣工资料分类

（1）施工组织设计（质量计划）。

（2）施工技术管理资料。

（3）工程质量保证资料，包括各专业的试验报告、检测报告及施工记录、产品质量证明文件。

（4）工程质量验收资料，包括单位（子单位）质量竣工验收记录、质量控制资料核查记录、安全和功能检验资料核查及主要功能抽查记录、观感质量检查记录；分部、分项工程、检验批质量验收记录。

（5）竣工图及其他资料。要求在施工过程中及时、准确地收集和整理，最终形成竣工资料。

3. 竣工资料的填写内容

（1）工程概况。主要突出工程特点；工程主要目标包括工期目标、安全、文明施工目标；组织设计编制依据；各专业安装工程的概述。

（2）施工组织部署及施工总进度计划。施工组织部署大致分为项目部施工管理组织体系；设备材料供应与管理；施工力量的选择；施工机械设备管理；与工程总协调工作管理；施工临时设施；施工总进度计划。

（3）主要施工方法及技术措施。要求结合国家验收规范和企业施工工艺、工法、操作规程，突出各专业安装工艺施工程序，为确保安全和使用功能的关键工序施工所采取的技术措施，并达到质量标准要求。

（4）保证工程质量的措施。为了实现本工程质量目标，项目部要落实好项目管理人员质量责任制，以施工验收规范、工艺、工法，质量评定标准、政府法规等为依据。制定出各专业详细的质量控制措施，包括质量通病控制，对施工过程关键工序设置质量控制点，是保证工程质量的有效措施。

（5）保证施工、健康安全及环境的措施。按照项目部各级管理人员岗位责职，建立安全保证组织体系，施工技术员主要职能是落实好施工安全交底、过程安全监督、班组安全教育工作，消防保证组织体系要求施工技术员落实好班组防火安全交底、现场动火制度审批、消防隐患落实制度等工作。

（6）施工准备工作计划。技术准备包括编制施工技术文件；施工图深化设计等工作。现场准备包括做好施工用水、电准备；施工用计量器具的准备；施工现场临时设施准备等工作。

（7）劳动力需求计划。施工技术员要根据本工程施工作业情况，精心安排劳动力的需求，按施工各阶段对各专业工种劳动力分配，制定周密、详细的劳动力需求计划，确保施工工期达到节点要求。

（8）大型施工机械、机具、计量器具配备计划。施工准备阶段施工技术员要针对本工程项目施工作业情况，按照各专业使用大型施工机械、机具、计量器具的需求，制定详细的配备计划表（机械、机具、检测仪器名称，型号规格，数量），保证施工生产的顺利进行。

（9）涉及的机电工程施工验收规范。《建筑工程施工质量验收统一标准》GB50300，《机械设备安装工程施工及验收通用规范》GB50231，《建筑给水排水及采暖工程施工质量验收规范》GB50242，《通风与空调工程施工质量验收规范》GB50243，《建筑电气工程施工质量验收规范》GB50303，《电梯安装工程施工质量验收规范》GB50310，《智能建筑工程施工质量验收规范》GB50339，《建筑节能工程施工质量验收规范》GB50411，行业标准及企业的工艺、工法、操作规程等。

4. 施工技术管理资料

（1）图纸会审、设计交底纪要。

①图纸会审纪要由组织会审的单位汇总成文，交设计、施工等单位会签后，定稿打印；

②图纸会审纪要应写明工程名称、会审日期、会审地点，参加会审的单位名称和人员；

③图纸会审纪要经建设单位盖章后，发给持施工图纸的所有单位；

④施工图纸会审得出的问题如涉及需要补充或修改设计图纸的，由设计单位负责在一定期限内交付修改后的图纸；

⑤施工图纸会审纪要是工程施工的正式技术文件，不得涂改或变更其他内容。

（2）技术核定单。由施工单位提出的重大技术问题，应取得设计、建设单位的签证认可，作为施工的依据。

（3）设计修改通知单。

①凡涉及建设规模、施工工艺、工程投资等重大设计的变更，必须由建设单位报请原审批单位批准后，方可办理。

②工程变更设计须经有关设计单位盖章，并有关技术主管及经办人员签字后，方可有效。

③所有工程变更设计资料，包括设计变更通知、修改图、补充图等。均作为施工和竣工结算的依据之一。

（4）施工交底记录。施工交底记录主要是针对单位工程涉及到的主要的分部分项内容进行技术、质量、安全、产品保护4个方面交底。

（5）隐蔽工程验收记录。填写隐蔽工程验收记录内容应按分部、分项工程、检验批名称具体注明隐蔽部位及材料规格、数量，并用简图和文字说明，记录内容真实性、规范性，有关验收人员签字手续完整。

（6）施工现场质量管理检查记录。施工现场质量管理检查记录就是施工单位现场质量管理行为的体现。在开工前检查，由施工单位施工技术人员协助项目经理按现场管理要求填写，并由监理单位的总监理工程师（建设单位项目负责人）验收。

（7）工程质量保修书。工程质量保修书的主要内容有：质量保修书交付时间、质量保修期限（按竣工验收合格之日起一般为2年）、工程质量保修范围、合同承诺保修责任。

填写工程质量保修范围一定要实事求是按照合同中施工单位承诺的保修条款进行填写，以免承担不必要的责任。

5. 工程质量保证资料

（1）建筑安装工程质量保证资料由工程质量控制资料和工程安全和功能检验资料及主要功能抽查记录组成。

（2）工程质量保证资料内容包括各专业的试验、检测记录（报告），设备和材料质量证明书。

（3）工程质量保证资料中的各类试验、测试数据要按照施工验收规范、设计要求正确填写，不得有涂改现象，各类试验、检测记录（报告）表内责任人员签字或盖章手续齐全，保证记录的真实性、完整性。

6. 施工质量验收资料

建筑安装工程由检验批、分项工程、分部（子分部）工程、单位（子单位）工程所构成的。其质量验收资料包括单位（子单位）工程质量竣工验收记录、质量控制资料核查记录、安全和功能检验资料核查及主要功能抽查记录、观感质量检查记录；各专业分部（子分部）工程、分项工程、检验批质量验收记录。

3.6 施工成本管理

施工项目成本是项目在施工中所发生的全部施工费用的总和，具体包括所消耗的主要材料、结构件、其他材料；周转材料的摊销费；施工机械的台班费或租赁费；支付给施工工人的工资、奖金以及项目经理部等在项目管理、施工中所发生的全部费用支出。

施工项目成本管理主要包括成本预测、成本决策、成本计划、成本控制、成本核算、成本分析和成本考核等环节。

3.6.1 合同交底

施工承包合同是发包人和承包人为完成商定的安装工程，明确相互权利、义务关系，遵守自愿公平、诚实、信用等原则所签订的合同。

1. 合同交底具体内容

（1）工程概况：

工程名称、工程地址、建设单位、工程造价监理、招标代理、总承包单位、施工监理等。

工程建筑的结构（钢筋混凝土，钢结构，砖木）、建筑面积、楼层的高度、功能（商场、停车场、办公室、客房）、工程类别（宾馆、商务楼、公共设施、通用厂房等）。

（2）工程承包范围：

室外总体部分：总体变配电、照明、给排水、消防、动力等系统。

室内部分：变配电、照明、给排水、消防、动力、通风空调、弱电等系统。

（3）工作界面的划分：

室内与室外；土建与安装；装饰与安装；各工种之间；各系统之间。

（4）由建设单位另行发包的专业设备安装需配合的内容。根据招标文件的要求，明确机电承包需协调、管理、配合专业设备（电梯、弱电系统、煤气系统、消防报警系统、气体灭火系统等）安装的职责。

在具体操作时，应注意机电承包与专业设备安装的工作界面的划分：电源是否到位；是否参与进行联动试车；管道穿墙、穿楼板时的预留套管；专业设备、管线的安装与供应；专业设备运输到工地的卸车、存储、保管。

2. 工程承包方式

有专业承包、劳务分包的工程承包方式，并承担本工程的施工配合责任。

3. 合同价款和计价原则

（1）合同价款。合同总价的组成：安装工程造价、措施项目费、规费、税金等。

（2）计价原则（以招标文件为准）。工程项目的安装费，基本上以现行的全国统一安装定额和有关定额主管部门颁发的有关文件规定和每工日人工费单价与综合费率取定。

定额内的计价材料及机械费，按招标文件所规定的造价信息公布的某年、月的单价下载取定。

如果标书以工程量清单报价中标以后，工程造价是否可按正式施工图计算的工程量为依据进行调整，要以招标文件规定为准。

4. 材料设备供应与价格结算

（1）由专业分包商负责安装的甲供或分包商提供的设备材料（包括进口设备、材料）或由施工单位负责安装的甲供设备材料（包括进口设备、材料）。应注意工作界面的划分：运输、验收、存储、保管。进口设备材料的报关、商检、运输、存储、产品保护。

（2）乙供设备材料的结算原则。

①乙供设备、材料的单价按投标单价取定。

②招标文件中的暂定价格，在中标后以乙方、甲方及监理方共同认可的单价取定。

5. 工程结算原则

（1）投标书中的安装费单价、相应计取的各项费率和费用不作调整，实物工程量按实调整。

（2）未列入投标书的安装费单价和主材费单价，相应计取的各项费率和费用按投标书中注明的计取方法和计取原则执行。

（3）投标报价书中闭口包干的各项费用，在工程结算时是否受有关政策性调整文件的约束，要看招标合同中是否提到。

6. 工程建设目标

（1）施工质量目标：在符合国家施工质量验收标准的前提下，获得奖项，如鲁班奖。

（2）安全责任目标：确保无重大责任事故和重大伤亡事故发生。

（3）施工进度目标：开、竣工日期；施工天数符合招标文件的要求。

（4）绿色施工目标：是否达到绿色的要求。

7. 工程施工技术要求

（1）施工图及设计说明。

（2）设计说明中明确要采用的国家的、行业的施工技术（验收）规程、规范。

（3）施工组织设计中明确要采用的施工方案和施工技术措施。

（4）特别要注意的新材料、新工艺的技术要求。

8. 工程管理原则

（1）工程承包范围中的工作内容，主体工程不得分包。

（2）中标单位在规定的时间内调整施工组织设计方案，报建设单位、管理总包单位和施工监理单位审批，并在施工中严格按照批准的方案进行施工。

（3）施工中的质量评定资料应及时提交建设单位、总包单位和监理单位。

（4）在投标书中承诺并选定的项目经理及相应资质的专业技术管理人员，未经建设单位同意，中标单位不得调换和撤离。

（5）按照招标文件的要求，提供竣工图及竣工资料。

9. 工程款付款办法

（1）工程备料款支付。在合同生效后，甲方在收到乙方提交的“支付工程备料款申请表”之后的14天内，支付乙方拟完成计划量__%的工程备料款。

（2）工程进度款。甲方按完成的月进度工程量的__%支付进度款，同时并扣除__%备料款。

（3）工程验收，竣工后支付款项__%。

（4）工程全款。工程结束，支付款项__%。2年保修期满，支付最后工程款项__%。

3.6.2 施工预算管理

1. 施工图会审

（1）各级施工技术人员收到施工图后，应先熟悉本专业施工图，再核对与本专业有关的其他专业施工图。根据设计单位提供的建筑、结构、给排水、采暖、通风、工艺、设备、电气、仪表、筑炉及非标等各专业施工图、说明书和设计预算书（概算）、设备制造单位提供的零部件图、装配图和安装使用说明书等设备技术文件，进行核对。同时应调查设备、机具、材料、加工、土建等有关情况，然后将发现的问题填写在“设计施工图交底记录表”内。

（2）核对各专业施工图及施工说明是否齐全配套，有否缺图。核对本专业和各专业之间在平面布置、轴线、标高、预留孔洞、预埋件等是否一致，有否矛盾和错误。核对工艺流程与工艺布置是否合理，质量要求与现行的施工及验收规范有无抵触。检查按图施工的可行性，分析本单位的施工工艺、施工机具、安全设施和技术水平等条件能否达到设计要求，有哪些新工艺、新技术、新设备、新材料存在的问题需要解决。

2. 施工预算编制

（1）施工预算的作用。施工预算是施工项目作业计划的重要依据，施工作业计划是项目的管理基础。施工预算直接反映施工项目中所需费用（人工、材料、机械台班计划用量）。通过施工预算对施工人员下达生产任务书，并可作为限额领料的依据。施工预算是施工项目对工程外包实物量结算的重要依据。施工预算是财务部门定期进行经济活动分析，贯彻经济核算和加强成本管理的基础。施工预算是施工企业进行“二算”对比，研究经营决策，推行各种经济责任制的依据。

（2）施工预算编制的依据。经过会审的施工图纸和会审纪要，设计说明和相关技术文件，项目施工图预算的范围和特殊技术措施所列的费用，根据施工企业劳动定额对人工、材料、机械台班实物量进行分析核定。在施工方案中所采用的“四新”项目及有一定难度的技术措施所发生的工作量（耗用的人工、材料、机械费用，不能超过方案需用的范围）。施工过程中所发生的变更修改通知。其他有关技术资料：施工定额、施工图册、建筑材料手册、建筑五金手册、建筑施工机械手册及设计单位的相关标准和图例。

（3）施工预算编制内容。施工预算一般由编制说明和预算表格两部分组成。

①编制说明。编制施工预算的内容范围。根据施工方案所要求的施工技术措施。说明暂估内容和遗留问题。请有关单位说明解决的问题。

②预算表格。

a. 工程量汇总：将同型号同规格合并，按顺序进行定额换算。

b. 施工预算表：该表的主要内容有定额编号、各专业的工日记录。

c. 材料汇总表：将专业所需用的各种材料数量汇总按顺序填入。

d. 机械台班使用：将工程中所需用机械台班按实际需用数量填写。

（4）编制施工图预算注意事项。

①中标后，对施工图纸的深化，施工员要提出自己的见解，使系统更加完善，尽量避免功能的增加，只要系统沟通即可。提出自己的合理化建议，在满足设计要求的前提下，对于管径、电气容量、水泵的技术参数、材料、设备的品牌要求、材料的替代等，是否可以更简洁、合理，这样可以减少工程成本支出。

②以最新提供的施工图做预算，调整工程造价，要参照图纸会审会议纪要、计算工程量时与图纸有差异的数量、规格，都要记下图号及轴线，以供今后作为审价的依据。

③水、电、风各专业系统所有的防火封堵，管道的穿墙、穿楼板的套管，不要漏计。

④施工图预算中的超高费，不要漏计。向下施工超低高度的超高费，也可计取费用。

⑤新增加的材料子目，安装单价与主材单价，可与监理或业主商量确定。

（5）在工程项目施工过程中应注意事项。

①现场管道的绕梁、柱等施工图中未显示的工作量，要在签证单中计价。

②实际采购的材料规格，与投标书中的规格有差异，要在签证单中调整。

③辅助材料数量与定额的含量，如差异太大，按现场实际情况，可与监理或业主商量提出，争取补偿。

④现场如有拆装工程量，安装费按照有关定额计取费用，拆下的可利用的材料与报废材料要分清，可利用材料的数量、规格，要得到监理或业主的认可，今后审价时可作为依据。

⑤施工过程中，设计变更或业主要求，某些材料用不到工程上，要妥善保管，结算时，这些材料退还给业主，费用与业主结清。

⑥设计变更签证单妥善保管，最好随时存档，避免遗失，造成不必要的损失。

⑦设计变更签证时，要了解定额中的工、料、机组成，避免定额中已含的内容，在签证单上出现。

⑧甲供材料领取后，如施工后有剩余，应及时退给甲方，不要遗失，以免结算时，这些材料费用算在施工单位的造价中。

⑨工程结算中，要认真绘好竣工图，设计变更签证单，要依照时间顺序编号，整理成册，签证单的内容要在竣工图中对应体现。

3. 工程量清单计价办法

（1）工程量清单计价应包括按招标文件规定完成工程量清单所需的全部费用，通常由分部分项工程费、措施项目费和其他项目费和规费、税金组成。

①分部分项工程费是指为完成分部分项工程量所需的实体项目费用。

②措施项目费是指分部分项工程费以外，为完成该工程项目施工，发生于该工程施工前和施工过程中技术、生活、安全等方面的非工程实体项目所需的费用。

③其他项目费是指分部分项工程费和措施项目费以外，该工程项目施工中可能发生的其他费用。

（2）分部分项工程费、措施项目费和其他项目费均采用综合单价计价，综合单价由完成规定计量单位工程量清单项目所需的人工费、材料费、机械使用费、管理费、利润等费用组成，综合单价应考虑风险因素。

（3）工程量变更及其计价。合同中综合单价因工程量变更，除合同另有约定外，应按照有关办法确定。

（4）工程量清单漏项或由于设计变更引起新的工程量清单项目，其相应综合单价由承包方提出，经发包人确认后作为结算的依据。

由于设计变更引起工程量增减部分，属合同约定幅度以内的，应执行原有的综合单价；增减的工程量属合同约定幅度以外的，其综合单价由承包人提出，经发包人确认后作为结算的依据。由于工程量的变更，且实际发生了规定以外的费用损失，承包人可提出索赔要求，与发包人协商确认后，给予补偿。

（5）工程量清单投标报价的标准格式。工程量清单计价应采用统一格式。工程量清单计价格式应随招标文件发至投标人，由投标人填写。工程量清单计价格式应由下列内容组成：

①封面。封面由投标人按规定的内容填写、签字、盖章。

②投标总价。投标报价应按工程项目总价表合计金额填写。

③工程项目总价表。

④单项工程费汇总表。

4. 施工预算与施工图预算

（1）施工预算与施工图预算的区别：

①施工图预算编制由工程经营部门负责，施工预算由项目部施工人员按专业分工编制。

②施工图预算是确定工程造价，对外签订施工合同、办理工程拨贷款、考核工程成本、办理竣工结算的依据。施工预算是以降低成本为目的，按施工定额规定编制企业内部使用的预算，是编制生产计划的依据，是对施工作业人员实行定额管理确定承包任务的基础。

③施工预算与施工图预算编制依据不同。施工图预算根据建筑安装工程预算定额和其他有关取费规定进行计算编制，施工预算按施工劳动定额、材料消耗定额计算编制。

④施工预算与施工图预算费用组成不同。施工预算只计直接费用，主要反映工程量及完成这些工程量所需要的人工、材料、机械台班数量。施工图预算不仅计算直接费用还计算间接费用、计划利润、税金等其他各项费用（工程预算造价）。

⑤施工预算与施工图预算编制方法不同。施工预算把施工过程中所需用的材料全部编制汇总。施工图预算以安装工程预算定额所规定主要材料和其他取费的内容进行编制。

⑥施工预算与施工图预算编制的作用。施工预算是指导施工、材料控制、班组核算和施工材料领用的依据。施工图预算是确定施工企业各项收入的依据。

（2）施工预算与施工图预算对比。施工预算与施工图预算对比是施工项目管理的重要环节，是项目成本控制的主要内容之一。它对施工企业提高经济效益，强化综合管理具有重大意义。

通过施工预算与施工图预算对比能及时掌握劳动力配置，材料、机械台班的使用数量，是施工项目成本控制的有效手段。

施工预算与施工图预算对比是提高企业经营管理的有效手段。

施工预算与施工图预算对比是建筑安装施工项目开展经济活动分析、提高企业管理的控制方法，是以施工预算的人工、材料和机械台班数量与施工图预算的人、材、机对比，使实际支出的人工、材料和机械台班耗用量控制在施工图预算内，为实行项目经济核算提供可靠的数据。施工预算与施工图预算对比是控制项目成本的依据，其对比的方法有两种。

①实物量对比法。实物量对比是将“二算”相同项目所消耗的人工、材料和机械台班进行比较。预算定额中内容的划分、工程量（单位）与劳动定额中内容不一致时，对比前进行合并确保可比性。

实物量对比的方法有限制的范围，当施工图预算以金额表示的计价材料就无法与施工预算比较。如机械台班数量，施工预算根据施工方案规定实际进场的机械台班，施工图预算定额按一般正常施工需要综合配备，两者的机械台班无法比较，只能以机械费金额作对比。

②实物金额对比法。对施工预算中各单位工程的人工、材料、机械台班数量，汇总成费用形式，与施工图预算相应的费用比较。

人工费的比较：施工预算一般应低于施工图预算10% ~15% 。

材料费的比较：施工预算也低于施工图预算5%左右。

机械费比较：一般情况下施工预算的机械费不得超过施工图预算的机械费。

金额对比法可以分析实物工程量的差异，可以分析工程量变动的原因，若发现工程量、用工数和主要材料消耗量有较大出入时，可以对各类费用进行分析，对差异采取针对性措施。

5. 项目成本的控制

加强施工管理，提高项目成本控制，推行全面预算管理进行成本指标分析，将责、权、利落实到责任部门和责任人。依靠科学管理，对项目劳动力、施工材料、施工机械台班实行成本全过程控制。

（1）劳动力的控制。

①熟悉合同文件，确定施工范围，了解工程状况。根据施工项目总进度计划编制各专业施工计划，对施工过程中需用的劳动力进行计划安排，以施工预算为依据，分部、分项为接点，有条有理地组织施工队伍陆续进场。

②施工作业人员的人工核定：以施工预算、施工前签发的任务书及相关的设计修改通知等为依据，对施工过程完成的实物量予以兑现，严格对人工数量进行控制。非生产用工：健全出勤考核制度，做好工日、工时利用的记录和分析。

（2）施工材料的控制。

①根据施工项目的用料计划及时备料，随时掌握材料的库存，合理安排进料的时间和数量。采取严格的材料管理制度，对领用的材料要正确计量，认真验货。

②在施工过程中严格执行限额领料制度，实行专人负责，严格控制施工班组库存材料的数量。

③严格按照施工预算计划领料单发料，并将材料领用数量准确地反映在材料台账上。

④施工时，要有效地控制现场材料的消耗，合理、准确地下料，做到长料长用，短料短用。加强对余料的管理，由专人对废料进行分类，能再次利用则要求施工班组尽量使用，不能利用确实报废的材料由材料部门统一处理。

⑤加强现场的产品保护措施，凡不具备安装条件的场所不得进行安装，对已经安装完毕的设备和产品必须采取保护措施。要求施工人员认真遵守产品保护制度，如发现损坏现象及时制止。

（3）施工机械台班的控制。

①正确选配机械设备，加快施工进度，提高机械作业，是降低施工项目机械成本的主要措施。

②加强机械设备管理，对大型施工机械的使用必须按施工方案和技术组织措施所规定的机械安排。合理使用机械台班，充分发挥机械性能，采用新技术、新方法，尽可能地节约机械费用。

③对常规机械设备的使用，根据需要合理选择，提高机械设备的使用效率，落实使用人，实行专人负责。

④严格执行机械维修保养制度，定时、定人保证机械设备的完整性，使机械设备在施工过程中始终保持良好的运转状况。

一项工程项目的完成，需要消耗大量的人力、物力、财力，这就需要我们在施工项目管理中把这些影响因素统计管理好。通过“二算”对比的方法，把“二算”中的工、料、机数量进行实物量比较和实物金额比较分析，找出超支的因素加以解决，分析找出节支的因素可以降耗增效，这样才能比较科学和真实地接近实际消耗水平。

3.6.3 项目成本控制

施工项目成本是全面地反映建筑企业施工经营管理工作的一个综合性指标。因此，施工项目成本控制是施工项目管理控制的核心。

1. 目标成本控制和成本控制概念

（1）目标成本控制。目标成本控制是指在成本形成过程中，根据事先制订的成本目标，对施工项目日常发生的各项生产经营活动按照一定的原则，采用专门的控制方法，进行指导、调节、限制和监督；将各项生产费用控制在原来所规定的标准和预算之内。

（2）成本控制。成本控制是按照既定的成本目标，对在项目单元施工过程中消耗的资源（人力、物力、财力等）进行归集、计算、调节、监督，及时揭示偏差，分析原因并提交业绩报告，提出改进措施的建议，以此达到控制成本实现目标的活动过程。它是成本管理的核心。

2. 成本控制的原则

（1）节约原则。节约就是项目施工人力、物力和财力的节省，是成本控制的基本原则。在实施过程中经常检查是否出偏差，以优化施工方案，改进施工工艺，从提高项目的科学管理水平入手来达到节约。

（2）经济原则。经济原则是指因推行成本控制而发生的成本不应超过因缺少控制而丧失的收益。因此，它要求在成本控制中对例外情况加以特别关注，对正常的费用开支采取从简的措施。例如，对超出预算的费用支出往往采取严格的审批程序。

（3）责权利相结合的原则。要使成本控制真正发挥效益，必须贯彻责权利相结合的原则。

（4）全面控制原则。

①项目全员控制。充分调动每个部门、班组和每一个员工控制成本、关心成本的积极性，真正树立起全员控制的观念，从而形成人人、事事、时时都要按照目标成本来约束自己行为的良好局面。在强调全员控制重要性的同时，不能忽视领导的带头作用，它要求领导做到重视并全力支持成本控制，具有完成目标成本的信心和决心，具有实事求是的精神，以身作则，严格控制自身的责任成本。

②全过程成本控制。项目成本的发生涉及项目的整个周期，从施工准备开始，经施工过程至竣工移交后的保修期结束。因此，成本控制工作要伴随项目施工的每一阶段，如在施工准备阶段制订最佳的施工方案，按照设计要求和施工规范施工，充分利用现有的资源，减少施工成本支出，并确保工程质量，减少工程返工费和工程移交后的保修费用。工程验收移交阶段，要及时追加合同索赔价款，办理工程结算，使工程成本自始至终处于有效控制之下。

3. 明确成本控制的内容，寻找有效途径，实现成本控制的目标

（1）人工费的控制。人工费占全部工程费用的比例由过去的7% ~8%涨到了15%左右，甚至有的包清工项目达到了25%以上，所以人工费的控制越来越成为成本控制的重要一环。

①从用工数量上着手，即加强人员的定编。尽量压缩管理人员，岗位的设置可以一人多岗，去除富裕人员，根据项目施工进度，编制详细的人力资源需求计划，充分利用当地的人才招聘市场，采取灵活的招聘政策，根据人力资源需求计划随时招聘或解聘。

②加强人工工时效率的考核，尽量将作业量分配到个人，在充分考虑劳动强度的同时，努力提高工作效率，对作业工时和作业量搞好统计，并将此与绩效报酬挂钩，奖优罚劣实行淘汰制。

③实行多样化的薪酬体系，实行动态工资，降低单位人工成本，从而达到控制目标人工费的目的。

（2）材料费的控制。材料费一般占全部工程费的65% ~75%，直接影响工程成本和经济效益，是成本控制的关键。一般按照量、价分离的原则进行控制。

①对材料消耗量的控制：实行限额领料制度，推广使用降低料耗的各种新技术、新工艺、新材料，并在不降低工程质量的前提下，考虑廉价材料的替代，努力减少材料运输和储存过程中的损耗，制定损耗定额。

②对材料价格进行控制：合理组织运输，就近购料，选用经济的运输方式，以降低运输成本；合理确定进货的批量与批次，对部分材料实时采购，实现零库存，降低材料储存成本。

（3）机械使用费的控制。尽量减少施工中消耗的机械台班量，通过合理施工组织、机械调配，提高机械设备的利用率和完好率，同时，加强现场设备的维修、保养工作，降低大修、经常性修理等各项费用的开支，避免不正当使用造成机械设备的闲置；加强租赁设备计划的管理，充分利用社会闲置机械资源，从不同的角度降低机械台班价格。

（4）现场管理费的控制。压缩临时设施的规模，尽量减少与员工办公、生活关联度不大的临时设施开支；此外，在管理效率上深挖潜力，严格按照财务预算开支，压缩可控费用的发生，对超预算支出，分析原因，制定严格的审批程序。

降低项目成本的方法还有多种，包括高效率的项目组织机构设置；优化施工组织设计，采用新技术、新工艺；按质量体系和相关规范施工，减少返工率；加强合同的研究，防止被对方索赔等几个方面采取措施控制。

4. 工程索赔

（1）工程索赔条件。工程索赔条件是索赔事件的成立，其前提条件是必须具有正当的索赔理由。索赔必须有理有据，事实要清楚、依据要完善。工程索赔必须以合同为依据，注意在实际工作中收集和积累与索赔有关的资料，做到处理索赔时以事实和数据为依据。

（2）工程索赔依据。

①招标文件、工程合同及附件，发包方认可的施工组织设计、工程图纸、各种变更、签证、技术规范等；

②工程各项会议纪要、往来信件、指令、信函、通知、答复等；

③施工计划、现场实施情况记录、施工日报、工作日志、备忘录，图纸变更、交底记录的送达份数及日期记录，工程有关施工部位的照片及录像等，工程验收报告及各项技术鉴定报告等；

④工程材料采购、订货、运输、进场、验收、使用等方面的凭据；工程停送电、停送水、道路开通封闭等干扰事件影响的日期及恢复施工的日期；工程现场气候记录，有关天气的温度、风力、雨雪等；

⑤国家、省、市有关影响工程造价、工期的文件、规定等；

⑥工程材料采购、订货、运输、进场、验收、使用等方面的凭据；工程预付款、进度款拨付的数额及日期记录；工程会计核算资料等其他与工程有关的资料。

以上工程索赔依据，反过来说，也是我们不被反索赔的依据。所以，在施工过程中要收集对我方有利的工程资料，有些可能需要我们有意识地去建立索赔依据。我们不准备去索赔，但当别人索赔时我们要有无责的证据。另外，索赔管理贯穿于工程建设的全过程，在整个施工过程中都存在索赔。

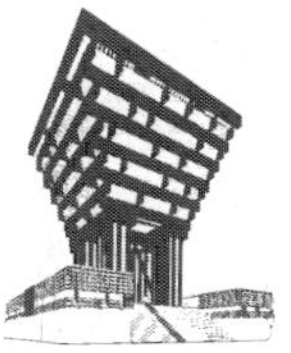

4 建设工程相关法律法规及标准规范

4.1 建设工程安全生产管理的规定

4.1.1 建设工程相关法律对施工现场安全生产管理的规定

1.《建筑法》对施工现场安全生产管理的规定

《中华人民共和国建筑法》对建设工程施工现场安全生产做出了明确规定。规定了建筑安全生产管理及相应法律责任等方面的内容。主要确定了安全生产责任制度、安全生产教育培训制度、安全生产检查制度。

（1）安全生产责任制度是建筑生产中最基本的安全管理制度，是所有安全规章制度的核心，是安全生产方针“安全第一、预防为主、综合治理”的最具体的体现。建筑活动是一个复杂的过程，必须明确安全责任，分工负责，才能形成完整有效的安全管理体系。施工员作为建筑施工安全管理中一个重要环节，必须要明确岗位安全责任，严格执行安全法律、法规和安全规程、技术规范，防患于未然，减少和杜绝建筑工程事故，为建筑工程的生产创造一个良好的环境。

（2）建筑施工企业违反《建筑法》，对建筑安全事故隐患不采取措施予以消除的，责令整改，可以处以罚款；情节严重的，责令停业整顿，降低资质等级或者吊销资质证书；构成犯罪的，依法追究刑事责任。建筑施工企业的管理人员违章指挥、强令职工冒险作业，因而发生重大伤亡事故或造成其他严重后果的，依法追究刑事责任。

2.《安全生产法》对施工现场安全生产管理的规定

（1）《中华人民共和国安全生产法》明确了生产经营单位必须要做好安全生产的保

证工作（安全生产条件、技术符合生产经营的要求，在组织管理上建立健全安全生产责任制并有效落实），这不仅明确了从业人员为保证安全生产所应尽的义务和权利，同时，明确规定了生产经营单位负责人的安全生产责任。

（2）《安全生产法》中明确了要建立应急救援制度，制订应急救援预案，形成应急救援预案体系；明确了对违法单位和个人的法律责任追究制度。

（3）生产经营单位的决策机构、主要负责人、个人经营的投资人不依照《安全生产法》规定保证安全生产所必需的资金投入，致使生产经营单位不具备安全生产条件的，责令限期改正，提供必要的资金；逾期未改正的，责令生产经营单位停产停业整顿。

有上述违法行为，导致发生生产安全事故，构成犯罪的，依照刑法有关规定追究刑事责任；尚不够刑事处罚的，对生产经营单位的主要负责人给予撤职处分，对个人经营的投资人处 2 万元以上 20 万元以下的罚款。

（4）生产经营单位的主要负责人未履行《安全生产法》规定的安全生产管理职责的，责令限期改正；逾期未改正的，责令生产经营单位停产停业整顿。

生产经营单位的主要负责人有上述违法行为，导致发生生产安全事故，构成犯罪的，依照刑法有关规定追究刑事责任；尚不够刑事处罚的，给予撤职处分或者处 2 万元以上 20 万元以下的罚款。

生产经营单位的主要负责人依照上述规定受刑事处罚或者撤职处分的，自刑罚执行完毕或者受处分之日起，5 年内不得担任任何生产经营单位的主要负责人。

（5）生产经营单位有下列行为之一的，责令限期改正；逾期未改正的，责令停产停业整顿，并可处 2 万元以下的罚款：

①未按照规定设立安全生产管理机构或者配备安全生产管理人员的；

②危险品的生产、经营、储存单位以及建筑施工单位的负责人和安全生产管理人员未按照规定进行合格与否考核的；

③未按照《安全生产法》的规定对从业人员进行安全生产教育和培训，或者未按照《安全生产法》的规定告知从业人员有关的安全生产事项的；

④特种作业人员未按照规定经专门的安全作业培训并取得特种作业操作资格证书，上岗作业的。

（6）生产经营单位有下列行为之一的，责令限期改正；逾期未改正的，责令停止建设或停产整顿，可以处 5 万元以下罚款；造成严重后果，构成犯罪的，依照刑法有关规定追究刑事责任：

①未在有较大危险因素的生产经营场所和有关设施、设备上设置明显的安全警示标志的；

②未对安全设备进行经常性维护、保养和定期检测的；

③未为从业人员提供符合国家标准或行业标准的劳动防护用品的；

④特种设备以及危险物品的容器、运输工具未经取得专业资质的机构检测、检验合格，取得安全使用证或者安全标志，投入使用的；

⑤使用国家明令淘汰、禁止使用的危及生产安全的工艺、设备的。

（7）生产经营单位有下列行为之一的，责令限期改正；逾期未改正的，责令停止建设或停产整顿，可以处 2 万元以上 10 万元以下的罚款；造成严重后果，构成犯罪的，依照刑法有关规定追究刑事责任：

①生产、经营、储存、使用危险品，未建立专门安全管理制度、未采取可靠的安全措施或者不接受有关主管部门依法实施的监督管理的；

②对重大危险源未登记建档，或者未进行评估、监控，或者未制订应急预案的；

③进行爆破、吊装等危险作业，未安排专门管理人员进行现场安全管理的。

（8）生产经营单位将生产经营项目、场所、设备发包或者出租给不具备安全生产条件或者相应资质的单位或者个人的，责令限期改正，没收违法所得；违法所得 5 万元以上的，并处违法所得一倍以上五倍以下的罚款；没有违法所得或者违法所得不足 5 万元的，单处或者并处 1 万元以上 5 万元以下的罚款；导致发生生产安全事故给他人造成损害的，与承包方、承租方承担连带赔偿责任。

生产经营单位未与承包单位、承租单位签订专门的安全生产管理协议或者未在承包合同、租赁合同中明确各自的安全生产管理职责，或者未对承包单位、承租单位的安全生产统一协调、管理的，责令前期改正；逾期未改正的，责令停产停业整顿。

（9）两个以上生产经营单位在同一作业区域内进行可能危及对方安全生产的生产经营活动，未签订安全生产管理协议或者未指定专职安全生产管理人员进行安全检查与协调的，责令限期改正，逾期未改正的，责令停产停业。

（10）生产经营单位有下列行为之一的，责令限期改正；逾期未改正的，责令停产停业整改；造成严重后果，构成犯罪的，依照刑法有关规定追究刑事责任：

①生产、经营、储存、使用危险品的车间、商店、仓库与员工宿舍在同一建筑物内，或者与员工宿舍的距离不符合安全要求的；

②生产经营场所和员工宿舍未设有符合紧急疏散需要、标志明显、保持畅通的出口，或者封闭、堵塞生产经营场所或者员工宿舍出口的。

（11）生产经营单位与从业人员订立协议，免除或者减轻其对从业人员因生产安全事故伤亡依法应承担的责任的，该协议无效；对生产经营单位的主要负责人、个人经营的投资人处 2 万元以上 10 万元以下的罚款。

（12）生产经营单位的从业人员不服从管理，违反安全生产规章制度或者操作规程的，由生产经营单位给予批评教育，依照有关规章制度给予处分；造成重大事故，构成犯罪的，依照刑法有关规定追究刑事责任。

（13）生产经营单位主要负责人在本单位发生重大生产安全事故时，不立即组织抢救或者在事故调查处理期间擅离职守或者逃匿的，给予降职、撤职的处分，对逃匿的处 15 日以下拘留；构成犯罪的，依照刑法有关规定追究刑事责任。

生产经营单位主要负责人对生产安全事故隐瞒不报、谎报或者拖延不报的，依照上述规定处罚。

（14）生产经营单位发生生产安全事故造成人员伤亡、他人财产损失的，应当依法承担赔偿责任；拒不承担或者其负责人逃匿的，由人民法院依法强制执行。

生产安全事故的责任人未依法承担赔偿责任，经人民法院依法采取执行措施后，仍不能对受害人给予足额赔偿的，应当继续履行赔偿义务；受害人发现责任人有其他财产的，可以随时请求人民法院执行。

3.《刑法》对施工现场安全事故发生后的处罚规定

（1）在施工作业中违反有关安全管理的规定，因而发生重大伤亡事故或者造成其他严重后果的，处3年以下有期徒刑或者拘役；情节特别恶劣的，处3年以上7年以下有期徒刑。

（2）强令他人违章冒险作业。因而发生重大伤亡事故或者造成其他严重后果的，处5年以下有期徒刑或者拘役；情节特别恶劣的，处5年以上有期徒刑。

（3）安全生产设施或者安全生产条件不符合国家规定，因而发生重大伤亡事故或者造成其他严重后果的，对直接负责的主管人员和其他直接责任人员，处3年以下有期徒刑或者拘役；情节特别恶劣的，处3年以上7年以下有期徒刑。

（4）在安全事故发生后，负有报告职责的人员不报或者谎报事故情况，贻误事故抢救，情节严重的，处3年以下有期徒刑或者拘役；处3年以下有期徒刑或者拘役。

（5）以转移财产、逃匿等方法逃避支付劳动者的劳动报酬或者有能力支付而不支付劳动者的劳动报酬，数额较大，经政府有关部门责令支付仍不支付的，处3年以下有期徒刑或者拘役，并处或者单处罚金；造成严重后果的，处3年以上7年以下有期徒刑，并处罚金。

单位犯前款罪的，对单位判处罚金，并对其直接负责的主管人员和其他直接责任人员，依照前款的规定处罚。

有前两款行为，尚未造成严重后果，在提起公诉前支付劳动者的劳动报酬，并依法承担相应赔偿责任的，可以减轻或者免除处罚。

（6）违反国家规定，排放、倾倒或者处置有放射性的废物、含传染病病原体的废物、有毒物质或者其他有害物质，严重污染环境的，处3年以下有期徒刑或者拘役，并处或者单处罚金；后果特别严重的，处3年以上7年以下有期徒刑，并处罚金。

4.《安全生产法》对从业人员权利和义务的规定

从业人员往往直接面对生产经营活动中的不安全因素，生命健康安全最易受到威胁，为使从业人员人身安全得到切实保护，法律特别赋予从业人员以自我保护的权利。

（1）施工人员的权利：

①生产经营单位与从业人员订立的劳动合同，应当载明有关保障从业人员劳动安全、防止职业危害的事项，依法为从业人员办理工伤保险事项。生产经营单位不得以任何形式与从业人员订立协议来免除或减轻其对从业人员因生产安全事故伤亡依法应承担的责任。

②从业人员有权了解其作业场所和工作岗位存在的危险因素、防范措施及事故应急措施，生产经营单位应主动告知有关实情。

③从业人员有权参与本单位安全生产方面的民主管理与民主监督。对本单位的安全生产工作提出意见和建议；对本单位安全生产中存在的问题提出批评、检举和控告。生

产经营单位不得因此而降低其工资、福利待遇或者解除与其订立的劳动合同。

④对于生产经营单位的负责人、生产管理人员和工程技术人员违反规章制度，不顾从业人员的生命安全与健康，指挥从业人员进行生产活动的行为；以及在存有危及人身安全的危险因素而又无相应安全保护措施的情况下，强迫命令从业人员冒险进行作业的行为，从业人员有权拒绝违章指挥和强令冒险作业。生产经营单位不得因此而降低其工资、福利等待遇或者解除与其订立的劳动合同。

⑤从业人员发现直接危及人身安全的紧急情况时，有权停止作业或在采取可能的应急措施后撤离作业场所。生产经营单位不得因此而降低其工资、福利等待遇或者解除与其订立的劳动合同。

⑥因生产安全事故受到损害的从业人员，除依法享有工伤保险外，依照有关民事法律尚有获得赔偿的权利的，有权向本单位提出赔偿要求，生产经营单位应依法予以赔偿。

（2）施工人员的义务：

①从业人员的作业过程中，应当严格遵守本单位的安全生产规章制度和操作规程，服从管理，正确佩戴和使用劳动防护服。

②从业人员应当接受安全生产教育和培训，掌握本职工作所需的安全生产知识，提高安全生产技能，增强事故预防和应急处理能力。

③从业人员发现事故隐患或者其他不安全因素，应当立即向现场安全生产管理人员或者本单位负责人报告；接到报告的人员应当及时予以处理。

4.1.2 建设工程相关法规对施工现场安全生产管理的规定

1. 建设工程施工现场安全生产管理的规定

《建设工程安全生产管理条例》规定，施工单位应建立健全安全生产责任制度和安全生产教育培训制度，制订安全生产规章制度和操作规程，对所承担的建设工程进行定期和专项安全检查，并明确规定了施工单位主要责任人和项目负责人的安全生产责任，施工单位主要负责人依法对本单位的安全生产工作全面负责，项目负责人对建设工程项目的安全施工负责。

为了从资金上保证安全生产，《建设工程安全生产管理条例》规定施工单位对列入建设工程概算的安全作业环境及安全施工措施所需费用，应当用于施工安全防护用具及设施的采购和更新、安全施工措施的落实、安全生产条件的改善，不得挪作他用。

明确总承包单位与分包单位的安全责任，规定建设工程实施施工总承包的，由总承包单位对施工现场的安全生产负总责，总承包单位依法将建设工程分包给其他单位的，分包合同中应当明确各自安全生产方面的权利和义务，并对分包工程的安全生产承担连带责任。同时，规定分包单位应当服从总承包单位的安全生产管理，分包单位不服从管理导致生产安全事故的，由分包单位承担主要责任。

施工单位应当在施工组织设计中，编制安全技术措施和施工现场临时用电方案，对一些特殊的工程还需要编制专项施工方案；建设工程施工前，施工单位负责项目管理的技术人员应当对有关安全施工的技术要求向施工作业班组、作业人员做出详细说明，并由双方签字确认。

为了保障施工现场作业人员的安全，规定施工单位应当对作业人员进行安全教育培训，向作业人员提供合格的安全防护用具和安全防护服装，书面告知危险岗位的操作规范和违章操作的危害，为施工现场从事危险作业的人员办理意外伤害保险。

为了改善作业人员的生活条件，规定施工单位应当将施工现场的办公、生活区与作业区分开设置，并保持安全距离。职工的膳食、饮水、休息场所等应当符合卫生标准，不得在尚未竣工的建筑物内设置员工集体宿舍。

2. 施工现场安全生产法律责任的规定

（1）施工单位有下列行为之一的，责令限期改正；逾期未改正的，责令停业整顿，依照有关规定处以罚款；造成重大安全事故，构成犯罪的，对直接责任人员，依照刑法有关规定追究刑事责任：

①未设立安全生产管理机构、配备专职安全生产管理人员或者分部分项工程施工时无专职安全生产管理人员现场监督的；

②施工单位的主要负责人、项目负责人、专职安全生产管理人员、作业人员或者特种作业人员，未经安全教育培训或者经考核不合格即从事相关工作的；

③未向作业人员提供安全防护用具和安全防护服装的；

④未在施工现场的危险部位设置明显的安全警示标志，或者未按照国家有关规定在施工现场设置消防通道、消防水源、配备消防设施和灭火器材的；

⑤使用国家明令淘汰、禁止使用的危及施工安全的工艺、设备、材料的。

（2）施工单位挪用列入建设工程概算的安全生产作业环境及安全施工措施所需费用的，责令限期改正，处挪用费用20%以上50%以下的罚款；造成损失的，依法承担赔偿责任。

（3）施工单位有下列行为之一的，责令限期改正；逾期未改正的，责令停业整顿，并处5万元以上10万元以下的罚款；造成重大安全事故，构成犯罪的，对直接责任人员，依照刑法有关规定追究刑事责任：

①施工前未对有关安全施工的技术要求做出详细说明的；

②未根据不同施工阶段和周围环境及季节、气候的变化，在施工现场采取相应的安全施工措施，或者在城市市区的建设工程的施工现场未实行封闭围挡的；

③在尚未竣工的建筑物内设置员工集体宿舍的；

④施工现场临时搭建的建筑物不符合安全使用要求的；

⑤未对因建设工程施工可能造成损害的毗邻建筑物、构筑物和地下管线等采取专项防护措施的。

（4）施工单位有下列行为之一的，责令限期改正；逾期未改正的，责令停业整顿，并处10万元以上30万元以下的罚款；情节严重的，降低资质等级，直至吊销资质证书；造成重大安全事故，构成犯罪的，对直接责任人员，依照刑法有关规定追究刑事责任：造成损失的，依法承担赔偿责任：

①安全防护用具、机械设备、施工机具及配件在进入施工现场前未经查验或者查验不合格即投入使用的；

②使用未经验收或者验收不合格的施工起重机械和整体提升脚手架、模板等自升式架设设施的；

③在施工组织设计中未编制安全技术措施、施工现场临时用电方案或者专项施工方案的。

（5）施工单位取得资质证书后，降低安全生产条件的，责令限期改正；经整改仍未达到与其资质等级相应的安全生产条件的，责令停业整顿，降低其资质等级直至吊销资质证书。

3. 建设工程施工安全技术管理的规定

《建设工程安全生产管理条例》对安全技术措施、专项施工方案和安全技术交底做出了明确的规定。

（1）编制安全技术措施及专项施工方案的规定。施工单位应当在施工组织设计中编制安全技术措施和施工现场临时用电方案，对达到一定规模的危险性较大的分部分项工程编制专项施工方案，并附具安全验算结果，经施工单位技术负责人、总监理工程师签字后实施，由专职安全生产管理人员进行现场监督。

①危险性较大的分部分项工程。危险性较大的分部分项工程是指建筑工程在施工过程中存在的、可能导致作业人员群死群伤或造成重大不良社会影响的分部分项工程。例如，搭设高度5m及以上；搭设跨度10m及以上；施工总荷载10kN/m^{2}及以上；集中线荷载15kN/m及以上；高度大于支撑水平投影宽度且相对独立无联系构件的混凝土模板支撑工程。

采用非常规超重设备、方法，且单件起吊重量在10kN及以上的起重吊装工程；采用起重机械进行安装的工程；起重机械设备自身的安装、拆卸。

搭设高度24m及以上的落地式钢管脚手架工程；附着式整体和分片提升脚手架工程；悬挑式脚手架工程；吊篮脚手架工程；自制卸料平台、移动操作平台工程；新型及异型脚手架工程。

其他工程有土方开挖工程、基坑支护、降水工程、建筑幕墙安装工程、钢结构工程；人工挖扩孔桩工程；地下暗挖、顶管及水下作业工程；预应力工程；采用新技术、新工艺、新材料、新设备及尚无相关技术标准的危险性较大的分部分项等。

②超过一定规模的危险性较大的分部分项工程。开挖深度超过5m（含5m）的基坑（槽）的土方开挖、支护、降水工程；开挖深度虽未超过5m，但地质条件、周围环境和地下管线复杂，或影响毗邻建筑物安全的基坑（槽）的土方开挖、支护、降水工程。

混凝土模板支撑工程：搭设高度8m及以上；搭设跨度18m及以上；施工总荷载15kN/m^{2}及以上；集中线荷载20kN/m及以上。

搭设高度50m及以上的落地式钢管脚手架工程；提升高度150m及以上附着式整体和分片提升脚手架工程；架体高度20m及以上悬挑式脚手架工程。

用于钢结构安装等满堂支撑体系，承受单点集中荷载700kg以上。

采用非常规超重设备、方法，且单件起吊重量在100kN及以上的起重吊装工程；起重量300kN及以上的起重设备安装工程；高度200m及以上内爬起重设备的拆除工程。

采用爆破拆除的工程；码头、桥梁、高架、烟囱、水塔或拆除中容易引起有毒有害气（液）体或粉尘扩散、易燃易爆事故发生的特殊建、构筑物的拆除工程；可能影响行人、交通、电力设施、通信设施或其他建、构筑物安全的拆除工程；文物保护建筑、优秀历史建筑或历史文化风貌区控制范围的拆除工程。

施工高度50m及以上的建筑幕墙安装工程；跨度大于36m及以上的钢结构安装工程；跨度大于60m及以上的网架和索膜结构安装工程；开挖深度超过16m的人工挖孔桩工程；地下暗挖工程、顶管工程、水下作业工程；采用新技术、新工艺、新材料、尚无相关技术标准的危险性较大的分部分项工程。

（2）安全技术交底的规定。建设工程施工前，施工单位负责该项目管理的施工员应当对有关安全施工的技术要求向施工作业班组、作业人员做出详细说明，并由双方签字确认。施工单位有必要对工程项目的概况、危险部位和施工技术要求、作业安全注意事项等向作业人员做出详细说明，以保证施工质量和安全施工。

（3）危险性较大的分部分项工程专项方案的内容。危险性较大的分部分项工程安全专项施工方案，是指施工单位在编制施工组织（总）设计的基础上，针对危险性较大的分部分项工程单独编制的安全技术措施文件。

专项方案编制应当包括以下内容：工程概况、编制依据、施工计划、施工工艺技术、施工安全保证措施、劳动力计划、计算书及相关图纸等项。

（4）专项方案的实施。施工单位应当根据论证报告修改完善专项方案，并经施工单位技术负责人、项目总监理工程师、建设单位项目负责人签字后，方可组织实施。实行施工总承包的，应当由施工总承包单位、相关专业承包单位技术负责人签字。

施工单位应当严格按照专项方案组织施工，不得擅自修改、调整专项方案。如因设计、结构、外部环境等因素发生变化确需修改的，修改后的专项方案应当重新审核。对于超过一定规模的危险性较大工程的专项方案，施工单位应当重新组织专家进行论证。

专项方案实施前，编制人员或项目技术负责人应当向现场管理人员和作业人员进行安全技术交底。

施工单位应当指定专业对专项方案实施情况进行现场监督和按规定进行监测。发现不按照专项方案施工的，应当要求其立即整改；发现有危及人身安全紧急情况的，应当立即组织作业人员撤离危险区域。施工单位技术负责人应当定期巡查专项方案的实施情况。

4.1.3 建设工程相关标准规范对施工现场安全管理的规定

1. 建设工程施工安全检查的规定

《建筑施工安全检查标准》JGJ59中的检查项目涉及安全管理、文明施工、扣件式钢管脚手架、门式钢管脚手架、高处作业吊篮、基坑工程施工用电、模板支撑、起重吊装和施工机具等19个分项。

建设工程施工安全检查中，保证项目（对施工人员生命、设备设施及环境安全起关键性作用的项目）应全数检查。当建设工程施工安全检查为不合格时，必须限期整改达到合格。

（1）安全管理保证项目检查的规定。

①安全生产责任制。工程项目部应建立以项目经理为第一责任人的各级管理人员安全生产责任制；安全生产责任制应经责任人签字确认；工程项目部应有各工种安全技术操作规程；工程项目部应按规定配备专职的安全员。

对实行经济承包的工程项目，承包合同中应有安全生产考核指标；工程项目部应制定安全生产资金保障制度；按安全生产资金保障制度，应编制安全资金使用计划，并应按计划实施。

工程项目部应制定以伤亡事故控制、现场安全达标、文明施工为主要内容的安全生产管理目标；按安全生产管理目标和项目管理人员的安全生产责任制，应进行安全生产责任目标分解；应建立对安全生产责任制和责任目标的考核制度；按考核制度，应对项目管理人员定期进行考核。

②施工组织设计及专项施工方案。工程项目部在施工前应编制施工组织设计，施工组织设计应针对工程特点、施工工艺制定安全技术措施。

危险性较大的分部分项工程应按规定编制安全专项施工方案，专项施工方案应有针对性，并按有关规定进行设计计算；超过一定规模危险性较大的分部分项工程，施工单位应组织专家对专项施工方案进行论证。

施工组织设计、安全专项施工方案，应由有关部门审核，施工单位技术负责人、监理单位项目总监批准；工程项目部应按施工组织设计、专项施工方案组织实施。

③安全技术交底。施工负责人在分派生产任务时，应对相关管理人员、施工作业人员进行书面安全技术交底；安全技术交底应按施工工序、施工部位、施工区域分部分项进行。

安全技术交底应结合施工作业场所状况、特点、工序，对危险因素、施工方案、规范标准、操作规程和应急措施进行交底；安全技术交底应由交底人、被交底人、专职安全员进行签字确认。

④安全检查。工程项目部应建立安全检查制度；安全检查应由项目负责人组织，专职安全员及相关专业人员参加，定期进行并填写检查记录。

对检查中发现的事故隐患应下达隐患整改通知单，定人、定时间、定措施进行整改。重大事故隐患整改后，应由相关部门组织复查。

⑤安全教育。工程项目部应建立安全教育培训制度；当施工人员入场时，工程项目部应组织进行以国家安全法律法规、企业安全制度、施工现场安全管理规定及各工种安全技术操作规程为主要内容的三级安全教育培训和考核。

当施工人员变换工种或采用新技术、新工艺、新设备、新材料施工时，应进行安全教育培训；施工管理人员、专职安全员每年度应进行安全教育培训和考核。

⑥应急救援。工程项目部应针对工程的特点，进行重大危险源的辨识。应制定防触电、防坍塌、防高处坠落、防起重及机械伤害、防火灾、防物体打击等主要内容的专项

应急救援预案，并对施工现场易发生重大安全事故的部位、环节进行监控。

施工现场应建立应急救援组织，培训、配备应急救援人员，定期组织员工进行应急救援演练；按应急救援预案要求，应配备应急救援器材和设备。

（2）安全管理一般项目检查的规定。

①分包单位安全管理。总包单位应对承揽分包工程的分包单位进行资质、安全生产许可证和相关人员安全生产资格的审查。

当总包单位与分包单位签订分包合同时，应签订安全生产协议书，明确双方的安全责任；分包单位应按规定建立安全机构，配备专职的安全员。

②持证上岗。从事建筑施工的项目经理、专职安全员和特种作业人员，必须经行业主管部门培训考核合格，取得相应资格证书，方可上岗作业。

③生产安全事故处理。当施工现场发生生产安全事故时，施工单位应按规定及时报告；施工单位应按规定对生产安全事故进行调查分析，制定防范措施；应依法为施工作业人员办理保险。

④安全标志。施工现场入口处及主要施工区域、危险部位应设置相应的安全警示标志牌；施工现场应绘制安全标志布置图；应根据工程部位和现场设施的变化，调整安全标志牌设置；施工现场应设置重大危险源公示牌。

（3）扣件式钢管脚手架安全检查规定。扣件式钢管脚手架检查应符合行业标准《建筑施工扣件式钢管脚手架安全技术规范》JGJ130 的规定。

扣件式钢管脚手架检查评定保证项目有：施工方案、立杆基础、架体与建筑结构拉结、杆件间距与剪刀撑、脚手板与防护栏杆、交底与验收。

一般项目包括：横向水平杆设置、杆件连接、层间防护、构配件材质、通道。

（4）门式钢管脚手架安全检查规定。门式钢管脚手架检查应符合行业标准《建筑施工门式钢管脚手架安全技术规范》JGJ128 的规定。

门式钢管脚手架检查评定保证项目包括：施工方案、架体基础、架体稳定、杆件锁臂、脚手板、交底与验收。

一般项目包括：架体防护、构配件材质、荷载、通道。

（5）碗扣式钢管脚手架安全检查规定。碗扣式钢管脚手架检查应符合行业标准《建筑施工碗扣式钢管脚手架安全技术规范》JGJ166 的规定。

碗扣式钢管脚手架检查评定保证项目包括：施工方案、架体基础、架体稳定、杆件锁件、脚手板、交底与验收。

一般项目包括：架体防护、构配件材质、荷载、通道。

（6）承插型盘扣式钢管脚手架安全检查规定。承插型盘扣式钢管脚手架检查应符合行业标准《建筑施工承插型盘扣式钢管支架安全技术规范》JGJ231 的规定。

承插型盘扣式钢管脚手架检查评定保证项目包括：施工方案、架体基础、架体稳定、杆件设置、脚手板、交底与验收。

一般项目包括：架体防护、杆件连接、构配件材质、通道。

（7）满堂脚手架安全检查规定。满堂脚手架检查应符合现行标准《建筑施工扣件式钢管脚手架安全技术规范》JGJ130、《建筑施工门式钢管脚手架安全技术规范》

JGJ128、《建筑施工碗扣式钢管脚手架安全技术规范》JGJ166 和《建筑施工承插型盘扣式钢管支架安全技术规范》JGJ231 的规定。

满堂脚手架检查评定保证项目包括：施工方案、架体基础、架体稳定、杆件锁件、脚手板、交底与验收。

一般项目包括：架体防护、构配件材质、荷载、通道。

（8）悬挑式脚手架安全检查规定。悬挑式脚手架检查应符合行业标准《建筑施工扣件式钢管脚手架安全技术规范》JGJ130、《建筑施工门式钢管脚手架安全技术规范》JGJ128、《建筑施工碗扣式钢管脚手架安全技术规范》JGJ166 和《建筑施工承插型盘扣式钢管支架安全技术规范》JGJ231 的规定。

悬挑式脚手架检查评定保证项目包括：施工方案、悬挑钢梁、架体稳定、脚手板、荷载、交底与验收。

一般项目包括：杆件间距、架体防护、层间防护、构配件材质。

（9）附着式升降脚手架安全检查规定。附着式升降脚手架检查评定应符合现行行业标准《建筑施工工具式脚手架安全技术规范》JGJ202 的规定。

附着式升降脚手架检查评定保证项目包括：施工方案、安全装置、架体构造、附着支座、架体安装、架体升降。

一般项目包括：检查验收、脚手板、架体防护、安全作业。

（10）高处作业吊篮安全检查规定。高处作业吊篮检查评定应符合行业标准《建筑施工工具式脚手架安全技术规范》JGJ202 的规定。

高处作业吊篮检查评定保证项目包括：施工方案、安全装置、悬挂机构、钢丝绳、安装作业、升降作业。

一般项目包括：交底与验收、安全防护、吊篮稳定、荷载。

（11）模板支架安全检查规定。模板支架安全检查应符合行业标准《建筑施工模板安全技术规范》JGJ162、《建筑施工扣件式钢管脚手架安全技术规范》JGJ130、《建筑施工门式钢管脚手架安全技术规范》JGJ128、《建筑施工碗扣式钢管脚手架安全技术规范》JGJ166 和《建筑施工承插型盘扣式钢管支架安全技术规范》JGJ231 的规定。

模板支架检查评定保证项目包括：施工方案、支架基础、支架构造、支架稳定、施工荷载、交底与验收。

一般项目包括：杆件连接、底座与托撑、构配件材质、支架拆除。

（12）高处作业安全检查规定。高处作业检查评定应符合现行国家标准《安全网》GB5725、《安全帽》GB2118、《安全带》GB6095 和行业标准《建筑施工高处作业安全技术规范》JGJ80 的规定。

高处作业检查评定项目包括：安全帽、安全网、安全带、临边防护、洞口防护、通道口防护、攀登作业、悬空作业、移动式操作平台、悬挑式物料钢平台。

（13）施工用电安全检查规定。施工用电检查评定应符合国家标准《建设工程施工现场供用电安全规范》GB50194 和行业标准《施工现场临时用电安全技术规范》JGJ46 的规定。

施工用电检查评定的保证项目包括：外电防护、接地与接零保护系统、配电线路、配电箱与开关箱。

一般项目包括：配电室与配电装置、现场照明、用电档案。

（14）物料提升机安全检查规定。物料提升机检查评定应符合行业标准《龙门架及井架物料提升机安全技术规范》JGJ88 的规定。

物料提升机检查评定保证项目包括：安全装置、防护设施、附墙架与缆风绳、钢丝绳、安拆、验收与使用。

一般项目包括：基础与导轨架、动力与传动、通信装置、卷扬机操作棚、避雷装置。

（15）施工升降机安全检查规定。施工升降机检查评定应符合现行国家标准《施工升降机安全规程》GB 10055 和行业标准《建筑施工升降机安装、使用、拆卸安全技术规程》JGJ 215 的规定。

施工升降机检查评定保证项目包括：安全装置、限位装置、防护设施、附墙架、钢丝绳、滑轮与对重、安拆、验收与使用。

一般项目包括：导轨架、基础、电气安全、通信装置。

（16）塔式起重机安全检查规定。塔式起重机检查应符合国家标准《塔式起重机安全规程》GB 5144 和行业标准《建筑施工塔式起重机安装、使用、拆卸安全技术规程》JGJ196 的规定。

塔式起重机检查评定保证项目包括：载荷限制装置、行程限位装置、保护装置、吊钩、滑轮、卷筒与钢丝绳、多塔作业、安拆、验收与使用。

一般项目包括：附着、基础与轨道、结构设施、电气安全。

（17）起重吊装安全检查规定。起重吊装检查应符合国家标准《起重机械安全规程》GB6067 的规定。

起重吊装检查保证项目包括：施工方案、起重机械、钢丝绳与地锚、索具、作业环境、作业人员。

一般项目包括：起重吊装、高处作业、构件码放、警戒监护。

（18）施工机具安全检查规定。施工机具检查评定应符合行业标准《建筑机械使用安全技术规程》JGJ33 和《施工现场机械设备检查技术规程》JGJ160 的规定。

施工机具检查项目包括：平刨、圆盘锯、手持电动工具、钢筋机械、电焊机、搅拌机、气瓶、翻斗车、潜水泵、振捣器、桩工机械。

2. 施工现场安全用电的规定

施工现场临时用电应符合《施工现场临时用电安全技术规范》JGJ46 的规定。

（1）建筑施工现场临时用电工程专用的电源中性点直接接地的 220V/380V 三相四线制低压电力系统，必须符合下列规定：

①采用三级配电系统；

②采用 TN－S 接零保护系统；

③采用二级漏电保护系统。

（2）临时用电组织设计及变更时，必须履行“编制、审核、批准”程序，由电气工程技术人员组织编制，经相关部门审核及具有法人资格企业的技术负责人批准后实施。变更用电组织设计时，应补充有关图纸资料。

（3）临时用电工程必须经编制、审核、批准部门和使用单位共同验收，合格后方可投入使用。

（4）临时用电工程定期检查应按分部、分项工程进行，对安全隐患必须及时处理，并应履行复查验收手续。

（5）在施工现场专用变压器的供电的 TN－S 接零保护系统中，电气设备的金属外壳必须与保护零线连接。保护零线应由工作接地线、配电室（总配电箱）电源侧零线或总漏电保护器电源侧零线处引出。

（6）当施工现场与外电线路共用同一供电系统时，电气设备的接地、接零保护应与原系统保持一致。不得一部分设备保护接零，另一部分设备保护接地。采用 TN 系统保护接零时，工作零线（N 线）必须通过总漏电保护器，保护零线（PE 线）必须由电源进线的零线重复接地处或总漏电保护器电源侧零线处，引出形成局部 TN－S 接零保护系统。

（7）PE 线上严禁装设开关或熔断器，严禁通过工作电流，且严禁断线。

（8）TN 系统中的保护零线除必须在配电室或总配电箱处做重复接地外，还必须在配电系统的中间处和末端处做重复接地。

在 TN 系统中，保护零线每一处重复接地装置的接地电阻值不应大于 10Ω。在工作接地电阻值允许达到 10Ω 的电力系统中，所有重复接地的等效电阻值不应大于 10Ω。

（9）做防雷接地机械上的电气设备，所连接的 PE 线必须同时做重复接地，同一台机械电气设备的重复接地和机械的防雷接地可共用同一接地体，但接地电阻应符合重复接地电阻值的要求。

（10）配电柜应装设电源隔离开关及短路、过载、漏电保护电器。电源隔离开关分断时，应有明显可见的分断点。

（11）配电柜或配电线路停电维修时，应挂接地线，并应悬挂“禁止合闸、有人工作”停电标志牌。停送电必须由专人负责。

（12）电缆线路应采用埋地或架空敷设，严禁沿路面明设，并应避免机械损伤和介质腐蚀。埋地电缆路径应设方位标志。

（13）每台用电设备必须有各自专用的开关箱，严禁用同一个开关箱直接控制 2 台及 2 台以上用电设备（含插座）。

（14）配电箱的电器安装板上必须分设 N 线端子板和 PE 线端子板。N 线端子板必须与金属电器安装板绝缘；PE 线端子板必须与金属电器安装板做电气连接。进出线中的 N 线必须通过 N 线端子板连接；PE 线必须通过 PE 线端子板连接。

（15）开关箱中漏电保护器的额定漏电动作电流不应大于 30mA，额定漏电动作时间不应大于 0.1s。

使用于潮湿或有腐蚀介质场所的漏电保护器应采用防溅型产品，其额定漏电动作电流不应大于 15mA，额定漏电动作时间不应大于 0.1s。

（16）总配电箱中漏电保护器的额定漏电动作电流不应大于 30mA，额定漏电动作时间不应大于 0.1s，但其额定漏电动作电流与额定漏电动作时间的乘积不应大于30mA. s。

（17）配电箱、开关箱的电源进线端严禁采用插头或插座做活动连接。

（18）对配电箱、开关箱进行定期维修、检查时，必须将其前一级相应的电源开关分闸断电，并悬挂“禁止合闸、有人工作”停电标志牌，严禁带电作业。

（19）对混凝土搅拌机、钢筋加工机械、木工机械、盾构机械等设备进行清理、检查、维修时，必须首先将其开关箱分闸断电，呈现明显可见的断开点，并关门上锁。

（20）下列特殊场所应使用安全特低电压照明器：

①隧道、人防工程、高温、有导电灰尘、比较潮湿或灯具离地面高度低于2.5米等场所的照明，电源电压不应大于36V；

②潮湿和易触及带电体场所的照明，电源电压不得大于24V；

③特别潮湿场所、导电良好的地面、锅炉或金属内的照明，电源电压不得大于12V。

3. 工程建设强制性标准实施监督的规定

（1）强制性标准监督的内容。

①工程建设中拟采用的新技术、新工艺、新材料，不符合现行强制性标准规定的，应当由拟采用单位提请建设单位组织专题技术论证，报批建设行政主管部门或者国务院有关主管部门审定。

工程建设中采用国家标准或者国外标准，现行强制性标准未作规定的，建设单位应当向国务院建设行政主管部门或者国务院有关行政主管部门备案。

②强制性标准监督检查的内容。有关工程技术人员是否熟悉、掌握强制性标准；工程项目的规划、勘察、设计、施工、验收等是否符合强制性标准的规定；工程项目采用的材料、设备是否符合强制性标准的规定；工程项目的安全、质量是否符合强制性标准的规定；工程中采用的导则、指南、手册、计算机软件的内容是否符合强制性标准的规定。

（2）工程建设强制性标准监督的方式。工程建设标准批准部门应当对工程项目执行强制性标准情况进行监督检查。监督检查可以采取重点检查、抽查和专项检查的方式。

4.2 建设工程质量管理规定

4.2.1 《建筑法》对建筑工程质量管理的规定

1. 建筑工程施工许可的规定

（1）建筑工程开工前，建设单位应当按照国家有关规定向工程所在地县级以上人民政府建设行政主管部门申请领取施工许可证。

（2）在建的建筑工程因故中止施工的，建设单位应当自中止施工之日起一个月内，向发证机关报告，并按照规定做好建筑工程的维护管理工作。

建筑工程恢复施工时，应当向发证机关报告；中止施工满一年的工程恢复施工前，建设单位应当报发证机关核验施工许可证。

（3）按照国务院有关规定批准开工报告的建筑工程，因故不能按期开工或者中止施工的，应当及时向批准机关报告情况。因故不能按期开工超过6个月的，应当重新办理开工报告的批准手续。

2. 从业资格的规定

（1）从事建筑活动的建筑施工企业、勘察单位、设计单位和工程监理单位，按照其拥有的注册资本、专业技术人员、技术装备和已完成的建筑工程业绩等资质条件，划分为不同的资质等级，经资质审查合格，取得相应等级的资质证书后，方可在其资质等级许可的范围内从事建筑活动。

（2）从事建筑活动的专业技术人员，应当依法取得相应的执业资格证书，并在执业资格证书许可的范围内从事建筑活动。

3. 建筑工程发包与承包的规定

（1）建筑工程实行招标发包的，发包单位应当将建筑工程发包给依法中标的承包单位。建筑工程实行直接发包的，发包单位应当将建筑工程发包给具有相应资质条件的承包单位。

（2）提倡对建筑工程实行总承包，禁止将建筑工程肢解发包。建筑工程的发包单位可以将建筑工程的勘察、设计、施工、设备采购一并发包给一个工程总承包单位，也可以将建筑工程勘察、设计、施工、设备采购的一项或者多项发包给一个工程总承包单位；但是，不得将应当由一个承包单位完成的建筑工程肢解成若干部分发包给几个承包单位。

（3）按照合同的约定，建筑材料、建筑构配件和设备由工程承包单位采购的，发包单位不得指定承包单位购入用于工程的建筑材料、建筑构配件和设备或者指定生产厂、供应商。

（4）承包建筑工程的单位应当持有依法取得的资质证书，并在其资质等级许可的业务范围内承揽工程。禁止建筑施工企业超越本企业资质等级许可的业务范围，或者以任何形式用其他建筑施工企业的名义承揽工程。禁止建筑施工企业以任何形式允许其他单位或者个人使用本企业的资质证书、营业执照，以本企业的名义承揽工程。

（5）大型建筑工程或者结构复杂的建筑工程，可以由两个以上的承包单位联合共同承包。共同承包的各方对承包合同的履行承担连带责任。

两个以上不同资质等级的单位实行联合共同承包的，应当按照资质等级低的单位的业务许可范围承揽工程。

（6）禁止承包单位将其承包的全部建筑工程转包给他人，禁止承包单位将其承包的全部建筑工程肢解以后，以分包的名义分别转包给他人。

（7）建筑工程总承包单位可以将承包工程中的部分工程发包给具有相应资质条件的分包单位；但是，除总承包合同中约定的分包外，必须经建设单位认可。施工总承包的，建筑工程主体结构的施工必须由总承包单位自行完成。

（8）建筑工程总承包单位按照总承包合同的约定对建设单位负责；分包单位按照分包合同的约定对总承包单位负责。总承包单位和分包单位就分包工程对建设单位承担连带责任。

（9）禁止总承包单位将工程分包给不具备相应资质条件的单位。禁止分包单位将其承包的工程再分包。

4. 建筑工程质量管理的规定

（1）建筑工程实行总承包的，工程质量由工程总承包单位负责，总承包单位将建筑工程分包给其他单位的，应当对分包工程的质量与分包单位承担连带责任。分包单位应当接受总承包单位的质量管理。

（2）建筑施工企业对工程的施工质量负责。建筑施工企业必须按照工程设计图纸和施工技术标准施工，不得偷工减料。工程设计的修改由原设计单位负责，建筑施工企业不得擅自修改工程设计。

（3）建筑施工企业必须按照工程设计要求、施工技术标准和合同的约定，对建筑材料、建筑构配件和设备进行检验，不合格的不得使用。

（4）建筑物在合理使用寿命内，必须确保地基基础工程和主体结构的质量。建筑工程竣工时，屋顶、墙面不得留有渗漏、开裂等质量缺陷；对已经发现的质量缺陷，建筑施工企业应当修复。

（5）交付竣工验收的建筑工程，必须符合规定的建筑工程质量标准，有完整的工程技术经济资料和经签署的工程保修书，并具备国家规定的其他竣工条件。建筑工程竣工经验收合格后，方可交付使用；未经验收或者验收不合格的，不得交付使用。

（6）建筑工程实行质量保修制度。建筑工程的保修范围应当包括地基基础工程、主体结构工程、屋面防水工程和其他土建工程，以及电气管线、上下水管线的安装工程，供热、供冷系统工程等项目；保修的期限应当按照保证建筑物合理寿命年限内正常使用、维护使用者合法权益的原则确定。具体的保修范围和最低保修期限由国务院规定。

（7）任何单位和个人对建筑工程的质量事故、质量缺陷都有权向建设行政主管部门或者其他有关部门进行检举、控告、投诉。

5. 法律责任

（1）发包单位将工程发包给不具有相应资质条件的承包单位的，或者违反《建筑法》规定将建筑工程肢解发包的，责令改正，处以罚款。

（2）超越本单位资质等级承揽工程的，责令停止违法行为，处以罚款，可以责令停业整顿，降低资质等级；情节严重的，吊销资质证书；有违法所得的，予以没收。

（3）未取得资质证书承揽工程的，予以取缔，并处罚款；有违法所得的，予以没收。以欺骗手段取得资质证书的，吊销资质证书，处以罚款；构成犯罪的，依法追究刑事责任。

（4）建筑施工企业转让、出借资质证书或者以其他方式允许他人以本企业的名义承揽工程的，责令改正，没收违法所得，并处罚款，可以责令停业整顿，降低资质等级；情节严重的，吊销资质证书。对因该项承揽工程不符合规定的质量标准造成的损失，建筑施工企业与使用本企业名义的单位或者个人承担连带赔偿责任。

（5）承包单位将承包的工程转包的，或者违反《建筑法》规定进行分包的，责令改正，没收违法所得，并处罚款，可以责令停业整顿，降低资质等级；情节严重的，吊销资质证书。

承包单位因转包工程或者违法分包的工程不符合规定的质量标准造成的损失，与接受转包或者分包的单位承担连带赔偿责任。

（6）在工程发包与承包中索贿、受贿、行贿，构成犯罪的，依法追究刑事责任；不构成犯罪的，分别处以罚款。没收贿赂的财物，对直接负责的主管人员和其他直接责任人员给予处分。

对在工程承包中行贿的承包单位，除依照规定处罚之外，可以责令停业整顿，降低资质等级或者吊销资质证书。

（7）违反《建筑法》规定，涉及建筑主体或者承重结构变动的装修工程擅自施工的，责令改正，处以罚款；造成损失的，承担赔偿责任；构成犯罪的，依法追究刑事责任。

（8）建筑施工企业违反本法规定，对建筑安全事故隐患不采取措施予以消除的，责令改正，可以处以罚款；情节严重的，责令停业整顿，降低资质等级或者吊销资质证书；构成犯罪的，依法追究刑事责任。

（9）建筑施工企业的管理人员违章指挥、强令职工冒险作业，因而发生重大伤亡事故或者造成其他严重后果的，依法追究刑事责任。

（10）建筑施工企业在施工中偷工减料的，使用不合格的建筑材料、建筑构配件和设备的，或者有其他不按照工程设计图纸或者施工技术标准施工的行为的，责令改正，处以罚款；情节严重的，责令停业整顿，降低资质等级或者吊销资质证书；造成建筑工程质量不符合规定的质量标准的，负责返工、修理，并赔偿因此造成的损失；构成犯罪的，依法追究刑事责任。

（11）建筑施工企业违反本法的规定，不履行保修义务或者拖延履行保修义务的，责令改正，可以处以罚款，并对在保修期内因屋顶、墙面渗漏、开裂等质量缺陷造成的损失，承担赔偿责任。

4.2.2 《建设工程质量管理条例》对建设工程质量管理的规定

1. 施工单位资质的规定

施工单位应当依法取得相应等级的资质证书，并在其资质等级许可的范围内承揽工程。

禁止施工单位超越本单位资质等级许可的业务范围或者以其他施工单位的名义承揽工程。禁止施工单位允许其他单位或者个人以本单位的名义承揽工程。

施工单位不得转包或者违法分包工程。

2. 施工质量的规定

（1）施工单位对建设工程的施工质量负责。施工单位应当建立质量责任制，确定工程项目的项目经理、技术负责人和施工管理负责人。

建设工程实行总承包的，总承包单位应当对全部建设工程质量负责；建设工程勘察、设计、施工、设备采购的一项或者多项实行总承包的，总承包单位应当对其承包的建设工程或者采购设备的质量负责。

（2）总承包单位依法将建设工程分包给其他单位的，分包单位应当按照分包合同的约定对其分包工程的质量向总承包单位负责，总承包单位与分包单位对分包工程的质量承担连带责任。

（3）施工单位必须按照工程设计图纸和施工技术标准施工，不得擅自修改工程设计，不得偷工减料。施工单位在施工过程中发现设计文件和图纸有差错的，应当及时提出意见和建议。

（4）施工单位必须按照工程设计要求、施工技术标准和合同约定，对建筑材料、建筑构配件、设备和商品混凝土进行检验，检验应当有书面记录和专人签字；未经检验或者检验不合格的，不得使用。

（5）施工单位必须建立、健全施工质量的检验制度，严格工序管理，作好隐蔽工程的质量检查和记录。隐蔽工程在隐蔽前，施工单位应当通知建设单位和建设工程质量监督机构。

（6）施工人员对涉及结构安全的试块、试件以及有关材料，应当在建设单位或者工程监理单位监督下现场取样，并送具有相应资质等级的质量检测单位进行检测。

（7）施工单位对施工中出现质量问题的建设工程或者竣工验收不合格的建设工程，应当负责返修。

（8）施工单位应当建立、健全教育培训制度，加强对职工的教育培训；未经教育培训或者考核不合格的人员，不得上岗作业。

3. 保修制度的规定

（1）建设工程实行质量保修制度。建设工程承包单位在向建设单位提交工程竣工验收报告时，应当向建设单位出具质量保修书。质量保修书中应当明确建设工程的保修范围、保修期限和保修责任等。

（2）在正常使用条件下，建设工程的最低保修期限为：

①基础设施工程、房屋建筑的地基基础工程和主体结构工程，为设计文件规定的该工程的合理使用年限；

②屋面防水工程、有防水要求的卫生间、房间和外墙面的防渗漏，为5年；

③供热与供冷系统，为2个采暖期、供冷期；

④电气管线、给排水管道、设备安装和装修工程，为2年。

其他项目的保修期限由发包方与承包方约定。建设工程的保修期，自竣工验收合格之日起计算。

（3）建设工程在保修范围和保修期限内发生质量问题的，施工单位应当履行保修义务，并对造成的损失承担赔偿责任。

（4）建设工程在超过合理使用年限后需要继续使用的，产权所有人应当委托具有相应资质等级的勘察、设计单位鉴定，并根据鉴定结果采取加固、维修等措施，重新界定使用期。

4. 施工质量报告制度的规定

（1）建设工程发生质量事故，有关单位应当在24小时内向当地建设行政主管部门和其他有关部门报告。对重大质量事故，事故发生地的建设行政主管部门和其他有关部门应当按照事故类别和等级向当地人民政府和上级建设行政主管部门和其他有关部门报告。

特别重大质量事故的调查程序按照国务院有关规定办理。

（2）任何单位和个人对建设工程的质量事故、质量缺陷都有权检举、控告、投诉。

5. 法律责任

（1）施工单位超越本单位资质等级承揽工程的，责令停止违法行为，对施工单位处工程合同价款2%以上4%以下的罚款，可以责令停业整顿，降低资质等级；情节严重的，吊销资质证书；有违法所得的，予以没收。

未取得资质证书承揽工程的，予以取缔，依照《建设工程质量管理条例》规定处以罚款；有违法所得的，予以没收。

以欺骗手段取得资质证书承揽工程的，吊销资质证书，依照《建设工程质量管理条例》规定处以罚款；有违法所得的，予以没收。

（2）施工单位允许其他单位或者个人以本单位名义承揽工程的，责令改正，没收违法所得；对施工单位处工程合同价款2%以上4%以下的罚款；可以责令停业整顿，降低资质等级；情节严重的，吊销资质证书。

（3）承包单位将承包的工程转包或者违法分包的，责令改正，没收违法所得；对施工单位处工程合同价款0.5%以上1%以下的罚款；可以责令停业整顿，降低资质等级；情节严重的，吊销资质证书。

（4）施工单位在施工中偷工减料的，使用不合格的建筑材料、建筑构配件和设备的，或者有不按照工程设计图纸或者施工技术标准施工的其他行为的，责令改正，处工程合同价款2%以上4%以下的罚款；造成建设工程质量不符合规定的质量标准的，负责返工、修理，并赔偿因此造成的损失；情节严重的，责令停业整顿，降低资质等级或者吊销资质证书。

（5）施工单位未对建筑材料、建筑构配件、设备和商品混凝土进行检验，或者未对涉及结构安全的试块、试件以及有关材料取样检测的，责令改正，处10万元以上20万元以下的罚款；情节严重的，责令停业整顿，降低资质等级或者吊销资质证书；造成损失的，依法承担赔偿责任。

（6）施工单位不履行保修义务或者拖延履行保修义务的，责令改正，处10万元以上20万元以下的罚款，并对在保修期内因质量缺陷造成的损失承担赔偿责任。

（7）涉及建筑主体或者承重结构变动的装修工程，没有设计方案擅自施工的，责令改正，处50万元以上100万元以下的罚款。

（8）发生重大工程质量事故隐瞒不报、谎报或者拖延报告期限的，对直接负责的主管人员和其他责任人员依法给予行政处分。

（9）供水、供电、供气、公安消防等部门或者单位明示或者暗示建设单位或者施工单位购买其指定的生产供应单位的建筑材料、建筑构配件和设备的，责令改正。

（10）建设单位、设计单位、施工单位、工程监理单位违反国家规定，降低工程质量标准，造成重大安全事故，构成犯罪的，对直接责任人员依法追究刑事责任。

6. 违法分包的界定

肢解发包，是指建设单位将应当由一个承包单位完成的建设工程分解成若干部分，发包给不同的承包单位的行为。

违法分包，是指下列行为：

（1）总承包单位将建设工程分包给不具备相应资质条件的单位。

（2）建设工程总承包合同中未有约定，又未经建设单位认可，承包单位将其承包的部分建设工程交由其他单位完成。

（3）施工总承包单位将建设工程主体结构的施工分包给其他单位。

（4）分包单位将其承包的建设工程再分包。

转包，是指承包单位承包建设工程后，不履行合同约定的责任和义务，将其承包的全部建设工程转给他人或者将其承包的全部建设工程肢解以后，以分包的名义分别转给其他单位承包的行为。

4.2.3 建设工程专项质量检测的规定

对涉及结构安全项目的抽样检测和对进入施工现场的建筑材料、构配件的见证取样检测。

1. 专项检测的业务内容

专项检测的业务内容包括：地基基础工程检测、主体结构工程现场检测、建筑幕墙工程检测、钢结构工程检测。

2. 见证取样检测的业务内容

见证取样检测的业务内容包括：水泥物理力学性能检验；钢筋（含焊接与机械连

接）力学性能检验；砂、石常规检验；混凝土、砂浆强度检验；简易土工试验；混凝土掺加剂检验；预应力钢绞线、锚夹具检验；沥青混合料检验。

3. 检测机构资质标准

检测机构是具有独立法人资格的中介机构。检测机构从事质量检测业务，应当取得相应的资质证书。检测机构资质按照其承担的检测业务内容分为专项检测机构资质和见证取样检测机构资质。检测机构未取得相应的资质证书，不得承担质量检测业务。

4. 质量检测试样的取样

质量检测试样的取样应当在建设单位或者工程监督下现场取样。提供质量检测试样的单位和个人，应当对试样的真实性负责。

（1）见证人员。应由建设单位或该工程的监理单位具备建筑施工试验知识的专业技术人员担任，并应由建设单位或该工程的监理单位书面通知施工单位、检测单位和负责该项工程的质量监督机构。

（2）见证取样和送检。在施工过程中，见证人员应按照见证取样和送检计划，对施工现场的取样和送检进行见证，取样人员应在试样或其包装上作出标识、标志。标识和标志应标明工程名称、取样部位、取样日期、样品名称和样品数量，并由见证人员和取样人员签字。见证人员应制作见证记录，并将见证记录归入施工技术档案。涉及结构安全的试块、试件和材料见证取样和送检的比例不得低于有关技术标准中规定的应取样数量的30%。

见证人员和取样人员应对试样的代表性和真实性负责。

见证取样的试块、试件和材料送检时，应由送检单位填写委托单，委托单应由见证人员和送检人员签字。检测单位应检查委托单及试样上的标识和标志，确认无误后方可进行检测。

5. 质量检测报告

检测报告经检测人员签字、检测机构法定代表人或其制授权的签字人签署，并加盖检测机构公章或者检测专用章后方可生效。检测报告经建设单位或者工程监理单位确认后，由施工单位归档。

6. 检测结果争议的处理

检测结果利害关系人对检测结果发生争议的，由双方共同认可的检测机构复检，复检结果由提出复检方报当地建设主管部门备案。

4.3 工业安装工程质量验收标准和规定

4.3.1 工业安装工程施工质量验收项目的划分

1. 质量验收评定的组织机构和依据

（1）组织机构。

①工程质量验收评定组织机构的建立是确保此项工作顺利开展的保障。主要由施工、建设、监理、设计等单位组成。在质量验收评定的全过程中，应做到彼此互相沟通、友好协商、协同工作、认真负责，从而达到确保工程质量的共同目标。

②质量验收评定工作的基础工作在施工单位，施工单位由质量部门、工程技术部门负责此项工作。

（2）质量验收评定的依据。

①工程设计施工图纸及技术文件；

②安装工程施工质量验收规范及工业安装工程施工质量验收统一标准；

③国家、地方、行业的相关法律法规；

④合同所规定的质量目标和相关内容等。

2. 工程质量验收划分

（1）工程质量验收划分的重要性。

①一个工程质量的优劣取决于对工程各个环节质量的监督、检查。

②由于工业安装工程具有专业种类多、技术复杂、质量要求高等特点，为了避免验收评定中的管理混乱和质量失控，搞好竣工验收工作，必须对工程施工质量项目进行划分。

③工业安装工程是指有固定的设计生产工艺流程，有专门的生产线，有主车间和辅助车间，在生产线上有主体设备和辅助设备，生产线的产品有主要产品，一般还有附属产品。如制氧站的生产工艺线的主产品是氧气，附属产品是氩气、氮气、二氧化碳等。又如火力发电厂，其主产品是电力，附属产品有废水、废气、废渣等，为此，配置相应的处理装置。这是与建筑安装工程明显不同之处。

④工业安装工程质量的好坏将直接关系到工艺生产线能否正常、安全、经济地投入运行。搞好工程质量验收评定工作将有利于加强企业管理，提高工程管理水平，有利于保证工程顺利进行并保证工程质量，有利于提高企业的社会效益和经济效益。

（2）划分的程序。

①工业安装工程质量验收项目划分的程序是：分项工程→分部工程→单位工程。

②检验项目应根据项目的特点确定检验抽样方案，可设置检验批。

（3）分项工程的划分。

①划分的一般原则：

a. 设备安装分项工程应按设备的台（套）机组划分；

b. 管道分项工程应按管道类别进行划分；

c. 电气装置分项工程应按电气设备、电气线路进行划分；

d. 自动化仪表分项工程应按仪表类别和安装试验工序划分；

e. 设备及管道防腐蚀分项工程应按设备的台（套）或主要防腐蚀材料的种类进行划分，金属基层处理可单独构成分项工程；

f. 设备及管道绝热分项工程中设备绝热应以相同工作介质按台（套）进行划分，管道绝热应按相同的工作介质进行划分；

g. 工业炉砌筑分项工程应按工业炉的结构组成或区段进行划分。

②分项工程与分部工程的关系。分项工程的划分应符合有关专业施工质量验收规范的有关规定。若干个分项工程组成一个分部工程，其中对工程质量影响大的分项工程定为主要分项工程。

例如，工业管道工程中，按管道工作介质划分时，氧气管道、煤气管道是易燃、易爆危险介质的管道，如果这类管道安装质量低劣，如管道内清洗不干净、焊口缺陷、垫片泄漏、焊后热处理消除应力不当，试压不符合标准，管道焊缝射线探伤数量不符合规定等，投入使用将成为事故的隐患，一旦引发，便会发生爆裂、气体泄漏、火灾或爆炸等重大事故。因此，这类管道安装视为主要分项工程。

（4）分部（子分部）工程的划分。

①根据工业安装工程的特点，将工业安装工程按专业划分为7个分部工程：

a. 设备安装分部（子分部）工程；

b. 管道安装分部（子分部）工程；

c. 电气装置安装分部（子分部）工程；

d. 自动化仪表安装分部（子分部）工程；

e. 设备及管道防腐蚀分部（子分部）工程；

f. 设备及管道绝热分部（子分部）工程；

g. 工业炉砌筑分部（子分部）工程。

同一单位工程中的每个专业工程可划分为一个分部工程或若干个子分部工程。

例如，同一单位工程中的管道工程可划分为一个分部工程或若干个子分部工程。工业炉砌筑分部工程应按工业炉的座（台）进行划分，较大的分部工程可划分为若干个子分部工程。

②分部工程与单位工程的关系。若干个分部工程组成一个单位工程。根据单位工程的类别和生产性质，其中有些分部工程在其所在单位工程内部占有较大的投资比例，具有较大的工程量，是生产工艺的主要设备或流程，对于投产后的安全和使用功能均具有举足轻重的影响的分部，工程应视为主分部工程。

例如，在化工厂（车间）的设备安装分部工程；在汽轮发电机组主厂房的设备安装分部工程；在轧钢车间内的设备安装分部工程；变电站（所）内的电气安装分部工程；主控室内的自动化仪表安装分部工程等都应视为主分部工程。

（5）单位工程的划分。

①单位（子单位）工程划分原则：单位工程应按工业厂房、车间或区域进行划分。单位工程应由各专业安装工程构成。较大的单位工程可划分为若干个子单位工程；

②当一个单位工程中仅有某一专业分部工程时，该分部工程应为单位工程；

③工程量大、施工周期长的工程可酌情划分为单位工程。

例如，汽轮发电机组主厂房的安装工程即可作为一个单位工程，包括主厂房内各安装专业；机械设备安装有汽轮机、发电机、除氧装置安装等；电气装置安装有变压器、配电盘、柜安装及缆线敷设等；管道安装有蒸汽管道、疏水管道、给水管道安装等；仪表安装有主控室盘、柜、操作台、DCS 系统安装调试等；绝热有蒸汽管道、汽轮机本体外部保温、绝热施工等。

（6）工业安装工程分项、分部、单位工程划分与各专业验收规范之间的关系。对于各专业工程检验项目的类别划分及施工质量验收的具体内容，还要遵照国家现行的各专业工程施工质量验收的规定。每一专业安装工程的质量验收都应与该专业的施工规范配套使用。

分项工程以台（套）机组（如设备、电气装置等）、类别、材质、用途、系统（如自动化仪表工程中各系统）、工序等进行划分，是综合了各专业分项工程划分的常规做法。

分部工程按专业进行划分，提高了质量验收的专业性和可操作性。某些专业安装工程若具有独立施工条件或使用功能时，允许单独划分为一个或若干个子单位工程。如工程量大、施工工期长的大型压缩机、汽轮机等设备工程。

一个单位工程中仅有某一专业分部工程，系指以该专业工程为主体，且工程量大、施工周期长的分部工程，如装置区内的管廊工程、地下管网工程等，可作为单位工程进行验收，以利于工程质量管理。

3. 工业安装工程的划分

（1）设备安装工程的划分。分项工程应按设备的台（套）、机组划分。同一个单位工程中的设备安装工程，可划分为一个分部工程或若干个子分部工程；特大型设备安装工程，可单独构成单位工程或划分为若干个分部工程；其分项工程可按工序划分。

分项工程按设备的台（套）或机组划分。“台”是指独立的一台机器，“套”是指成组的机器。“机组”是指由性能不同的机器组成的，能够共同完成一项工作的设备群，如汽轮机组、制氧机组、制冷机组等。这样规定体现了设备的完整性和独立性。

设备的种类、型号、规格繁多，其体积、质量以及构造复杂程度差异很大。将同一分部工程中差异很大的设备等同划分为分项工程显然是不合理的。对于特大型设备，可根据施工周期、工程量、技术复杂程度等方面的特殊要求，按工序或部位分别进行质量验收，便于及时控制安装质量。

（2）管道安装工程的划分。分项工程应按管道类别进行划分；同一个单位工程中的管道工程，可划分为一个分部工程或若干个子分部工程。

（3）电气安装工程的划分。分项工程应按电气设备、电气线路进行划分；同一个单位工程中的电气装置安装工程，可划分为一个分部工程或若干个子分部工程。

（4）自动化仪表安装工程的划分。分项工程应按仪表类别和安装试验工序进行划分；同一个单位工程中的自动化仪表安装工程可划分为一个分部工程或若干个子分部工程。

仪表工程按仪表类别和安装工作内容可划分为取源部件安装、仪表柜安装、仪表设备安装、仪表单台试验、仪表线路安装、仪表管道安装、脱脂、接地、防护等分项工程。

主控制室的仪表分部工程可划分为柜安装、电源设备安装、仪表线路安装、接地、系统硬件和软件试验等分项工程。

（5）设备及管道防腐工程的划分。分项工程应按设备台（套）或主要防腐蚀材料的种类进行划分，金属基层处理可单独构成分项工程；同一个单位工程中的设备及管道防腐工程可划分为一个分部工程或若干个子分部工程。

分项工程主要是按照设备、管道所采用的防腐蚀材料的种类进行划分的。由于防腐蚀材料的种类繁多，各种防腐蚀材料施工技术要求各不相同，故按不同的防腐蚀材料，如砖板衬里、橡胶衬里、玻璃钢衬里、软聚氯乙烯衬里、防腐蚀涂层等的防腐蚀工程，分别划分为不同的分项工程。对于采用同一种防腐蚀材料，工程量较大的设备衬里，可按设备台（套）细分为几个分项工程。

分部工程的划分通常是指在一个厂房、车间或区域内的全部设备或管道的防腐蚀工程，即为一个分部工程或若干个子分部工程。

（6）设备及管道绝热工程的划分。分项工程中设备绝热应以相同工作介质按台（套）进行划分，管道绝热应按相同的工作介质进行划分；同一个单位工程中的设备及管道绝热工程可划分为一个分部工程或若干个子分部工程。

各行业分项工程的划分是有差异的。石化行业设备或管道的分项工程是按施工工序来划分；化工、电力行业是按工作介质温度或类别来划分。从现场实际情况看，如按工序划分，则填表太多，程序繁琐；如按介质或类别划分，则一个分项工程中的全部检验项目均可填在一张表格上，不仅可减少表格数量，也便于管理。如化工系统罐区的绝热、电力系统电厂主蒸汽管道保温等，均可分别划分为一个或若干个分项工程。

分部工程通常是在同一单位工程中的设备及管道绝热工程。例如，在一个厂房、车间或区域内的全部设备或管道的绝热工程，即为一个分部工程或若干个子分部工程。

对于具有独立施工条件或使用功能的一个或若干个绝热分部工程，可构成一个单位工程。例如，供热管道的保温工程长达几十公里，可构成一个单位工程。又如火力发电厂全厂电力设备及管道的保温，是包含若干个分部工程在内的绝热单位工程。

（7）工业炉窑砌筑工程的划分。分项工程应按工业炉的在结构组成或区段进行划分；当工业炉砌筑工程量小于100m^3时，可将一座（台）炉作为一个分项工程，也可将两个或两个以上的部位或区段合并为一个分项工程。

分部工程应按工业炉的座（台）进行划分。较大的分部工程可划分为若干个子分部工程。

单位工程应按一个独立生产系统的工业炉砌筑工程（或一个工业建筑物内的工业炉砌筑工程）划分。较大的单位工程可划分为若干个子单位工程。

分项工程通常按工业炉的结构或区段进行划分。例如，一般工业炉砌筑工程可分为炉底、炉墙、拱顶等分项工程。高炉可按炉底、炉缸、炉腹、炉腰、炉身、炉喉等划分分项工程。但考虑到有些工业炉砌筑工程量较小，划分不宜过细，以避免繁琐。如砌筑工程量小于100m^3的工业炉，可以一座（台）炉的砌筑工程作为一个分项工程。如一台混铁车、一座热处理炉、一台铝电解槽等。也可将两个或两个以上的部位或区段合并为一个分项工程。如加热炉的炉底、炉墙等。

每一座（台）工业炉砌筑工程应为一个分部工程。如一座加热炉、一台回转窑、一台裂解炉等。但对于砌筑工程量较大的炉种，宜将整个砌筑工程划分为一个分部工程。例如，高炉炉体和每座热风炉炉体（通常配3～4座）按座划分为若干个子分部工程。

按一个独立生产系统的工业炉砌筑工程划分单位工程，或一个工业建筑物内的工业炉砌筑工程为单位工程，例如，高炉及其附属设备的砌筑工程，轧钢车间内所有工业炉的砌筑工程等。它们的砌筑工程均作为一个单位工程。

在一个独立的生产系统中，当工业炉砌筑工程量小于500m^3时，工业炉砌筑工程可作为一个分部工程，与其他工业安装工程一并作为一个单位工程。鉴于某些工业炉是关键的热工设备，且其砌筑工程的质量要求非常严格，不便与其他工业安装工程合并为一个单位工程。

4.3.2 工业安装工程分项工程质量验收评定

工业安装工程质量是工业安装工程固有的特性、安全和使用功能满足相关标准规定、合同约定和隐含要求的程度。

1. 工业安装工程的质量验收

（1）分项工程质量验收是工业安装工程质量验收中最基本、最基础的项目。分项工程质量验收，直接关系到分部工程的整体质量。

（2）承包方项目部相关部门在验收过程中的质量责任。

①项目部的质量部门参与对检验批、分项工程、分部（子分部）、单位（子单位）工程验收工作，收集相关的工程验收记录并建立工程质量动态台账；

②项目部的工程技术部门参与对检验批、分项工程、分部（子分部）、单位（子单位）工程验收工作，保存好验收记录，并负责整理全套验收资料上交相关单位和部门；

③项目部的物资管理部门负责提供、整理所供材料的合格证及试验报告等质量技术资料，使之在验收时具有可追溯性。

④项目部的试验部门负责接受试验委托，出示真实可靠的试验数据，提供规范的试

验报告，对试验结论负责，并存档备查。

（3）总包单位、分包单位及建设单位的相互关系。

①总包单位应按承包合同的权利义务对建设单位负责；

②分包单位对总承包单位负责，亦应对建设单位负责。因此，分包单位对承包的项目进行验收时，总包单位应参加；

③验收合格后，分包单位应将工程的有关资料移交给总包单位，待建设单位组织单位工程质量验收时，分包单位负责人应参加验收。

（4）相关记录表有施工现场质量管理检查记录、分项工程质量验收记录、分部工程质量验收记录、单位工程质量验收记录、单位工程质量控制资料检查记录。

2. 分项工程质量验收

（1）分项工程应在施工单位自检的基础上，由建设单位专业技术负责人（监理工程师）组织施工单位专业技术质量负责人进行验收。

（2）分项工程质量验收内容：主控项目、一般项目及观感质量。

①主控项目是指对安全、卫生、环境保护和公众利益，以及对工程质量起决定性作用的检验项目。对于主控项目是必须达到的质量指标。如果达不到主控项目规定的质量指标或降低要求，就相当于降低该工程项目的性能指标，导致严重影响工程的安全性能。

主控项目包括的检验内容主要有：重要材料、构件及配件、成品及半成品、设备性能及附件的材质、技术性能等；结构的强度、刚度和稳定性等检验数据、工程性能检测。如管道的焊接材质、压力试验；风管系统的测定；电梯的安全保护及试运行等。

②一般项目是指除主控项目以外的检验项目。其规定的要求也是应该达到的，只不过对影响安全和使用功能的少数条文可以适当放宽一些要求。这些项目在验收时，绝大多数抽查的处（件）其质量指标都必须达到要求。

③观感质量验收，采用观察、触摸或简单的方式进行。尽管检查结果并不要求给出“合格”或“不合格”的结论，但其综合给出的质量评价应是“好”或“差”。对于“差”的检查点应通过返修处理等补救。

（3）分项工程质量验收分为“合格”或“不合格”两个等级。

（4）分项工程质量验收合格的规定：分项工程所含的检验项目均应符合合格质量的规定；分项工程的质量控制资料应齐全。

（5）分项工程质量验收记录应由施工单位质量检验员填写，验收结论由建设（监理）单位填写。填写的主要内容包括检验项目、施工单位检验结果、建设（监理）单位验收结论。结论为“合格”或“不合格”。记录表签字人为施工单位专业技术质量负责人、建设单位专业技术负责人、监理工程师。

4.3.3 工业安装工程分部工程质量验收评定

1. 分部（子分部）工程质量验收的程序

分部工程是组成单位工程的基本单元，分部工程质量检验评定的结果如何，直接影响单位工程的整体质量，因此，应把此项工作做好。

分部（子分部）工程质量验收应在各分项工程验收合格的基础上，由施工单位向建设单位提出报验申请，由建设单位项目负责人（总监理工程师）组织施工单位和监理、设计等有关单位项目负责人及技术负责人进行验收。

2. 分部（子分部）工程质量验收合格的规定

（1）分部（子分部）工程质量验收分为“合格”或“不合格”两个等级。

（2）分部（子分部）工程质量验收合格的规定：分部（子分部）工程所含分项工程的质量应全部为合格；分部（子分部）工程的质量控制资料应齐全。

3. 分部（子分部）工程质量验收记录

分部（子分部）工程质量验收记录的检查评定结论由施工单位填写。验收结论由建设（监理）单位填写。记录表签字人包括建设单位项目负责人、建设单位项目技术负责人、总监理工程师、施工单位项目负责人、施工单位项目技术负责人、设计单位项目负责人。

填写的主要内容包括分项工程名称、检验项目数、施工单位检查评定结论、建设（监理）单位验收结论。结论为“合格”或“不合格”。

4.3.4 工业安装工程单位工程质量验收评定

1. 单位（子单位）工程质量验收的程序

（1）单位工程是由各专业安装工程构成的具有独立使用功能的工程，其质量验收结果将直接影响该工程的安全和使用功能。这是一次关键的质量验收工作。

（2）单位工程质量验收的组织及程序：工程完工后，由施工单位向建设单位提出报验申请。由建设单位项目负责人组织施工单位、监理单位、设计单位等项目负责人进行验收。

2. 单位（子单位）工程质量验收合格的规定

（1）单位（子单位）工程质量验收分为“合格”或“不合格”两个等级。

（2）单位（子单位）工程质量验收合格应符合的规定：单位（子单位）工程所含分部工程的质量应全部为合格。单位（子单位）工程的质量控制资料应齐全。

3. 单位（子单位）工程质量验收记录

（1）单位（子单位）工程质量验收记录表中的分部工程和质量控制资料的检查记录应由施工单位填写。验收结论应由建设（监理）单位填写。记录表盖公章及签字人为：建设单位、建设单位项目负责人；监理单位、总监理工程师；施工单位、施工单位项目负责人；设计单位、设计单位项目负责人。

（2）填写的主要内容包括分部工程验收记录、质量控制资料验收记录。结论为“合格”或“不合格”。

4. 单位（子单位）工程控制资料检查记录

（1）单位（子单位）工程质量控制资料检查记录表中的资料名称和份数应由施工单位填写。检查意见和检查人由建设（监理）单位填写。结论应由参加双方共同商定，建设单位填写。记录表签字人包括施工单位项目负责人、建设单位项目负责人（总监理工程师）。

（2）填写的主要内容包括图纸会审、设计变更、协商记录、材料合格证及检验试验报告、施工记录、施工试验记录、观测记录、检测报告、隐蔽工程验收记录、试运转记录、质量事故处理记录、中间交接记录、竣工图、分部、分项工程质量验收记录。检查意见为“合格”或“不合格”。

5. 工业安装工程质量验收评定为“不合格”时的处理法

当工业安装工程项目质量不符合相应专业工程质量验收规范的规定时，应按下列规定处理：

（1）一般情况下，不合格的检验项目应通过对工序质量的过程控制，及时发现和返工处理达到合格要求。

（2）对于难于返工又难以确定的质量部位，由有资质的检测单位检测鉴定，其结论可以作为质量验收的依据。

（3）经有资质的检测单位检测鉴定达到设计要求，应判定为验收通过。经有资质的检测单位检测鉴定达不到设计要求、但经原设计单位核算认可能够满足结构安全和使用功能的检验项目，可判定为验收通过。

（4）经返修或加固处理的分项、分部工程，虽然改变外形尺寸但仍能满足安全使用要求，可按技术方案和协商文件进行以验收。

（5）通过返修或加固处理仍不能满足安全使用要求的分部工程、单位（子单位）工程，严禁判定为验收通过。

4.4
建筑安装工程质量验收标准和规定

4.4.1 建筑安装工程施工质量验收的项目划分

1. 质量验收评定的组织机构和依据

（1）组织机构。

①工程质量验收评定程序的建立是确保工程质量验收评定工作顺利开展的保障，主要由施工单位、建设单位、监理单位、质量监督部门、勘察、设计单位等单位组成。在进行此项工作的全过程中，应做到彼此互相沟通、协同工作，从而达到确保工程质量的共同目标。

②质量验收评定工作的基础工作在施工单位，施工单位由质量部门、工程技术部门负责此项工作。施工单位由项目经理部工程技术部门（质量部门）、物资管理部门、试验部门及工长、班组长负责此项工作。

（2）建筑安装工程质量验收要求。

①建筑安装工程施工质量应符合《建筑工程施工质量验收统一标准》GB 50300 和相关专业验收规范的规定；

②建筑安装工程应符合勘察、设计文件的要求；

③参加工程施工质量验收的各方人员应具备规定的资格；

④工程质量的验收均应在施工单位自行检查评定合格的基础上进行；

⑤隐蔽工程在隐蔽前，施工单位应通知监理（建设）单位进行验收，并应形成验收文件；

⑥涉及结构安全的试块、试件以及有关材料，应按规定进行见证取样检测；

⑦检验批的质量应按主控项目和一般项目验收；

⑧对涉及结构安全和使用功能的重要分部工程应进行抽样检测；

⑨承担见证取样检测及有关结构安全检测的单位应具有相应资质；

⑩工程的观感质量应由验收人员通过现场检查，并应共同确认。

（3）建筑安装工程质量验收依据。建筑安装工程质量验收评定依据由以下质量验收标准组成：

①《建筑给水排水及采暖工程施工质量验收规范》GB 50242；

②《通风空调工程施工质量验收规范》GB 50243；

③《建筑电气工程施工质量验收规范》GB 50303；

④《智能建筑工程施工质量验收规范》GB 50339；

⑤《安全防范工程技术规范》GB50348；

⑥《电梯工程施工质量验收规范》GB 50310；

⑦《自动喷水灭火系统施工及验收规范》GB50261；

⑧《火灾自动报警系统施工及验收规范》GB50166。

以上规范中，对各分项工程的主控项目和一般项目、分部（子分部）工程的验收作了详细的规定。

建筑安装工程是由5个建筑安装分部工程组成，在进行质量验收评定时，依据各专业工程质量验收规范进行评定。

2. 建筑安装工程质量验收评定的工作程序

建筑安装工程进行质量验收评定的工作程序是：检验批验评→分项工程验评→分部（子分部）工程验评→单位（子单位）工程验评。

3. 施工单位相关主体的质量责任

（1）项目部的责任。

①项目经理部的质量部门参与对检验批、分项工程、分部（子分部）、单位（子单位）工程质量验收评定工作，同时，收集相关的工程验评记录并建立工程质量动态台账；

②项目经理部的工程技术部门参与对检验批、分项工程、分部（子分部）、单位（子单位）工程质量验收评定工作，保存好验评记录，并负责整理全套验评资料上交相关单位和部门；

③项目经理部的物资管理部门负责提供、整理所供材料的合格证及试验报告等质量技术资料，使之在验评时具有可追溯性；

④项目经理部的试验部门负责接受试验委托，出示真实可靠的试验数据，提供规范的试验报告，对试验结论负责，并存档备查。

（2）总承包单位、分包单位的责任。

①总包单位应按承包合同的权利义务对建设单位负责；

②分包单位对所承担的工程项目质量负责，并应按规定的程序进行自我检查评定，总承包单位应派人参加；

③验评合格后，分包单位应将工程的有关资料移交给总承包单位，待建设单位组织单位工程质量验收时，总承包、分包单位的有关人员应参加验收。

4. 建筑工程质量验收的划分原则

建筑工程质量验收应划分为单位（子单位）工程、分部（子分部）工程、分项工程和检验批。在施工前，施工单位应会同监理单位（建设单位）根据《建筑工程施工质量验收统一标准》的要求自行商议确定分部工程、分项工程和检验批，并据此收集整理施工技术资料和验收。

（1）单位工程划分的原则是，具备独立施工条件并能形成独立使用功能的建筑物及构筑物为一个单位工程；对于规模较大的单位工程可将其中能够形成独立使用功能的部分定为一个子单位工程。

（2）分部工程划分的原则是，按专业性质、建筑物部位来确定。当分部工程较大或较复杂时，可按材料种类、施工特点、施工程序、专业系统及类别等划分成为若干个子分部工程。如建筑给水、排水及采暖分部工程中，按专业系统分为室内给水系统、室内排水系统、室内热水供应系统等 10 个子分部工程。

（3）分项工程是分部工程的组成部分，应按主要工种、材料、施工工艺、设备类别等进行划分。如建筑给水、排水及采暖分部工程中室内采暖系统子分部的分项工程是按施工工艺来划分的。

（4）分项工程可由一个或若干个检验批组成，检验批可根据施工及质量控制和专业验收需要按楼层、施工段、变形缝等进行划分。

分项工程划分检验批进行验收，有助于及时纠正施工中出现的质量问题，确保工程质量，也符合施工实际需要。安装工程一般按一个设计系统或设备组别划分为一个检验批。

5. 建筑安装工程质量验收的划分

建筑安装工程按专业性质划分为建筑给水、排水及采暖工程、建筑电气工程、通风与空调工程、电梯工程、智能建筑工程 5 个分部工程。

（1）建筑给水、排水及采暖工程子分部、分项工程的划分。建筑给水、排水及采暖工程按专业系统划分为室内给水系统、室内排水系统、室内热水供应系统、卫生器具安装、室内采暖系统、室外给水管网、室外排水管网、室外供热管网、建筑中水系统及游泳池系统、供热锅炉及辅助设备安装等子分部，每个子分部又由若干个分项工程组成。例如，卫生器具安装子分部划分为卫生器具安装、卫生器具给水配件安装、卫生器具排水管道安装 3 个分项工程。

（2）建筑电气工程子分部、分项工程的划分。建筑电气工程分为室外电气、变配电室、供电干线、电气动力、电气照明安装、备用和不间断电源安装和防雷以及接地安装子分部工程，每个子分部工程又由若干个分项工程组成。例如，防雷及接地安装子分部工程又划分为接地装置安装，避雷引下线和变配电室接地干线敷设，建筑物等电位联结，接闪器安装等分项工程。

（3）通风与空调工程子分部、分项工程的划分。通风与空调工程分为送排风系统、防排烟系统、除尘系统、空调风系统、净化空调系统、制冷设备系统、空调水系统等子分部工程，每个子分部工程分成若干个分项工程。例如，送排风系统子分部划分为风管与配件制作、部件制作、风管系统安装、空气处理设备安装、消声设备制作与安装、风管与设备防腐、风机安装、系统调试等分项工程。

（4）电梯工程子分部、分项工程的划分。电梯工程分为电力驱动的曳引式或强制式电梯安装、液压电梯安装、自动扶梯及自动人行道安装等子分部工程，每个子分部工程又划分成若干个分项工程。例如，电力驱动的曳引式或强制式电梯安装子分部工程又划分为设备进场验收、土建交接检验、驱动主机、导轨、门系统、轿箱、对重（平衡重）、安全部件、悬挂装置、随行电缆、补偿装置、电气装置、整机安装验收等分项工程。

（5）智能建筑工程子分部、分项工程的划分。智能建筑子分部工程分为通信网络系统、办公自动化系统、建筑设备监控系统、火灾报警及消防联动系统、安全防范系统、综合布线系统、智能化集成系统、电源与接地、环境、住宅（小区）智能化系统等子分部工程，每个子分部工程又划分为若干个分项工程。例如，建筑设备监控系统子分部工程划分为通风与空调监控系统、变配电监控系统、照明监控系统、给水排水监控系统、热源和热交换监控系统、冷冻和冷却监控系统、电梯和自动扶梯监控系统等。

（6）室外工程质量验收划分。在建筑工程中，为了加强室外工程的管理和验收，促进室外工程质量的提高，根据专业类别和工程规模，将室外工程划分为室外建筑环境和室外安装两个单位工程，室外安装又分为给水排水与采暖和电气两个子单位工程。

4.4.2 建筑安装工程分项工程质量验收评定

1. 建筑安装工程的质量验收

（1）检验批质量验收是建筑安装工程质量验收中最基本、最基础的项目。检验批工程质量验收，直接关系到分项工程的质量。

（2）建筑安装工程质量验收的程序按检验批、分项工程、分部工程、单位工程依次进行。

（3）承包方项目部相关部门在验收过程中的质量责任。

①项目部的质量部门参与对检验批、分项工程、分部（子分部）、单位（子单位）工程验收工作，收集相关的工程验收记录并建立工程质量动态台账；

②项目部的工程技术部门参与对检验批、分项工程、分部（子分部）、单位（子单位）工程验收工作，保存好验收记录，并负责整理全套验收资料上交相关单位和部门；

③项目部的物资管理部门负责提供、整理所供材料的合格证及试验报告等质量技术资料，使之在验收时具有可追溯性；

④项目部的试验部门负责接受试验委托，出示真实可靠的试验数据，提供规范的试验报告，对试验结论负责，并存档备查。

（4）相关记录表有：施工现场质量管理检查记录、检验批质量验收记录表、分项工程质量验收记录、分部工程质量验收记录、单位工程质量验收记录、单位工程质量控制资料检查记录。

2. 检验批、分项工程验评的工作程序

（1）检验批验评的工作程序。检验批是工程验收的最小单位，是分项工程乃至整个建筑工程质量验收的基础。组成一个检验批的内容施工完毕，施工单位自检、互检、交接检合格后，经项目专业质检员负责检查评定合格，填写“检验批质量验收记录”，报监理工程师（建设单位项目专业技术负责人）组织验评签认。检验批是建筑安装工

程质量验收的最小单元，所有检验批均应由监理工程师或建设单位项目技术负责人组织验收。

监理工程师或建设单位项目技术负责人对检验批的质量进行验收时，应根据检验项目的特点，采取抽样方法、宏观检查的方法，必要时进行抽样检测，来确定是否验收通过。

（2）分项工程验评的工作程序。组成分项工程的所有检验批施工完毕后，在施工单位自检的基础上，经项目专业技术负责人组织内部验评合格后，填写“分项工程质量验收记录”，报监理工程师（建设单位项目技术负责人）组织验评签认。分项工程应由监理工程师或建设单位专业技术负责人组织验收。

3. 检验批、分项工程质量验收评定合格的标准

建筑安装工程质量验收评定的结论只有“合格”或“不合格”两个结论。对于检验批、分项工程、分部（子分部）工程，每个专业工程质量验收规范对“合格”的结论都有具体的要求。

（1）检验批质量验收评定合格的标准。

①主控项目质量经抽样检验合格。主控项目的要求是必须达到的，是保证安装工程安全和使用功能的重要检验项目，是对安全、卫生、环境保护和对公众利益起决定性作用的检验项目，是确定该检验批主要性能的项目。如果达不到主控项目规定的质量指标，降低要求就相当于降低该工程项目的性能指标，导致严重影响工程的安全和使用性能。

主控项目包括的检验内容主要有重要材料、构件及配件、成品及半成品、设备性能及附件的材质、技术性能等。例如，结构的强度、刚度和稳定性等检验数据；工程性能检测；管道的压力试验；风管系统的测定；电梯的安全保护及试运行等。检查测试记录，其数据及项目要符合设计要求和施工验收规范规定。

②一般项目的质量经抽样检验合格。一般项目是指主控项目以外的检验项目，属检验批的检验内容。其规定的要求也是应该达到的，只不过对影响安全和使用功能的少数条文可以适当放宽一些要求。这些条文虽然不像主控项目那么重要，但对工程安全、使用功能、产品的美观都是有较大影响的。这些项目在验收时，绝大多数抽查的处（件）其质量指标都必须达到要求。

一般项目包括的主要内容包括允许有一定偏差的项目，最多不超过20%的检查点可以超过允许偏差值，但不能超过允许值的150%；对不能确定偏差而又允许出现一定缺陷的项目；无法定量而采取定性的项目。例如，管道接口无外露油麻；卫生器具给水配件接口严密、启闭部分灵活的项目等。

③具有完整的施工操作依据、质量检查记录。质量控制资料反映了检验批从原材料到最终验收的各施工工序的操作依据、检查情况以及保证质量所必需的管理制度等。这些资料是反映工程质量的客观见证，是评价工程质量的主要依据，是安装工程的“合格证”和技术说明书。对其完整性的检查，实际是对过程控制的确认，是检验批合格的前提。

（2）分项工程质量验收评定合格的标准。分项工程质量验收评定在检验批验收的基础上进行。一般情况下，两者具有相同或相近的性质，只是批量的大小不同而已。

分项工程质量评定合格的标准是：

①分项工程所含的检验批均应符合合格质量的规定；

②分项工程所含的检验批的质量验收记录应完整。

分项工程质量验收记录应由施工单位质量检验员填写，验收结论由建设（监理）单位填写。填写的主要内容包括：检验项目、施工单位检验结果、建设（监理）单位验收结论。结论为“合格”或“不合格”。记录表签字人为施工单位专业技术质量负责人、建设单位专业技术负责人、监理工程师。

4.4.3 建筑安装工程分部工程质量验收评定

1. 分部工程（子分部）工程质量验收评定合格的标准

分部（子分部）工程质量验收评定是在其所含各分项工程验收的基础上进行，其质量验收评定为合格的标准是：

（1）分部工程（子分部）工程所含分项工程的质量均应验收合格。

（2）质量控制资料应完整。

（3）建筑安装分部工程中有关安全及功能的检验和抽样检测结果应符合有关规定。例如，建筑电气工程的线路、插座、开关接地检查，在验收时要进行抽样检测。

（4）观感质量验收应符合要求。

观感质量评价是对工程质量的一项重要评价工作，是全面评价工程的外观及使用功能。观感质量验收采用观察、触摸或简单的方式进行。尽管检查结果并不要求给出“合格”或“不合格”的结论，而是给出好、一般、差的评价。如果评价为差时，能进行修理的应进行修理，不能修理的要协商解决。

2. 分部（子分部）工程验评的工作程序

组成分部（子分部）工程的各分项工程施工完毕后，经项目经理或项目技术负责人组织内部验评合格后，填写“分部（子分部）工程验收记录”，项目经理签字后报总监理工程师（建设单位项目负责人）组织验评签认。分部工程（子分部工程）应由总监理工程师（建设单位项目负责人）组织施工单位的项目负责人和项目技术、质量负责人及有关人员进行验收。

3. 分部（子分部）工程质量验收记录

（1）分部（子分部）工程质量验收记录的检查评定结论由施工单位填写。验收意见由建设（监理）单位填写。记录表签字人：建设单位项目负责人、建设单位项目技术负责人、总监理工程师、施工单位项目负责人、施工单位项目技术负责人、设计单位项目负责人。

（2）填写的主要内容：分项工程名称、检验批数、施工单位检验评定结论、建设（监理）单位验收意见。结论为“合格”或“不合格”，意见为“同意”或“不同意”验收。

4.4.4 建筑安装工程单位工程质量验收评定

1. 单位（子单位）工程验评的工作程序

组成单位（子单位）工程的分部（子分部）工程施工完毕后，由施工单位组织有关部门进行内部验评。内部验收合格后，向建设单位提交工程验收报告和完整的质量资料，请建设单位组织相关单位验评。单位工程质量验收应由建设单位（项目）负责人组织施工（含分包单位）、设计、监理等单位（项目）负责人进行单位（子单位）工程验收。

在一个单位工程中，施工单位已自检合格，监理单位已初验通过的子单位工程，建设单位可组织进行验收。在整个单位工程进行全部验收时，已验收的子单位工程验收资料应作为单位工程验收的附件。

单位工程质量验收合格后，建设单位应在规定时间内将工程竣工验收报告和有关文件报建设行政管理部门备案。

2. 单位（子单位）工程质量验收评定合格的标准

单位（子单位）工程质量验收，是建筑工程投入使用前的最后一次验收，也是最重要的一次验收。其验收评定合格的标准有5个方面。

（1）构成单位工程的各分部工程质量均应验收合格。

（2）质量控制资料应完整。例如，给水排水及采暖工程的质量控制资料主要有图纸会审，设计变更，洽商记录，材料、配件出厂合格证及进场检（试）验报告，管道、设备强度试验，严密性试验记录，隐蔽工程记录，系统清洗、灌水、通水、通球试验记录，分部、分项工程质量验收记录等。

（3）单位（子单位）工程所含分部工程有关安全和功能的检测资料应完整。如电气工程的安全和功能检测资料有照明全负荷试验记录，大型灯具牢固性试验记录，避雷接地电阻测试记录，线路、开关、插座接地检验记录，在建筑工程验收时，这些检测资料应齐全。

（4）主要功能项目的抽查结果应符合相关专业质量验收规范的规定。主要使用功能的抽查目的是综合检验工程质量能否保证工程的功能，满足使用要求。这项抽查检测多数还是复查性的和验收性的。

（5）观感质量验收应符合要求。由参加验收的各方人员共同进行，最后共同确定是否通过验收。

3. 单位（子单位）工程质量验收记录

（1）单位（子单位）工程质量验收记录表中的分部工程和质量控制资料的检查记

录应由施工单位填写。验收结论应由建设（监理）单位填写。记录表盖公章及签字人：建设单位、建设单位项目负责人；监理单位、总监理工程师；施工单位、施工单位项目负责人；设计单位、设计单位项目负责人。

（2）填写的主要内容包括分部工程验收记录、质量控制资料验收记录。结论为“合格”或“不合格”。

4. 单位（子单位）工程控制资料检查记录

（1）单位（子单位）工程质量控制资料检查记录表中的资料名称和份数应由施工单位填写。检查意见和检查人由建设（监理）单位填写。结论应由参加双方共同商定，建设单位填写。记录表签字人包括施工单位项目负责人、建设单位项目负责人（总监理工程师）。

（2）填写的主要内容包括图纸会审，设计变更，协商记录，材料合格证及检验试验报告，施工记录，施工试验记录，观测记录，检测报告，隐蔽工程验收记录，试运转记录，质量事故处理记录，中间交接记录，竣工图，分部、分项工程质量验收记录。检查意见为“合格”或“不合格”。

5. 建筑安装工程质量验收评定为“不合格”时的处理办法

当建筑安装工程质量验收评定为“不合格”时，应按下列规定进行处理：

（1）经返工重做或更换器具、设备的检验批，应重新进行验收。

在检验批验收时，其主控项目不能满足验收规范规定或一般项目超过偏差限值的子项不符合验收规定的要求时，应及时处理该检验批。其中，严重的缺陷应推倒重来；一般的缺陷通过翻修或更换器具、设备予以解决，对该检验批，施工单位处理合格后，监理单位要重新进行验收，验收如能符合相应的专业工程质量验收规范，则应认为该检验批合格。

（2）经有资质的检测单位检测鉴定能够达到设计要求的检验批，应予以验收。

（3）经有资质的检测单位检测鉴定达不到设计要求，但经原设计单位核算认可能够满足结构安全和使用功能的检验批，可予以验收。

（4）经返修或加固处理的分项、分部工程，虽然改变外形尺寸但仍能满足安全使用要求，可按技术方案和协商文件进行以验收。

（5）通过返修或加固处理仍不能满足安全使用要求的分部工程、单位（子单位）工程，严禁验收。

4.4.5 施工检验与验收

施工工程的建成是由施工准备工作开始到交付使用，要经过若干工序、若干工种的配合施工。所以一个工程质量的优劣，能否通过竣工验收，取决于各个施工工序和各个工种的操作质量。为了便于控制、检查和鉴定每个施工工序和工种的质量，需将一个单位的工程划分为若干分部（子分部）工程，每个分部（子分部）工程又划分为若干个分项工程。而对于民用建筑安装工程来说，一个分项工程又可划分为若干个检验批工程。因此，分项工程质量（或检验批）是鉴定分部工程、单位工程质量的基础，也是能否验收的基础。

1. 单位工程、分部工程、分项工程和检验批

（1）单位工程，是指具备独立施工条件并能形成独立使用功能的建筑物及构筑物。单位工程应由相关建筑工程施工质量验收统一标准所规定的各专业安装工程构成。对于建筑规模较大的单位工程，可将其能形成独立使用的部分划分为一个或几个子单位工程。

（2）分部工程，是按专业性质、建筑部位来确定。当分部工程较大或较复杂时，可按材料种类、施工特点、施工程序、专业系统及类别等划分为若干子分部工程。

（3）分项工程，一般应按主要工种、材料、施工工艺、设备类别等进行划分，也可按系统、区段来划分。

（4）检验批，检验批可根据施工及质量控制和专业验收需要按楼层、施工段、变形缝等划分。一般情况下，检验批和分项工程具有相同或相近的性质，只是批量的大小不同而已。

2. 在工程项目划分的注意事项

（1）正确地划分单位工程、分部工程、分项工程和检验批关系到科学地全面评定一个单位工程质量的优劣，从而对建设工程质量做出正确的判断。国家对工程质量评定、考核是以单位工程作为统计单位。

（2）民用建筑是以一幢房屋为单位工程，并包括建筑物内的各种安装工程，即民用建筑工程和建筑设备安装工程共同组成一个单位工程，这样能突出建筑物的整体质量。例如，一幢办公楼以及其中的管道、电气和通风（空调）工程共同成为一个单位工程。

（3）工业建筑物是将建筑工程和建筑物内的安装工程，分别各自作为一个单位工程。例如，一幢厂房为单位工程，而厂房内的安装工程（包括管道、电气、设备、通风、自仪和工业炉砌筑）作为一个单位工程。

3. 施工过程中的各层次质量检验与验收

（1）关键过程、特殊过程、隐蔽工程、中间交工质量检验与验收。凡是质量计划中所确定的关键过程、特殊过程、隐蔽工程、中间交工质量的检验要按自检互检、申报和专职检验的顺序要求进行。要形成记录，该记录要由专职质量员签字确认同意后，才能转人下道工序施工。

隐蔽工程、中间交工的质量验收还要有建设单位或者监理工程师的参加，记录要经过他们的签字确认同意后，才能完成验收。

（2）检验批质量检验、评定与验收。在检验批实物工作量完成以后，检验批工程质量检验要在施工人员自检互检的基础上，由项目技术负责人组织有关人员（专业工长、班组长、质量员）进行检验评定，专职质量员核定。企业专职质量检查员必须掌握企业标准和国家质量验收规范的要求，经过培训持证上岗。

在检验批质量检验、评定时，要对质量控制资料进行检查。这种检查就是对检验批从原材料到最终验收的各施工工序的操作依据，检查情况以及保证质量所必须的管理制度等检查。这实际上是对过程控制的确认，也是检验批合格的前提。检验批中的主控项目就是保证工程安全和使用功能的重要检验项目，是对安全、卫生、环境保护和公众利益起决定性作用的检验项目，也就是对检验批质量起决定性影响的检验项目。而主控项目的检验内容包括重要材料、构配件、成品及半成品、设备性能及附件的材质、技术性能，还有反映结构的强度、刚度和稳定性等检验数据、工程性能的检测等。

检验评定后，在“检验批质量验收记录”表上，施工员和施工组长栏目由本人签字，专职质量员代表企业逐项检查评定合格（有关监理记录和结论不填），签字后，提交监理工程师或建设单位项目专业技术负责人进行验收。

检验批质量验收应由监理工程师或建设单位项目技术负责人组织施工单位有关人员进行。其验收合格的规定为：

①主控项目和一般项目的质量经抽样检验合格；

②具有完整的施工操作依据、质量检查记录。

（3）分项工程质量检验、评定与验收。分项工程质量检验、评定在其所含各检验批工程质量检验、评定合格以后进行。分项工程质量检验与检验批工程质量检验、评定一样，也要在施工人员自检互检基础上，由项目技术负责人组织有关人员进行检验评定，质量员核定。

分项工程质量检验、评定时，对质量控制资料的检查就是对检验批质量控制资料的复查。

检验、评定后，由专职质量员在“分项工程质量验收记录”表上签字，提交监理工程师或建设单位项目技术负责人进行验收。

分项工程质量验收是由监理工程师或建设单位项目技术负责人组织施工单位的项目专业技术负责人等进行。其验收合格的规定是：分项工程所含的检验批均符合合格质量的规定；分项工程所含的检验批的质量验收记录应完整。

（4）分部（子分部）工程质量检验、评定与验收。分部（子分部）工程质量检验、评定在其所含分项工程质量检验、评定合格以后进行。分部（子分部）工程质量检验要在项目部进行系统的自检互检的基础上，由分公司技术负责人组织有关人员进行自评。合格后，项目部向分公司质量部门申报，由专职质量员代表分公司质量部门核定。

分部（子分部）工程质量检验、评定时，对质量控制资料的检查也是对分项工程、检验批质量控制资料的统计、归纳和核查。要检查质量控制资料的完整性，主要是核查和归纳各分项工程、检验批的施工操作依据、质量检查记录，包括有关施工工艺（企业标准）、原材料、构配件出厂合格证及按规定进行的试验资料的完整程度。一个分部、子分部工程能否具有数量和内容完整的质量控制资料，是以后能否通过验收的关键。此外，由于各分项工程的性质不尽相同，因此，作为分部工程不能简单地组合而加以检验，还须增加以下两类检查项目。

①涉及安全和使用功能的地基基础、主体结构，有关安全及重要使用功能的安装分部工程应进行有关见证取样、送样试验或抽样的检测。具体的抽测在各专业质量验收规范中都有明确规定。要注意核对其内容、数据及验收人员的签字是否规范，主要是不能漏项、漏内容、漏数据及检测程序、取样人、检测人、审核人、试验负责人、公章签字是否齐全等。

②观感质量验收。关于观感质量验收，这类检查往往难以定量。主要是经过现场工程的检查，由检查人员以观察、触摸或简单量测的方式进行，并由各人的主观印象判断。检查时，要将工程的各个部位全部看到。能操作的应操作，观察其方便性、灵活性或有效性；能打开观看的应打开观看，不能只看“外观”，应全面了解分部（子分部）的实物质量。检查结果并不给出“合格”或“不合格”的结论，而是综合给出质量评价。质量评价为：好、一般、差。对于“差”的检查点应通过返修处理等补救。有影响安全或使用功能的项目，不能评价，应修理后再评价。

检验、评定以后，由质量员在“分部（子分部）工程质量验收记录”表上签字，提交监理单位或建设单位项目进行验收。

分部（子分部）工程质量验收是由总监理工程师或建设单位项目负责人组织施工单位的项目负责人（项目经理）和技术、质量负责人及设计单位的项目负责人等进行。其验收合格的规定是：分部（子分部）工程所含的分项工程质量均应验收合格；质量控制资料应完整。地基与基础、主体结构和设备安装等分部工程有关安全及功能的检验和抽样检测结果应符合有关规定。